言語におけるインターフェイス

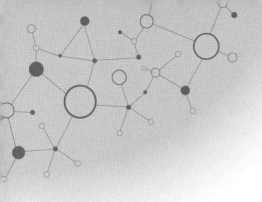

言語における
インターフェイス

西原哲雄・都田青子・中村浩一郎
米倉よう子・田中真一 [編]

開拓社

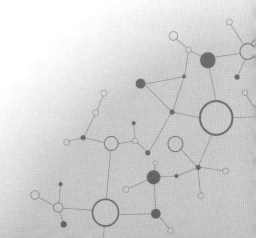

ま え が き

　本書は，開拓社叢書シリーズ『現代言語理論の最前線』（西原哲雄・田中真一・早瀬尚子・小野隆啓（編）（2017））をさらに発展させ，「インターフェイス」に焦点を当てたものである．すなわち，英語学，日本語学に関するさまざまなテーマを，2つの分野，理論もしくは分析方法といった「インターフェイス」の視点からとらえたものである．

　ことばの本質を知るためには，ある特定の分野のみに目を向けるのでは不十分であり，より多角的な視点でとらえることが求められる．つまり，言語研究は本来，研究者が専門とする単一の分野や部門のみから成り立つものではなく，複数の分野や部門の知見を踏まえながら成り立つはずのものである．本書が「インターフェイス」に焦点を当てているのも，言語活動を複数の研究分野や部門の視点からとらえることこそが，言語研究の重要な役割であると考えるためである．

　本書は 20 編の論文で構成されている．各論文は，執筆者自らの視点で「インターフェイス」という概念をとらえており，これらの論文を，「統語論」「音韻論・音声学」，「意味論」，「形態論」，「外国語教育・言語習得」の5分野に分類し，配列した．その内容は，各執筆者が専門とするそれぞれの研究分野における基本的なものから，最新の研究成果に関するものに及んでいる．また，分析対象として，日本語，英語およびハンガリー語などを取り扱っている論文もあれば，方言および複数の言語の比較・対照研究を取り扱っている論文もある．幸いにも，学会や，各分野を代表する方々に寄稿していただくことができたことで，「インターフェイス」という観点から見た言語研究の魅力を最大限に引き出す一冊となったと確信している．

　なお，これら 20 編の論文は，必ずしも最初から読み始める必要はなく，興味を持たれた論文から読み始めていただいても，十分にそれぞれの内容を理解できるように配慮してある．英語学，日本語学および言語学を研究している学部学生，大学院生，研究者の方々には，興味のある研究論文から読み始めていただき，さらに研究を進めてゆく一助とし，言語研究におけるインターフェイ

スの重要性を理解していただければ幸いである.

　最後に，本書の企画・立案を快諾してくださり，校正から，出版までにさまざまな面から協力をしていただいた開拓社の川田賢氏に，編者一同，心から感謝し，ここに記して，特に御礼を申し上げたい.

　2019 年 8 月

西原哲雄・都田青子・中村浩一郎・
米倉よう子・田中真一

目　次

まえがき　v

第 I 部　統語論

非格標示要素を超えての縮約
……………………………………………………………小野隆啓　　2

軽動詞構文の移動現象
　―名詞編入と項上昇―
……………………………………………………………岸本秀樹　　11

主要部内在関係節および相対名詞修飾節から見た
　インターフェイス
……………………………………………………佐野まさき（真樹）　　25

英語の補文内におけるトピック・フォーカス構造の
　カートグラフィー分析
……………………………………………………………中村浩一郎　　42

vii

第 II 部　音韻論・音声学

特殊モーラ階層の二面性
　——外来語アクセントにおける位置算定と音節量決定——
　…………………………………………………………田中真一　58

名詞句移動における焦点の役割
　……………………………………………………………西原哲雄　71

音韻的語彙層に潜む文法要素のインターフェース
　……………………………………………深澤はるか・北原真冬　79

音韻論と障害学の接点
　——音韻発達を中心として——
　…………………………………………………………都田青子　92

日本人の二軽音節名と性別
　……………………………………………………………六川雅彦　108

声と社会方言（社会音声学入門）
　……………………………………………………………山根典子　122

第 III 部　意味論

慣習的推意
　──インターフェースの観点から──
　…………………………………………………………澤田　治　138

意味論と第一言語獲得のインターフェイス
　──Exhaustification の観点から──
　…………………………………………菅原彩加・宮本陽一　153

ワインテイスティングにおける言語表現
　──特定のテキストを分析することから見えるもの──
　…………………………………………………………吉成祐子　168

英語受益者受動構文をめぐる構文文法と歴史言語学の交差
　…………………………………………………………米倉よう子　182

第 IV 部　形態論

ハンガリー語の名詞抱合と動詞句内の語順
　…………………………………………………………江口清子　200

九州方言文末詞「バイ」と「タイ」の統語と形態について
　…………………………………………長野明子・島田雅晴　215

右側主要部規則と語強勢の類型論
……………………………………………………………… 時崎久夫　235

日英語の複合形容詞
　──oil-rich と「欲深い」の平行性──
……………………………………………………………… 西山國雄　250

第 V 部　外国語教育・言語習得

生成文法に基づいた第二言語獲得研究と外国語教育の
　インターフェイス
……………………………………………………………… 遊佐典昭　260

英語の再音節化
　──外国語教育からの示唆──
…………………………………………………… リース エイドリアン　276

索　　引…………………………………………………………… 283

執筆者紹介………………………………………………………… 288

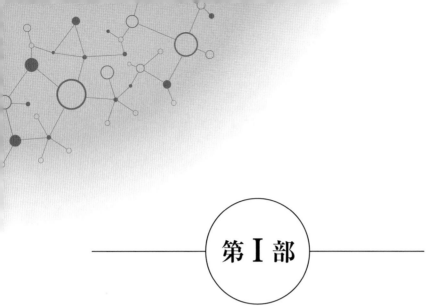

第Ⅰ部

統語論

非格標示要素を超えての縮約

小野隆啓

京都外国語大学

1. はじめに

Chomsky の生成文法 (Generative Grammar) は，1993 年にそれまでの原理変数理論 (Principles-and-Parameters Theory: PPT) とは大きく異なるミニマリストアプローチ (Minimalist Approach: MP) と呼ばれる理論へと進化した．1993 年以降すでに 26 年の時間が過ぎ，現在の MP は当初のものと大きく機構を変化させている．変化した機構にはいろいろな側面があるが，本稿で扱うのは統語部門と音韻部門のインターフェイスである．

2. wanna 縮約と格標示痕跡

Chomsky (1975) は，句構造標識を形成する要素が統語操作により外的併合された位置から別の位置に移動された場合，元の位置に空範疇を残すと仮定し，その空範疇を痕跡と呼んだ．これは Lakoff (1970, 1971) や Postal (1972) などの主張する全体的派生制約 (global derivational constraint) の強すぎる生成力 (expressive power) を制限するものとして提案されたもので，全体的派生制約が句構造標識の有限列 $\sigma = P_1, ..., P_n$ の派生全体に及ぶ制約であるものに対して，句構造標識 P_i に生じた一部の情報を P_{i+1} に継承するものであった．

この痕跡という概念により，Lakoff らが主張した wanna 縮約 (*wanna*-contraction) の説明が全体的派生制約なしで説明可能となった．Lightfoot (1977) は (1a) のような文の曖昧性の有無や (1b) の非文性が説明できるとした．

   (1) a. Who do you want to succeed?

b. *Who do you wanna kiss you?

(1a) では who が wh 移動により残す痕跡が succeed の目的語位置にある場合と to succeed の主語位置にある場合の二通りが可能であるため曖昧性が生じると説明でき, (1b) では want と to の間に who の痕跡が残るにもかかわらず縮約が適用されているため非文になると説明できるとした.

その後, Postal and Pullum (1978), Andrews (1978), Chomsky and Lasnik (1978), Jaeggli (1980), Postal and Pullum (1982) などの議論を経て, Jaeggli (1980) の主張, 格標示痕跡 (Case-marked trace) が wanna 縮約を阻止するという提案で基本的な解決を見た.

しかし, Radford (1997: 221) は非格標示痕跡 (non-Case-marked trace) による縮約が阻止される場合があることを指摘した.

(2) a. Will we have / *we've finished the rehearsal?
 b. Should I have / *I've called the police?
 c. Would you have / *you've wanted to come with me?
 d. Could they have / *they've done something to help?

この縮約は wanna 縮約ではないが, Radford によると have の主語への縮約, have 縮約は不可能であるという. これらの言語事実は, (2a) が次のような構造を有しているとされることから説明可能であると主張された.

(3)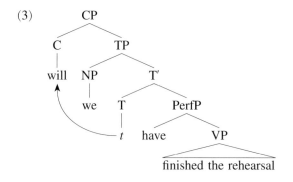

主語 we と助動詞 have の間には主語助動詞倒置により残された will の痕跡があり, この痕跡が have の主語への縮約を阻止するというのである. この主張が正しければ, 格標示痕跡による縮約説明はその妥当性に関して疑問を生じ

させることになると言わざるを得ない．

興味深いことに，言語学とは無関係な小説の中から Radford の事実指摘に対して以下のような事実が発見された．

(4) Fred and George pushed their way to the front of the crowd and said together, 'Why couldn't you've called us back, eh?' (*Harry Potter and the Chamber of Secrets*, p. 94)

couldn't は (3) と同様，時制句の主要部の痕跡の位置から移動し，非格標示痕跡を残している．にもかかわらず作者は縮約が可能であるとし you've と表現しているのである．

しかし，Radford (1997: 222) は (2) の例における have 縮約に関して次のような音韻上の事実を指摘している．(2a) における we've は，注意深い発音において weave (/wiv/) とは韻を踏まず，/wiəv/ と発音されるとのことである．you've についても同様に /jʊəv/ と発音されているのである．

これが事実であることは (5) の朗読 CD の音声データの音声解析からも支持されている．

(5)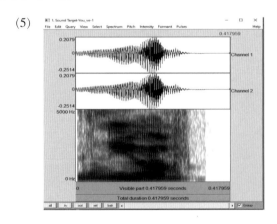

つまり，(4) における Radford の主張に対して反例に見える言語事実は書記上の問題であり，厳密には縮約は行われていないということである．しかし，(3) で格標示されていない痕跡が縮約を阻止していることが判明したわけだから，格標示痕跡で縮約現象を説明することは十分ではないことが明らかである．

3. wanna 縮約を阻止する要素

wanna 縮約の適用可能環境を詳細に検討してみよう．want という動詞は補部に CP を取るが，この CP の主要部は，制御構造を導き補部の TP 指定部に格を与えず RPO の出現を許す ϕ と，補部の指定部に格を与え顕在的主語 DP の出現を許す ϕ である．二つを区別するため後者の方を ϕ_{for} と表記することにする．want が以下のように for 補文標識を取ることがあるからで，2 つめの C 主要部は for の音韻素性を欠くものと考えられる．

(6) a.　We want very much [for Bill to win].

(Chomsky and Lasnik (1977: 442))

　　 b.　*I want very much John to come.　　　(Lightfoot (1977: 212))

　　 c.　What I want is for Bob to go.　　　　(Postal (1974: 63))

want の後に強調の副詞 very much が介在すると (6a) のように補文の主語 Bill に格を付与するため for の出現が義務的である．for が現れないと (6b) のように非文となる．(6c) では want の文を疑似分裂文にすると補文標識 for が現れる．

ここで，補文主語に顕在的 DP が現れる場合を検討してみよう．

(7) a.　*Who do you want very much for to leave?

(Rothstein and Snyder (1992: 252))

　　 b.　*Who is John eager [(for) t to win]

(Chomsky and Lasnik (1977: 477))

(7) の両文が示すように，補文標識 for の後ろからの wh 移動は非文を生成することになる．これは，that 痕跡現象と同様である．

(8) a.　*Who do you think that t will come tomorrow?

　　 b.　Who do you think t will come tomorrow?

　　 c.　… you think [$_{CP}$ t [$_{C'}$ that [$_{TP}$ t will …

　　 d.　… you think [$_{CP}$ t [$_{C'}$ Agr [$_{TP}$ t will …

(8a) では (8c) に示すように 2 つの痕跡の間に that が介在しており，原理変数理論の枠組みでは空範疇原理 (Empty Category Principle) により非文とさ

6　第 I 部　統語論

れていた．それに対して (8b) では (8d) に示すように，Rizzi (1990) によれば，補文標識は一致要素 (Agreement: Agr) が現れており，2 つの痕跡と，指定部主要部一致 (Spec-Head Agreement) により先行詞統率が成立し適格文となるものである．

　(7a) に対しては for の代わりに ϕ_{for} が現れれば適格文となる．

　(9)　Who do you want very much [*t* to win]?

(Chomsky and Lasnik (1977: 478))

つまり，(9) の補文中には格を付与する能力を持つ補文標識が存在するということである．ただし，(10) が示すように，want ではなく，eager の場合は補文標識 for があってもなくても wh 移動は不可能である．

　(10)　*Who is John eager [(for) *t* to win]

(Chomsky and Lasnik (1977: 477))

この事実は，eager が for 補文を取ることは want と同様であるが，for 補文標識が音韻素性を持たなくなった場合は，eager が形容詞であるため元々格付与能力を持ち合わせないため ϕ_{for} を取ることができなくなることを示している．したがって統御構造を導く ϕ しかとれないため，格付与が行われないことが原因となり (10) は非文となるのである．

　(6a) のように very much の強意副詞が現れる場合は，want の直後にあった CP が VP に移動付加され，補文が付加部となったため for が現れたとも考えられそうであるが，これは誤りである．もし，補文が付加部となったら for 補文標識が現れるというのであれば，以下の文も可能なはずであるが，いずれも非文である．

　(11)　a. *It seems to me [*for* John to be unhappy]. (Radford (1988: 436))
　　　　b. *It seems at that time for John to be unhappy].
　　　　c. *It seemed at that time [$_{\text{CP}}$ C [$_{\text{IP}}$ David had left]].

(Boškovic and Lasnik (2003: 529))

(11a) では to me が seems の項であるので，この文の for 補文が付加部になっているかどうか不明であるというなら，(11b) のように at that time が seemed と補文の間に現れる場合も for の出現は不可能である．

believe のような例外的格付与動詞の場合も動詞と補部の間に副詞などが介在すると外置が適用され補文が付加部となっていると考えられるが，その際にも for は現れることができないので，外置ということで for 補文標識の出現を説明することはできない．

(12) *John believes sincerely [for Bill to be incompetent].

(Chomsky and Lasnik (1977: 443))

外置が適用されているかどうかは問題ではなく，動詞による選択特性から補文の特性は決定され，補文標識のタイプも決定されるのである．

このような事実から，wanna 縮約が可能な統語構造は次のような場合であると考えられる．

(13)　　want [$_{CP}$ [$_{C'}$ ϕ [$_{TP}$ PRO [$_{T'}$ to […]]]]]
　　　　　　　　　　<-CP>

(13) の構造は want の統御構造の場合である．補文標識は ϕ で格付与能力を持たない要素，<-CP> は格特徴（Case Property）を意味するものとする．この構造で補文の目的語の位置から wh 移動が生じると (14) のような構造となる．

(14)　　want [$_{CP}$ t' [$_{C'}$ ϕ [$_{TP}$ PRO [$_{T'}$ to [… t]]]]]
　　　　　　　　　　<-CP>

目的語の wh 語は循環適用の wh 移動で補文の指定部に痕跡を残して上昇する．中間痕跡 t' は格標示されていないので wanna 縮約を阻止することはない．

一方，補文の主語位置から wh 移動により DP が主節の C 指定部まで移動すると次のような構造が形成される．

(15)　　want [$_{CP}$ t' [$_{C'}$ ϕ_{for} [$_{TP}$ t [$_{T'}$ to […]]]]]
　　　　　　　　　　<+CP>

補文の C 主要部は TP 指定部の wh 語に格を付与しなければならないので，格付与能力を持つ ϕ_{for} が現れることとなる．中間痕跡である t' は (14) と同様，格標示されないので，wanna 縮約を阻止しない．しかし，この場合は，TP の指定部にある痕跡が格付与されている．従来の理論ではこの痕跡が wanna 縮約を阻止するとされていたが，(2) の事実には格付与された痕跡は

存在しない．確かに格付与された痕跡は存在しないが，格付与能力を持つ要素は存在する．(3) における T に残る痕跡である．(15) においても ϕ_{for} は格付与能力を持つ要素である．

wanna 縮約を阻止する要素が格付与された痕跡であるとすると (2) の事実が説明できないが，格付与特徴を持つ要素の存在が wanna 縮約を阻止するとすると，従来の wanna 縮約の現象も，(2) のような非格付与痕跡が存在しない構文においても，wanna 縮約が阻止されることが説明可能となる．

4. 転送と PF 特徴

格付与特徴が wanna 縮約や have 縮約に必要な特徴であることは判明したが，この特徴は PF で解釈可能な特徴なのであろうか．PF への転送 (Transfer) は phase 単位で行われ，狭義の統語派生 (narrow-syntactic derivation: D-NS) から PF で解釈可能な特徴だけが転送される．この際の「PF で解釈可能な特徴」がどのようなものであるのかは，まだ明確にはなっていない．前節で議論した格付与特徴が PF で解釈可能な特徴である必要がある．そうでなければ派生は破綻してしまう．

格付与特徴は顕在的に具現化すれば，形態論的特徴ということになる．ドイツ語の格特徴は，das / des / dem / den Buch のように形態論的に具現化する．形態論的特徴は PF で非解釈特徴として派生の破綻を導かないのだろうか．

範疇特徴 (categorial feature) も PF で必ず必要な特徴である．例えば，Smoking cars can be a nuisance. において主語を構成する 2 つの語彙要素のうち smoking が範疇特徴として <+N> を持つのか <+V> を持つのかにより強勢の形式に相違が出る．この際の範疇特徴というものも PF では非解釈特徴として派生の破綻を導かないはずである．しかし，範疇特徴は PF で解釈可能な特徴なのであろうか？

5. まとめ

格標示された痕跡が wanna 縮約を阻止する事実や，have 縮約では格標示痕跡が存在しないにもかかわらず，縮約が不可能であること，縮約されているように見える場合にも実際には縮約が行われていないなどの事実は，いずれも痕

跡が格標示されているかどうかが原因なのではなく，縮約が行われる2つの語彙要素の間に格特徴を持つ要素が存在するかどうかが原因であることをみた．この格特徴が PF において，それ以外の特徴も含め，解釈可能な特徴なのかどうかの決定が以降の研究で必要となる．

参考文献

Andrews, Avery (1978) "Remarks on *To* Adjunction," *Linguistic Inquiry* 9, 261-268.

Boškovic, Željko (2003) "On the Distribution of Null Complementizers," *Linguistic Inquiry* 34, 527-546.

Chomsky, Noam (1975) *Reflections on Language*, Pantheon, New York.

Chomsky, Noam (1977) "On Wh-movement," *Formal Syntax*, ed. by Peter Culicover, Thomas Wasow and Adrian Akmajian, 71-132, Academic Press, New York.

Chomsky, Noam (1993) "A Minimalist Program for Linguistic Theory," *The View from Building 20: Essays in Linguistics in Honor of Sylvain Bromberger*, ed. by Kenneth Hale and Samuel Jay Keyser, 1-52, MIT Press, Cambridge, MA.

Chomsky, Noam (1995a) *The Minimalist Program*, MIT Press, Cambridge, MA.

Chomsky, Noam (1995b) "Bare Phrase Structure," *Government and Binding Theory and the Minimalist Program*, ed. by Gert Webelhuth, 383-439, Blackwell, Oxford.

Chomsky, Noam (2000) "Minimalist Inquiries: The Framework," *Step by Step: Essays on Minimalist Syntax in Honor of Howard Lasnik*, 89-155, MIT Press, Cambridge, MA.

Chomsky, Noam and Howard Lasnik (1977) "Filters and Control," *Linguistic Inquiry* 8, 425-504.

Chomsky, Noam and Howard Lasnik (1978) "A Remark on Contraction," *Linguistic Inquiry* 9, 268-274.

Emonds, Joseph (1977) "Comments on the Paper by Lightfoot," *Formal Syntax*, ed. by Peter Culicover, Thomas Wasow and Adrian Akmajian, 239-247, Academic Press, New York.

Jaeggli, Osvaldo (1980) "Remarks on *To* Contraction," *Linguistic Inquiry* 11, 239-245.

Lakoff, George (1970) "Global Rules," *Language* 48, 76-87.

Lakoff, George (1971) "On Generative Semantics," *Semantics: An Interdisciplinary Reader in Philosophy, Linguistics and Psychology*, ed. by Danny Steinberg and Leon Jakobovits, 232-296, Cambridge University Press, Cambridge.

Lightfoot, David (1976) "Trace Theory and Twice-Moved NPs," *Linguistic Inquiry* 7,

559-582.

Lightfoot, David (1977) "On Traces and Conditions on Rules," *Formal Syntax*, ed. by Peter Culicover, Thomas Wasow and Adrian Akmajian, 207-237, Academic Press, New York.

Pollock, Jean-Yves (1978) "Trace Theory and French Syntax," *Recent Transformational Studies in European Langauges*, ed. by Samuel, J. Keyser, 65-112, MIT Press, Cambridge, MA.

Postal, Paul (1972) "A Global Constraint on Pronominalization," *Linguistic Inquiry* 1, 439-500.

Postal, Paul and Geoffrey Pullum (1978) "Traces and the Description of English Complemetizer Contraction," *Linguistic Inquiry* 9, 1-29.

Postal, Paul and Geoffrey Pullum (1982) "The Contraction Debate," *Linguistic Inquiry* 13, 122-138.

Radford, Andrew (1997) *Syntactic Theory and the Structure of English: A Minimalist Approach*, Cambridge University Press, Cambridge.

Rothstein, Susan and William Snyder (1992) "A Note on Contraction, Case and Complementizers," *The Linguistic Review* 9, 251-266.

Rizzi, Luigi (1990) *Relativized Minimality*, MIT Press, Cambridge, MA.

軽動詞構文の移動現象
―名詞編入と項上昇―*

岸本秀樹

神戸大学

1. はじめに

　本論では，動詞的名詞（Verbal Noun（＝VN））と軽動詞の「する」が組み合わされる軽動詞構文の派生について考察する．日本語の軽動詞構文はいくつかの下位分類ができる（影山（1993），Miyamoto（1999），Miyamoto and Kishimoto（2016）などを参照）．本論で特に取り上げるのは，「する」と組み合わされる VN の他に項を２つとる（1a）のような軽動詞構文である．一般的に（1a）は，対格項に相当する項が VN の中に現れている（1b）と交替することができる（影山（1993），田野村（1988）などを参照）．

(1) a. 山田先生が学生を注意した．
　　b. 山田先生が [学生の注意] をした．

本論では（1a）タイプの軽動詞構文について次の３つの特徴があることを示す：（A）主語（ガ格項）と VN は「する」によって選択される．（B）対格で標示される項は，VN に選択され，項上昇の操作によって節の項として認可される．（C）VN は，表層構造あるいは論理構造において「する」に編入することが可能である．

　本論の議論は以下のように進める．第２節では他動詞タイプの軽動詞構文の統語的な派生について論じる．第３節では，与格項の VN からの取り出し

---

　* 本稿の内容の一部は，KLP（Kansai Lexicon Project）の研究会において発表し，由本陽子，中谷健太郎，工藤和也の各氏から有益なコメントをいただいた．ここに謝意を記したい．本稿の研究は JSPS 科研費（課題番号 JP16K02628）の助成を受けている．

と，対格項の取り出しの違いを見ていく．第4節では，他動詞タイプの軽動詞構文に課せられる二重ヲ格制約について考察する．第5節は本論の総括である．

2. 他動詞タイプの軽動詞構文

「する」が動詞として現れる軽動詞構文においては，動詞的名詞（VN）が実質的な意味を表すとされる．軽動詞「する」の扱い（特に，項の意味役割を決定する項構造の扱い）については異なる考え方が存在する．大きく分けて，「する」が時制などの情報を提供するだけであるとする分析（Grimshaw and Mester (1988), Saito and Hoshi (2000) など）と，「する」が意味役割を与えるとする分析（Uchida and Nakayama (1993), Hasegawa (1991), Terada (1990) など）がある．本論では (1a) のような軽動詞構文の「する」が行為の意味を表し，動作主と主題を選択する動詞として働き，「する」が選択できない対格項は VN によって供給されることを示す．

本論の主な主張は，軽動詞構文に現れる「する」が <agent, (goal,) theme (VN)> の項構造を持つということである．これは，(1a) のタイプの軽動詞構文では，「する」が「**X** が **VN** の表す行為を（**Y** に対して）行う（"**X** does the act of **VN** (to **Y**)"）」という意味を表し，「する」が動作主主語と主題を表す VN を選択することを意味する．(1a) では，動作主と VN 以外に「学生」という対格目的語が現れるが，本論で提案する分析では，この項が持つ主題の意味役割は，VN によって供給されなければならない．そうすると (1a) は (2) のように派生される．

(2) a. [先生_{<動作主>}が [学生_{<主題>}(の) 注意_{<主題>}]_{<主題>} する_{<動作主, 主題>}]

　　b. [先生が　学生を　[学生　注意] 注意-する]

(1a) の軽動詞構文では，(2a) のように，「学生」が VN「注意」の中で意味役割を与えられ，主格主語と（「する」と組み合わされる）VN は「する」によってそれぞれ動作主と主題の意味役割を与えられる．(2b) においては，「学生」が項上昇の操作により節の項（対格項）となる．そして，VN が「する」に編入されると，(1a) が派生される．

「注意する」には，(3a) のような形式も存在する．[1] (1a) は，二重ヲ格制約 (double-*o* constraint) (Harada (1973)) のために，「注意」を「する」に編入せずに対格で標示することはできないが，(3a) では，VN の「する」への編入は随意的で，編入が起これば「注意する」という複合語の形式，編入が起こらなければ「注意をする」という「VN＋する」の形式が派生される．

(3) a. 先生が学生に注意(を)する．
b.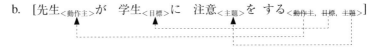

(3a) は，(2b) とは異なる構造を持ち，(3b) のように，「する」が主語に動作主，「学生」に目標，VN には主題の意味役割を与える．(3a) は，(1) と似た意味を表すが，(3a) の「学生」は，「**X** が **VN** の表す行為を (**Y** に対して) 行う」の Y に相当する項である．(3a) においては，VN からの項の上昇によって「学生」が節の項となっているのではない（つまり，VN ではなく「する」が「学生」に対して意味役割を与えるのである）．

(1a) の軽動詞構文の「する」が VN に主題の意味役割を与えるのであれば，「する」は対格項の「学生」に主題の意味役割を与えられない．そうすると，この項は，VN によって選択される項であることになる．この場合，「学生」は項上昇によって VN から抜き出され，節の項となっていなければならない．これに対して，(3a) の軽動詞構文の「学生」は「する」が選択する目標項であり，VN からの抜き出しにより節の項となったのではない．VN から項の抜き出しが起こっているかどうかについてはいくつかのテストで確かめることができる．以下では，VN の移動と削除が関わるテストを用いて項上昇の有無を確認する．

まず，VN の移動の可否によって項上昇の有無が検証できる．(1a) において VN の「注意」は，通常，「する」と結合する．これは，(4a) のように，

---

[1] ここでは，「学生を注意する」とほぼ同義の「警告する」という意味を表す「学生に注意する」について考察する．「学生に注意する」には「注意を払う」という意味も表せるが，この場合は，慣用句としてかなり固定された表現となっており，統語操作によってその意味が失われる場合がある．「学生を注意する／学生に注意する」と同じような形式のペアが可能な表現には，他に「社員を指示する／社員に指示する」「学生を指導する／学生に指導する」「敵を攻撃する／敵に攻撃する」「お寺を参拝する／お寺に参拝する」などがある．

VN が（「する」への編入を起こさず）動詞とは独立して現れ，対格（ヲ格）で標示されると，二重ヲ格制約により排除されるからである（Harada (1973)）．

(4) a. *山田先生が学生を注意をした．
    b. 山田先生が学生を注意はした．

しかしながら，(4b) のように VN の右側に「は」や「も」のような助詞（副助詞）が現れ，対格標示がなくなると容認される．(4b) では，VN は独立の項として機能しているので，(5a) のように「注意」と「する」の間に「少し」のような副詞を入れることができる．

(5) a. 山田先生が学生を注意は<u>少し</u>した．
    b. *山田先生が学生を注意<u>少し</u>した．

なお，VN が「する」に編入され，表面上「注意した」のような一語化した形になると，語彙的緊密性により，(5b) のように副詞の介在は許されない．

「（学生を）注意する」においては，「注意」と「する」の間に副助詞があると，VN の移動操作も可能になる．VN を関係節の主要部にする操作では，VN からの抜き出しがあるかないかによって文法性に違いが出る．これは，一般に，VN から項の抜き出しが起こると，その内部には抜き出された項のコピー（痕跡）が残り，このコピーは移動された要素に c-統御されなければならないからである（適正束縛の条件（Proper Binding Condition: Fiengo (1977)）．したがって，VN「注意」が関係節の主要部となっている場合，(6a) のように，対格項の「学生」が関係節内にあると容認されない．これに対して，(6b) のように「学生」が関係節の主要部として現れると適格になる．

(6) a. *[山田先生が学生をした] 注意
    b. [山田先生が注意をした] 学生
    c. [山田先生がした] 注意

(6a) は，「学生」が（項上昇により残された「学生」のコピーがある）VN を c-統御していないため，適正束縛条件の違反により，非文法的になる．(6b) は，「学生」が「注意」よりも上位の構造位置に現れるので，適格になる．(6c) は，「注意」が主語の「先生」よりも構造的に上位の位置に現れているが，「する」が選択する項であるため，適正束縛条件の違反効果は現れない．(6) の事

実は，対格項は VN からの項上昇により節の項となっているのに対して，主格主語（動作主）は「する」によって選択された項で，VN からの項上昇の操作が関わっていないことを示している．

次に，「学生」が与格で標示されている (3a) の構文では，(7) で示されているように「学生」が関係節内にあっても「注意」を関係節の主要部にすることができる．

(7) [山田先生がその学生にした] 注意

(7) から，与格で標示された「学生」は，VN「注意」から抜き出された項ではなく，「する」によって選択される項であることがわかる．もちろん，動作主主語は関係節内に現れても問題ないことから，(3a) の軽動詞構文でも，動作主主語は VN から抜き出されていないことがわかる．

第 2 のテストは，項省略である．項省略は，文脈で何を指すかが明確である場合に，かなり自由に適用できるが，項の抜き出しが起こっている項には適用できない．このことを見るために，まず，(8b) から主語化によって派生された (8a) の文について考えてみる．

(8) a. あの子供が目が赤い．
     b. [あの子供の目] が赤い．
     c. あの子供が$_i$ [t_i 目] が赤い．

(8a) の「ジョンが目が赤い」は，(8b) の「ジョンの目が赤い」の被所有者項の「目」から所有者の「ジョン」が「主語化 (subjectivization)」の操作によって抜き出されて，節の項となっている (Kuno (1973))．このような抜き出しが起こった構文ではたとえ先行文があったとしても，(9) の第 2 文のように，意味上の主語を省略してしまうと，派生された大主語が述語の主語であると誤って解釈されるため容認されない．[2]

(9) *今日はジョンが目が赤いが，昨日はメアリーが赤かった．

同様の効果は，(1a) の軽動詞構文「(学生を) 注意する」においても観察され

---

[2] 大主語が「は」で標示された場合には，容認性が高くなる．これは，話題化された要素が節の中で基底生成される可能性があるからである．

る.「（学生を）注意する」の軽動詞構文では，(10) のように，第 1 文が先行文となって，第 2 文において VN の「注意」を省略すると容認されない．

(10) *山田先生はその学生を注意はしたが，鈴木先生はその学生をした．

(10) の非文法性は，「学生を注意する」の場合，「学生」が VN「注意」から抜き出されて節の項となっていることに起因している．これに対して，「学生に注意する」の「注意」を第 2 文で省略した (11) は容認される．

(11) 山田先生はその学生に注意はしたが，鈴木先生はその学生に（は）しなかった．

(10) と (11) の文法性の対比から，(1a) の「学生を注意する」の対格項「学生」は VN からの項の抜き出しにより節の中に生起するが，(3a) の「学生に注意（を）する」の与格項「学生」は VN からの抜き出しを経ずに，節の中に直接生起していることがわかる．

　本節では，移動と項省略の事実から，(1a) の軽動詞構文に現れる対格項の「学生」は VN からの抜き出しにより文中の項になっているのに対して，(3a) の軽動詞構文に現れる与格で標示された「学生」は「する」によって選択される項であることを示した．

3. 与格項構文との比較

　(3a) の軽動詞構文では，主格主語，与格項および VN が「する」に選択される．ただし，与格で標示される項は，いつも「する」に選択されるとは限らない．「する」は，「**X** が **VN** の表す行為を（**Y** に対して）行う」の意味を表すので，この意味に合わない意味役割を持つ与格項は VN によって意味役割を与えられ，項上昇によって節の項とならなければならない．例えば，(12a) の与格項は，(12b) の構文から項の抜き出しを経ることによって節の項となっている．

(12) a. 山田先生は実業家に転身をした．
     b. 山田先生は [実業家への転身] をした．

(12a) の「実業家」は与格で標示されているが，「目標」ではなく，「変化の結果」を表す．(12a) の「実業家」は，「する」の選択する項には該当しないため，

VN からの抜き出しにより生起していなければならない．実際に，「実業家」が項上昇によって節の項になっていることは，(13) で示されているように VN を与格項より上位の位置に置く移動や VN の省略ができないことから確認できる．

(13) a. *[山田先生が転身をした] 実業家
    b. *山田先生は実業家に転身をし，鈴木先生は弁護士にした．

(13) では，VN を関係節の主要部にすることができず，また，VN の省略もできない．これらは，第 2 節で見たように，VN から項の抜き出しが起こっている場合に観察される現象である．したがって，(13) の事実から，(12a) の与格項の「実業家」は，VN に選択され，VN から抜き出され節の項になっていることがわかる．

　ここまでのデータは，「転身をする」に現れる与格項と「学生を注意する」の対格項が，ともに VN からの抜き出しよって節に生起しているため，同じ統語的な振る舞いをすることを示している．しかしながら，VN に対する形容詞の修飾に関しては両者に異なる振る舞いが観察される．まず，「転身」の軽動詞構文では，(14) のように VN に対する形容詞の修飾を許す．

(14) a.　山田先生は [実業家への鮮やかな転身] をした．
    b.　山田先生は実業家に鮮やかな転身をした．

しかし，「学生を注意する」では，対格の「学生」が存在する節に現れる VN に対する形容詞の修飾が許されない．ただし，「学生」が与格で標示される場合には形容詞の修飾は可能である．

(15) a. ?*山田先生も学生を厳しい注意はしなかった．
    b.　山田先生も学生に厳しい注意はしなかった．

(15a) で示されているように，「学生を注意する」の構文においては，形容詞の VN への修飾は許されない．しかし，副詞「厳しく」による修飾であれば，(16) で示されているように，2 つのタイプの文はともに容認される．

(16) a.　山田先生もその学生に厳しく注意はしなかった．
    b.　山田先生もその学生を厳しく注意はしなかった．

18 第 I 部　統語論

　ここで，項の抜き出しにかかる制限の 1 つに，特定性条件（specificity condition）があることに注目したい（Fiengo and Higgnbotham (1981)）．特定性条件の効果は，(17b) のように，「転身」の結果項が節の項となっている場合に観察される．

　(17)　a.　先生は [その実業家への転身] をした．
　　　　b. *先生は実業家にその転身をした．

(17) の構文では，「実業家」が VN に含まれていれば，「その」が VN の中に含まれていてもよいが，「実業家」が与格で標示され，VN の外にある場合，VN に「その」があると容認されない．[3] これは，(18) の英語の wh 移動の例において観察されるのと同じ効果である．

　(18)　a.　Who did you see a picture of?
　　　　b. *Who did you see that picture of?

特定性条件の効果は，(19b) からわかるように，対格目的語をとる「注意する」でも観察される．[4]

　(19)　a.　山田先生も [その学生の注意] はした．
　　　　b. *山田先生も学生を [その注意] はした．

これに対して，特定性条件の効果は，「学生」が与格で標示されていると現れない．したがって，(20) は文法的な文である．

　(20)　山田先生も学生に [その注意] はした．

これは，先にも見たように，(20) の与格標示された「学生」が VN からの抜

---

　[3] ここでの「その」の意図する用法は，(VN 内にある「実業家」ではなく）VN を修飾するもので，「その」と「実業家」の間にポーズを置くとその意味がとりやすくなる．同じことは，「注意する」でも当てはまる．以下の特定性条件の効果に関する例も同様の修飾関係がある場合の判断となる．
　[4] 第 4 節において，(15a) のように「学生を注意する」の VN に対して形容詞の修飾ができないのは，「注意」の編入が阻止され，二重ヲ格制約の違反が起こるためであると分析する．この分析では，(19b) の非文法性も特定性条件ではなく，二重ヲ格制約によるとすることができるかもしれない．しかし，(19b) の逸脱性は，単なる形容詞修飾が関与する (15a) よりも強いので，「二重ヲ格制約」とともに「特定性条件」の違反も起こっているためであると考えられる．

き出しによって現れた項ではないからである.

問題は，VN から抜き出された与格項の現れる（14b）とは異なり，対格項が現れる（15a）のような例において，なぜ形容詞の修飾が VN に対して許されないかである．意味的に特定の指示が形容詞によって指定されるわけではなく，形容詞の修飾は VN から与格項が上昇した（14b）では容認される．したがって，（15a）の非文法性は，項の抜き出し（特定性条件）に起因するものではないことは明らかである．次節では，（15a）で VN に対して形容詞の修飾ができないのは，「（深層）二重ヲ格制約」の違反によることを論じる.

4. 二重ヲ格制約

前節の（15a）で見たように（1a）のタイプの軽動詞構文においては，形容詞の VN への修飾が許されない．本節では，（15a）の逸脱性が（VN の「する」への編入が起こらないことに起因する）二重ヲ格制約の違反により生じることを論じる.

二重ヲ格制約は，日本語に特有の格配列の制限であるが，この制約については，Harada（1973）以来，2 タイプが存在することが論じられている．ここでは，Poser（2002）にならって，この 2 つのタイプの二重ヲ格制約を「表層二重ヲ格制約」と「深層二重ヲ格制約」と呼ぶことにする．二重ヲ格制約は典型的に使役文において観察される.

(21) a. 先生は子供に本を読ませた.
　　 b. *先生は子供を本を読ませた.
　　 c. *先生は子供を本は読ませた.

(21a) の使役文は，「させ」に他動詞文を埋め込んで派生されているが，項の格配列は「が・に・を」とならなければならず，「が・を・を」は容認されない．また，対格を「は」で置き換えても非文法的である．経路を示す対格項を含む文を埋め込んだ（22a）の使役文も同様に「が・を・を」の格配列が許されない.

(22) a. 先生は子供にその浜辺を歩かせた.
　　 b. *先生は子供をその浜辺を歩かせた.
　　 c. 先生は子供をその浜辺は歩かせた.

ただし，(21a) の使役文とは異なり，(22a) の使役文は，(22c) のように経路項「浜辺」に「は」を付加し，対格が現れないようにすると容認される．(21b) と (22b) の使役文は，ともに二重ヲ格制約によって排除されると考えられるが，(21c) と (22c) の文法性の差が示しているように，二重ヲ格制約には，表面上，対格標示が二重に現れた際に適用される「表層二重ヲ格制約」と，表面上の格標示にかかわらず適用される「深層二重ヲ格制約」が存在するのである．

それでは，軽動詞構文の場合はどうであろうか．先にも見たように，VN に形容詞修飾語がない場合には，VN に副助詞を加えて対格標示を現れなくすると二重ヲ格制約の違反を回避できる．

(23) a. *鈴木先生も学生を注意をした．
     b. 鈴木先生も学生を注意はした．

(1a) の「学生を注意する」は，表層二重ヲ格制約を受けているため，(23b) が容認されると考えたくなる．そうすると，(24a) のように VN に対して形容詞の修飾語が付く形式でも，VN に対格標示が現れないと，二重ヲ格制約の違反を回避できるはずであるが，事実としては，(24b) は容認されない．

(24) a. *鈴木先生も学生を厳しい注意をした．
     b. ?*鈴木先生も学生を厳しい注意はした．

(24b) では，表面上，対格標示される項は 1 つしか現れていない．したがって，この文が容認されないのは，「学生を注意する」の構文が深層二重ヲ格制約の違反を起こしているからであると考えることができる．

(23) と (24) は，一見すると異なるタイプの二重ヲ格制約を受けているように見えるが，実際には，この 2 つの形式についてはともに深層二重ヲ格制約が関わっているとみなすことができる．というのも，Kishimoto (2001) が示唆しているように VN は論理構造で「する」に編入することができるからである．編入は主要部移動の一種であるために，主要部移動の制約，特に，いわゆる「句排除制約 (No Phrase Constraint)」がかかる (Botha (1984))．例えば，(25) はこの制約により排除される．

(25) a. *鈴木先生が [学生の注意] した．
     b. *鈴木先生が [厳しい注意] した．

軽動詞構文の移動現象　　　　　　　　　　　21

VN「注意」が修飾語を伴う場合，(26)のように VN は編入をする形式ではなく，目的語として機能する形式をもたなければならない.[5]

(26)　鈴木先生が [{学生の／厳しい} 注意] をした.

句排除制約は，表層構造での編入操作にも当てはまるが，論理構造での編入操作に対しても適用されると考えられる．したがって，(23b) と (24b) の文法性の対比は以下のように説明できる．まず，(23b) については，(27) で示されているように，論理構造で VN「注意」が「する」に編入され，対格項が 1 つだけになるために，深層二重ヲ格制約の違反が回避できる.

(27)　[　　学生を　注意　　注意-する]

これに対して，(24) については，形容詞が「注意」を修飾しているので，句排除制約のため，論理構造において「注意」の編入の操作ができない．そのため，(24b) の軽動詞構文には適格な派生が存在しない.

(28) a. *[　　学生を　きびしい注意を　する]
　　　b. *[　　学生を　[きびしい注意]　注意-する]

具体的には，「注意をする」の軽動詞構文では「注意」が形容詞によって修飾されると，(28a) のように VN の編入が起こらない．(28a) は，(深層) 二重ヲ格制約の違反になり，排除される．また，仮に，(28b) のように「注意」を「する」に編入をさせようとしても，句排除制約の違反となり，排除される．つまり，(28) のいずれの派生も適格にならないので，(24b) は非文法的になるのである.

「注意をする」の軽動詞構文の VN は論理構造において編入される形式「VN-する」を派生することができるが，VN の編入は，VN が句に拡張していない場合にのみ可能である．(24b) の例が容認されないという事実は，軽動詞構文にかかる二重ヲ格制約は深層二重ヲ格制約であることを示している．ちなみに，表層二重ヲ格制約は，使役文において対格の経路表現を含む場合に適用され，他動詞の目的語を含む使役文では深層二重ヲ格制約がかかるので，「注意

---

[5] ここで重要な点は，句排除制約は特定性条件とは独立の制約であることである.

をする」のような対格目的語を持つ軽動詞構文が深層二重ヲ格制約を受けることは十分に期待される.

本論の分析では,軽動詞構文においては,論理構造でVNが編入する形式と編入しない形式が存在することになる.このことは,Kishimoto (2001) が議論している「も」の不定代名詞束縛の事実により経験的に検証できる.通常,「も」が不定代名詞を束縛するには前者が後者をc-統御しなければならない.したがって,対格項に「も」が付加された場合,(29) のように「も」は対格項の外にある不定代名詞を束縛できない.

(29) *山田先生は誰に本も与えなかった.

しかしながら,軽動詞構文では一見例外的な現象が観察される.VNが形容詞修飾語なしに現れた (30a) では,VNの外部にある不定代名詞を「も」が束縛することができる.しかし,「厳しい」という修飾語が付いた (30b) では「も」が不定代名詞を束縛することができない.

(30) a.　山田先生は誰に注意もしなかった.
　　　 b. ?*山田先生は誰に厳しい注意もしなかった.

(30) の事実は,VN「注意」は,形容詞を伴わない場合,論理構造で「する」に編入することができ,「も」の束縛領域が動詞句まで拡がるが,VNが形容詞を伴い句のステータスを持つ場合には「する」への編入が起こらず,「も」の束縛領域が拡がらないことを示唆している.[6]

ちなみに,対格項が現れる軽動詞構文でもVNの編入が起こることは (31a) の例から確認できる.

(31) a.　鈴木先生は誰を注意もしなかった.
　　　 b.　鈴木先生は [誰の注意] もしなかった.

(31a) では,「注意」の後に現れる「も」が外部の項を束縛することができる.このことは,論理構造でのVNの編入が (31a) において起こることを示して

---

[6] Kageyama (1991, 1999) では,VNには(実際には編入されない)抽象的な編入が起こると主張している.この分析は,ある意味でKishimoto (2001) の分析と似ているとも言えなくはないが,不定代名詞の束縛領域拡大の事実がどのように扱われるかは明らかではない.

いる．また，(31b) のように，「注意」に「も」が付いている場合，VN の中に
含まれている不定代名詞を束縛することができる．

　ここまでの議論をまとめると，(23b) のような軽動詞構文では論理構造で
「注意する」という形式を派生できるため，VN が「は」を伴うと深層二重ヲ格
制約の違反の回避が可能となる．そのため，一見すると，軽動詞構文では表層
二重ヲ格制約がかかるように見える．しかし，一般に「編入」は，句に対して
は適用できないので，VN が句に拡張している (24b) では二重ヲ格制約の回
避ができず容認されない文ができる．このことから，軽動詞構文に適用される
制約は，深層二重ヲ格制約であることがわかる．

5.　まとめ

　本稿では，主に，「学生を注意する」のような対格目的語をとる軽動詞構文
について考察した．このタイプの軽動詞構文では，「する」が動作主主語と
VN に意味役割を与えるが，対格で標示される目的語には意味役割を与えな
い．「する」が選択しない対格目的語は，VN 内で意味役割を与えられ，項上
昇によって目的語となる．つまり，「学生を注意する」タイプの軽動詞構文で
は「学生の注意をする」から「学生」が上昇することによって節の項（対格項）
として現れるのである．これに対して，「学生に注意する」の与格項は，「する」
によって意味役割が与えられる目標項である．項が VN から上昇することに
よって派生された場合，VN の移動や修飾に関して，適正束縛条件や特定性条
件のような制約が課される．さらに，「学生を注意する」の VN は深層二重ヲ
格制約の違反を避けるために，表層あるいは論理構造で「する」に編入される
必要がある．そのために，このタイプの軽動詞構文では VN に対して修飾語
を付け加えることができないという現象が観察される．

参考文献

Botha, Rudolph (1984) *Morphological Mechanisms: Lexicalist Analyses of Synthetic Compounding*, Pergamon Press, Oxford.

Fiengo, Robert (1977) "On Trace Theory," *Linguistic Inquiry* 8, 35-61.

Fiengo, Robert and James Higginbotham (1981) "Opacity in NP," *Linguistic Analysis*

7, 347-373.

Grimshaw, Jane and Armin Mester (1988) "Light Verbs and θ-Marking," *Linguistic Inquiry* 19, 205-232.

Harada, S. I. (1973) "Counter Equi NP Deletion," *Annual Bulletin* 7, 113-147, The Research Institute of Logopedics and Phoniatrics, University of Tokyo.

Hasegawa, Nobuko (1991) "On Head Movement in Japanese: The Case of Verbal Nouns," *Proceedings of SLS* 6, 8-33.

Kageyama, Taro (1991) "Light Verb Constructions and the Syntax-Morphology Interface," *Current English Linguistics in Japan*, ed. by Heizo Nakajima, 169-203, Mouton de Gruyter, Berlin.

Kageyama, Taro (1999) "Word Formation," *The Handbook of Japanese Linguistics*, ed. by Natsuko Tsujimura, 297-325, Blackwell, Malden.

Kishimoto, Hideki (2001) "Binding of Indeterminate Pronouns and Clause Structure in Japanese," *Linguistic Inquiry* 31, 597-633.

Kuno, Susumu (1973) *The Structure of the Japanese Language*, MIT Press, Cambridge, MA.

Miyagawa, Shigeru (1989) "Light Verbs and the Ergative Hypothesis," *Linguistic Inquiry* 20, 659-668.

Miyamoto, Tadao (1999) *The Light Verb Construction in Japanese: The Role of the Verbal Noun*, John Benjamins, Amsterdam.

Miyamoto, Tadao and Hideki Kishimoto (2016) "Light Verb Constructions with Verbal Nouns," *Handbook of Japanese Lexicon and Word Formation,* ed. by Taro Kageyama and Hideki Kishimoto, 425-458, De Gruyter Mouton, Berlin.

Poser, William (2002) "The Double-o Constraint in Japanese," ms., University of Pennsylvania.

Saito, Mamoru and Hiroto Hoshi (2000) "The Japanese Light Verb Construction and the Minimalist Programs," *Step by Step: Essays on Minimalist Syntax in Honor of Howard Lasnik*, ed. by Roger Martin, David Michael and Juan Uriagereka, 261-295, MIT Press, Cambridge, MA.

田野村忠温（1988）「「部屋を掃除する」と「部屋の掃除をする」」『日本語学』7(11), 70-80.

Terada, Michiko (1990) *Incorporation and Argument Structure in Japanese,* Doctoral dissertation, University of Massachusetts Amherst.

Uchida, Yoshiko and Mineharu Nakayama (1993) "Japanese Verbal Noun Constructions," *Linguistics* 31, 623-666.

主要部内在関係節および相対名詞修飾節から見た
インターフェイス[*]

佐野まさき（真樹）
立命館大学

1.　主要部内在型関係節

　いわゆる主要部内在（型）関係節（internally headed relative clause）は，Kuroda（1975–1976＝1992）以来，統語論，意味論，語用論のいずれの分野からも関心を呼んでいる構文である.[1] 下の（1a）は，角カッコ部が連体修飾節として，その外側にある下線部の名詞を修飾する主要部外在型関係節の例であり，（1b）は，その角カッコの節の内側に，その節によって修飾されるはずの下線部名詞が現れる，主要部内在型関係節の例である.

(1) a.　花子は [ベッドに寝ている] 太郎をたたき起こした
　　 b.　花子は [太郎がベッドに寝ている] のをたたき起こした

　（1a）と（1b）はいわゆる知的意味は一見同じように見えるが，（1b）の内在型のほうは，Kuroda（1992: 147）が次のように述べた関連性の条件に従う.

(2)　The RELEVANCY CONDITION: For a[n internally headed] relative clause to be acceptable, it is necessary that it be interpreted pragmatically in such a way as to be directly relevant to the pragmatic content of its matrix clause.

この関連性条件の効果は，この条件を満たさない主要部内在型関係節の例を，

---

[*] 本稿をなすにあたり，松本理美，谷川直美，田中省作の各氏との議論が有益であった.

[1] Kuroda は pivot-independent relative clause という用語を用いている. 同構文の最近の研究としては野村（2016）や Ohara（2018）等を参照.

対応する外在型の例と比べてみるとあぶり出される．次の例で見てみよう．

(3) a. 花子は [ベッドに寝ている] 太郎をたたいた

  b.?*花子は [太郎がベッドに寝ている] のをたたいた

(4) (?)花子は [太郎が大きないびきで寝ている] のをたたいた

(5) 花子は [太郎がベッドに寝ている] のをたたいて起こした

さきの (1) が表している 2 つのコトガラ，すなわち太郎といった人がベッドに寝ている状況（コトガラ 1）と，その人をたたき起こすという行為（コトガラ 2）は，前者が，後者を引き起こす原因や動機，あるいは前提条件（野村 (2016)）になるといった関係で関連していると解することが自然にできる．コトガラ 1 を内在型関係節の中で表して，コトガラ 2 をそれに対する主節で表した (1b) は，(2) の関連性条件を自然に満たすことになる．一方 (3) は，人がベッドに寝ている状況（コトガラ 1）と，その人をたたくという行為（コトガラ 3）を含んでいるが，この 2 つのコトガラは，(1) の場合と同様の自然な因果関係や動機づけの関係で結びつけることは，これだけでは難しい．コトガラ 1 を (1b) と同様に内在型関係節で表しても，主節で表されているのが (3b) のようにコトガラ 3 だと (2) の関連性条件をすぐには満たさないことになり，これが (3b) の許容度を下げることになる．しかし，人をたたくというコトガラ 3 を主節が表していても，関係節内で表しているのが単に人がベッドに寝ているというコトガラ 1 ではなく，大きないびきで寝ているという状況（コトガラ 1'）であれば，それがコトガラ 3 を引き起こす原因や動機になると解釈することは，少し想像による補いがあればできることである．隣で寝ている人のいびきがうるさいのでその人をたたいたといった解釈である．したがってそのような解釈を促すようなコトガラ 1' が関係節内で表されている(4) は，その解釈のたやすさに応じて許容度は上がる．あるいは，(3b) のように主節を「たたいた」で言い終えると許容度が低くても，(5) の「たたいて起こした」のように，「たたく」と「起こす」が（テ形で）接続していれば許容度は回復する．人がベッドに寝ているというコトガラ 1 は，人をたたくというコトガラ 3 に対する直接の動機にはなりにくくても，コトガラ 3 を下位事象として含む「人をたたいて起こす」といった複合事象に対してなら，人をたたき起こすという単一事象に対してと同様に，関連性条件を満たすような，因果関

係や動機づけの関係で解釈しやすいからである。[2]

　重要なのは，(1b) と (3b) に見られる許容度の差は，対応する外在型の (1a) と (3a) の間では見られず，内在型の (3b) (4) (5) の間に見られる許容度の変動も，「花子は {ベッドに／大きないびきで} 寝ている太郎をたたい (て起こし) た」のような，対応する外在型では見られないということである。関連性条件は，内在型関係節には適用されても，外在型には適用されないのである。

　(1b) の内在型関係節の内在主要部は，関係節の述部「寝ている」のガ格主語「太郎 (が)」である。しかしガ格主語以外の捕部 (や付加部) でも内在主要部になることができる (黒田 (1999: §5))。次の (6b) では，対応する外在型の (6a) からも分かるように，下線を施したニ格補部「電動ベッド (に)」が内在主要部である。[3]「背上げ」は電動ベッドの機能の一つである。

(6) a.　花子は [太郎が寝ている] <u>電動ベッド</u>を背上げした
　　 b.　花子は [太郎が<u>電動ベッド</u>に寝ている] のを背上げした

関係節内にある要素が内在主要部として適切であるためには，外在主要部と同様に，主節の連用修飾成分としてふさわしいものでなければならない。(1) では主節の述語がヲ格目的語を捕部としてとる動詞「たたき起こす」であり，しかもこの動詞はその捕部に対する選択制限として人を要求する。したがって，(1a) の外在主要部「太郎」がこの選択制限を満たし「たたき起こす」の目的語 (連用修飾成分) としてふさわしいのと同様，(1b) では関係節の内部にある「太郎」が主節の「たたき起こす」の目的語としてふさわしい内在主要部となる。(6) では，主節述語の動詞「背上げする」が，人ではなく電動ベッドのよ

---

[2] 「(人を) たたき起す」という複合動詞は「(人を) たたいて起こす」のようなテ形接続の場合と違って，人を実際にたたくという下位事象は含まない。それに対し，「(人を) 揺すり起こす」という複合動詞なら，「(人を) 揺すって起こす」の場合と同様，人を実際に揺するという下位事象を含む。しかし (1) (3) (4) (5) の例に出てくる「たたき起こした」「たたいた」「たたいて起こした」をそれぞれ「揺すり起こした」「揺すった」「揺すって起こした」に置き換えても同じ許容度のパターンが再現され，本文の説明はそのまま平行移動的に成り立つ。

[3] ただ，ニ格補部がこの例のように位置 (や着点) を表す場合は，4 節の最後の段落で触れている理由で，関係節の内在主要部として不安定にはなるが，ここではそれは捨象しておく。下の例に見られる許容度の段階的低下は，内在主要部「買ったばかりのパソコン (に)」が関係節内で位置解釈に順次移行しているのが関係している。

　(i)　太郎は買ったばかりのパソコンに {不具合／?傷／??汚れ} があったのを返品した

うな（背上げ機能のある）器具を目的語として選択するので，「太郎」ではなく「電動ベッド」が関係節の（外在または内在）主要部としてふさわしいものとなる．しかし内在型の (6b) が適格なのは，「電動ベッド」が主節動詞の選択制限を満たしているからだけではない．これを内在主要部とする関係節が表すことと主節が表すこととを関連づけて解釈するという関連性条件を容易に満たしているということも忘れてはならない．たとえ選択制限は守られていても，関連性条件を満たす解釈が困難だとその困難さに応じて許容度が下がる．次の例の「高さ調整」も背上げ同様，電動ベッドの機能の一つであるが，背上げに比べ人がベッドに寝ていることと直接関連させにくくなるぶん，落ち着きが悪くなる．「壊す」になるといっそうそうである．[4]

(7) 花子は [太郎が電動ベッドに寝ている] のを {?高さ調整した／*壊した}

以上の主要部内在型関係節に関する議論を踏まえ，次節以降では，相対名詞を修飾する節の統語構造の，意味論・語用論とのインターフェイスを探る．

2. 相対名詞を修飾する節

主要部内在型関係節は一般に，文として完結している S が形式名詞「の」によって導入された [S の] の形式をとっている．この「の」と同様に S に後続する位置に，「横」「そば」「隣」「脇」「傍ら」「上」「下」「前」「右」「東」「向かい」「近く」等々の，いわゆる相対名詞 (Relative Noun; N_R) が現れる構文がある．まず相対名詞の基本的な用法を次のような例で確認しておこう．[5]

(8) [大木の {そば／下／近く}] に子供が倒れている

この例では，相対名詞「そば」「下」「近く」が，「大木」という名詞と（「大木（の）近く」のように場合により随意的に）「の」を介して結合することで，「大木」の指示対象との相対的な位置関係を表している．[6] 相対名詞は，（時）空間

---

[4] 「... のをまた壊した」のようにすると許容度が上がる。これは，繰り返しを示唆することにより，条件付けのような関連性が出てくるからである．

[5] 相対名詞の古典的な研究として，奥津 (1974)，寺村 (1980) 等がある．

[6] 以下，煩雑を嫌って，言語表現とその指示対象とを区別しないことがある．「『大木』の指示対象」とすべきところを，単に「大木」とするようにである．

上の位置を占めるものを入力として，その位置を基準点とする相対的な位置を出力として返すという，関数的な機能を持っているわけである．基準としている位置が文脈から分かっていれば「大木」のような基準点表現は明示されないこともあるが，明示されているいないにかかわらず基準点が理解されていなければ，入力を欠いた問題の相対名詞は返す出力もなく，解釈できないことになる．逆に「大木」という名詞単体だけでは基準点を特定するのに不十分であれば，「あの大木」のように何らかの限定表現を付け加えることになる．限定表現として連体修飾節を使えば次のような例が得られる．

(9) [$_S$ 雷が落ちた] 大木の近くに子供が倒れている

この例では，角カッコで示された節 S が名詞「大木」を限定修飾しているが（「大木」でなく「大木の近く」を修飾している解釈はここでは考慮しない），これは前節で触れた主要部外在型関係節になる．

興味深いことに，(9) の主要部外在型関係節を機械的に内在型関係節にしてみると次の (10) のようになって，これはかなり不自然であるが，(10) の角カッコで示された節を相対名詞と直接結合させた形の (11) は自然である．

(10) *[$_S$ 雷が大木に落ちた] のの近くに子供が倒れている
(11) [$_S$ 雷が大木に落ちた] 近くに子供が倒れている

(10) については 4 節の最後に戻るとして，(11) はどのような性質を持つものであろうか．

例 (11) は問題の部分が節 S と相対名詞 N_R からなる [S N_R] の形式になっている．相対名詞は先述の通り基準点を入力として必要とするが，(11) において相対名詞「近く」の基準点と理解されるのは，これが直接結合している相手である節「雷が大木に落ちた」が表す出来事そのものであるとすることはできない．空間的な位置関係を示す「近く」の基準点としてふさわしいのは，出来事のようなコトガラではなく，空間位置を占めるモノである．[7] (11) で「近く」の直接の結合相手である節 (S) の中を探ってみると，そこには「大木」

---

[7] このことは，相対名詞と結合しているのが節ではなく名詞（句）で，その名詞（句）が (9) の「(雷が落ちた) 大木」のようにモノを表すのではなく，「落雷」のように出来事を表している場合で確認できる．「#落雷の近くに子供が倒れている」が逸脱しているのは，基準点として「近く」と結合しているのが，位置を示さない出来事だからである．

という，空間位置を表しうるモノ名詞がある．「近く」はこの名詞を入力として拾い上げ，出力としてこの名詞の指示対象が占める空間位置からの相対的位置を返しているとみなすことができる．結果的に（11）は（9）と同義的な解釈を受けることになる．これは，主要部内在型関係節の [S の] の S 内の名詞的表現 Nom が内在主要部として拾われ，[S Nom] という主要部外在型関係節が表すのと同義的な解釈を受けるのと平行的なプロセスである．すなわち，[S N_R] の形式の S 内の名詞的表現 Nom が相対名詞 N_R の基準点として拾われ，[[S Nom]（の）N_R] という形式が表すのと同義的な解釈を受けるわけである．

　例（11）に例示される [S N_R] の形式において N_R の基準点が S の内側に顕在する Nom であるとき，問題の S を便宜的に「主要部内在型関数節」(internally headed functional clause) と呼ぶことにする．その Nom に対応するものが S の内側でなく外側にあって，（9）のような [[S Nom]（の）N_R] の形式になっているときの S を便宜的に「主要部外在型関数節」(externally headed functional clause) と呼ぶことにする．「関数節」という用語は，問題の節 S と（(11) のように直接的ないし (9) のように「の」を介して）結合する相対名詞 N_R が関数的な働きをすることの，単なる mnemonic として用いている．

3. 主要部内在型関数節と選択制限

　例（11）の主要部内在型関数節で，相対名詞「近く」の基準点として拾われる可能性のある名詞的表現 Nom は動詞「落ちる」の着点項であるモノ名詞「大木」しかない．主題項「雷」は基本的に気象現象を表すデキゴト名詞であり，それ自体は位置を表さないので基準点とはなれない（注 7 参照）．しかし主題項に相対名詞の基準点になりうるモノ名詞がくれば，それが選ばれることもある．次のような例である．「近く」の類義語として「そば」も並べておく．

　（12）［看板が道路に落ちた］（すぐ）{近く／そば} に子供が倒れている

この例では，「落ちる」の主題項「看板」と着点項「道路」のうち，「近く」ないし「そば」の基準点として解しやすいのは着点項のほうではなく主題項の「看板」のほうである．すなわち（12）の主要部内在型関数節としての自然な解釈は，次の（13a）のような，「看板」を外在主要部とする主要部外在型関数節と同義的な解釈のほうであり，「道路」を外在主要部とする（13b）と同義的な解

釈のほうではない．((12) の「すぐ」についてはあとで触れる.)

(13) a.　道路に落ちた看板の {近く／そば} に子供が倒れている
　　　b.　看板が落ちた道路の {近く／そば} に子供が倒れている

　一方，次の (14) では主題項が (12) 同様「看板」であるが，「下」という相対名詞の基準点としては，着点項の「軒」ととるほうがはるかに自然である．

(14)　[看板が軒に落ちた] 下に子供が倒れている

ただし (14) の主節を次のように変更すれば，「下」の基準点を「看板」と理解することができる．

(15)　[看板が軒に落ちた] 下に子供が押しつぶされている

ここでは，主節述語の，それが取る項に対する選択制限が基準点の選択に関わっている．内在型の (14) (15) で「下」の基準点の候補となる「看板」と「軒」を外在主要部にした外在型関数節は，(16) (17) の角カッコ部のようになる．

(16) a.　[軒に落ちた看板] の下に子供が倒れている
　　　b.　[看板が落ちた軒] の下に子供が倒れている
(17) a.　[軒に落ちた看板] の下に子供が押しつぶされている
　　　b.　[看板が落ちた軒] の下に子供が押しつぶされている

(16) の主節述語「倒れている」の主動詞「倒れる」も，(17) の主節述語「押しつぶされている」の主動詞「押しつぶす」も，ニ格位置項（以下，単に「ニ格項」）を取ることができる．これらの例ではそれが「... の下に」という形で主節に現れている．(14) に対応する (16) では，(16a) (16b) どちらの主節ニ格項も，「倒れる」がそれに対して課する選択制限を満たしていると言える．人が倒れた結果その人が占める位置としては，「軒に落ちた看板の下」という（軒とそこに落ちている看板との間の）平面的な空間でも，あるいは「看板が落ちた軒の下」という（軒と地面との間の）立体的な空間でも，どちらもありうるからである．しかしながら前者の場合は後者と違って，人が倒れた結果の様子としては，倒れているというより看板と軒との間に挟まれている格好になるため，それをあえて「倒れている」と表現することへの不自然さ（少なくと

32　　　　　　　　　　　　　第 I 部　統語論

も正当化の必要性）が生まれる．「看板」を外在主要部にした (16a) はそのような不自然さを持つことになる．対して「軒」を外在主要部にした (16b) は，「倒れている」と表現することに対する同様の不自然さはない．それと平行的に内在型の (14) のほうも，「看板」より「軒」のほうを内在主要部とする解釈のほうが自然ということになる．一方 (15) に対応する (17) では，(17a) の主節ニ格項は「押しつぶす」がそれに対して課する選択制限を満たしているが，(17b) の主節ニ格項は満たしていない．というのも，「押しつぶす」はニ格項に対して平面的な空間という選択制限を課するが，(17a) の「軒に落ちた看板の下」はその要件を満たすのに対し，(17b) の「看板が落ちた軒の下」は満たさないからである．[8] これが (17) に対応する内在型の (15) で，「下」の基準点となる内在主要部として「看板」が選ばれる理由である．

　一方，(12) とそれに対応する外在型の (13) に戻ってみると，(13a) の「道路に落ちた看板の{近く／そば}」と (13b) の「看板が落ちた道路の{近く／そば}」のどちらも，主節述語「倒れ（てい）る」の，ニ格項に対する選択制限は満たしている．にもかかわらず内在型の (12) で「道路」でなく「看板」が相対名詞「近く／そば」の基準点として自然なのは，「看板」を基準点としたほうが，子供が倒れているという主節の事象が，看板が道路に落ちたという関数節の出来事で言われている，その看板（が子供にぶつかること）が原因で起こったという，因果的な関係を読み込みやすいからであると考えられる．

4.　主要部内在型関数節と関連性条件

　前節の最後で述べたことから分かるのは，相対名詞が，それが直接結合する内在型関数節のどの要素を基準点として拾うかは，主節述語が項に課する選択制限だけでなく，関数節が表す出来事や事象と，主節が表す出来事や事象との関連性が関わってくるということである．このことは，内在型関数節が，内在型関係節と同様の関連性条件に従うことを意味する．すなわち，Kuroda の関連性条件 (2) で internally headed relative clause と言われているのは inter-

---

　[8] (17b) の「看板が落ちた軒の下」で言われている「軒」が，それ自体地面に落ちたというように文脈から理解されれば，子供はその落ちた軒と地面とが作る平面空間に押しつぶされたと理解できる．このこと自体が，「押しつぶす」がニ格項に平面的な空間という選択制限を課していることを示している．

nally headed functional clause と読み替えてもよいということである．(11)
(12)(14)(15)のどれも，関数節と主節でそれぞれ表されている2つの事象
を，時空間上で連続した，継起的ひいては因果的な関係にある，全体で1つ
の上位事象をなすものとして関連づけることが可能である．そしてその関連づ
けのしやすさは，関数節および主節自体が直接表す出来事だけでなく，前節の
最後で見たように，2つの出来事を時空間上でつなげる相対名詞の基準点とし
て何を選ぶかにも依存する．当然ながら，相対名詞自体の選択も関連づけのし
やすさに影響する．(12)で「看板」が基準点として自然な点では同じでも，
相対名詞が「近く」より「そば」であるほうが，あるいは「すぐ」を付けた「す
ぐ近く」や「すぐそば」であるほうが，関数節を含む文全体としてより自然に
なると感ぜられるとしたら，「すぐ近く」や「(すぐ)そば」のほうが問題の看
板に接近した位置を表すために，因果関係をいっそう推測しやすくなるからで
ある．もちろん外在型の場合も，(13b)より(13a)のほうが，さらには(13a)
では「近く」より「そば」の場合のほうが，看板の落下と子供が倒れているこ
とを因果関係で結びつけやすいということはあるが，これは文としての許容度
には直接関わらない．関連性条件は関係節の場合と同様，関数節の場合でも，
主要部内在型にのみ課せられるのである．

　上で見た内在型関数節の例の主節を変えてみて，文の許容度に関連性条件が
関わっていることを確かめてみよう．たとえば(14)の主節を変えた下の(18)
である．主節が「びっくりしている」だと，その原因が関数節で表されている
出来事にあると容易に推測されるが，「遊んでいる」だとそのような因果関係
は推測できない．それが「#」の有無で示された逸脱性ないし許容度の差に反
映することになる．外在型関数節の(19)ではそのような差は出ない．

(18)　[看板が軒に落ちた]下で子供が{びっくりしている／#遊んでいる}
(19)　[看板が落ちた]軒の下で子供が{びっくりしている／遊んでいる}

　同様に，(11)の主節を変えた下の(20a)は非常に不自然であるが，主節の
主語「財布」に修飾表現を加えて(20b)のようにすると関数節との関連性が復
活し，不自然さが解消される．外在型の(21)にはそのような変動はない．

(20)　雷が大木に落ちた近くに{a. #財布が落ちている／b. 真っ黒焦げに
　　　なった財布が落ちている}

(21) 雷が落ちた大木の近くに {a. 財布が落ちている／b. 真っ黒焦げになっ
た財布が落ちている}

　最後に，関連性条件は（2）で明記されているように語用論的な条件である
が，内在主要部の選択には純粋に意味論的な要因も関わってくることを見てお
こう．内在型関数節の例（11）を導入する際に見た，内在型関係節の例（10）
は不自然であった．ところが（12）の内在型関数節に対する次の（22）のよう
な内在型関係節は，（10）に見られたような不自然さはない．

(22) [看板が道路に落ちた] のの {近く／そば} に子供が倒れている

すなわち，（22）では関係節の内在主要部として主題項の「看板」を拾い上げ
（て（13a）と同義的に解釈す）ることはできるが，（10）では関係節の内在主
要部として着点項の「大木」を拾い上げ（て（9）と同義的に解釈す）ることは
難しいということである．（11）の関数節の場合は「大木」を拾い上げること
ができることを考えると，着点項は，関数節の内在主要部にはなっても，関係
節の内在主要部にはなりにくいということになる．この差は着点項（および位
置項）が，内在型関数節を導入している相対名詞によって基準点として拾われ
る空間位置を表すのにはふさわしくても，内在型関係節の内在主要部として，
空間位置を問題にしない物理的なモノを表すのにはふさわしくないという，意
味論的な問題に帰することができよう（注3参照）．

5.　主要部潜在型関数節 (Covertly headed functional clause)

　2節の前半で，相対名詞の基準点となる表現は，たとえ明示されていなくて
も文脈的に理解されていなければならない旨のことを述べた．このことに関
し，（11）から着点項の「大木に」を取り去った次の例を見てみよう．

(23) [$_S$ 雷が落ちた] 近くに子供が倒れている

動詞「落ちる」が要求する主題項と着点項のうち主題項のみが角カッコ節内に
顕在している（23）において，その主題項の「雷」は先述の通りデキゴト名詞
で基準点にはならない（注7等）．それでは（23）は，たとえば「大木」や「滑
り台」などのような，相対名詞「近く」の基準点となりうるものが先行文脈か

ら理解されていて,「近く」はそれを基準点としているのであろうか. しかし
それでは「雷が落ちた」という,「近く」と結合している角カッコ節が基準点の
決定に何の役にも立っていないことになりかねない. むしろ (23) は,「雷が
ある場所 x に落ち, その落ちた場所 x の近くに子供が倒れている」のように
解釈される. つまり (23) では角カッコ節内に, 顕在的な主題項だけでなく,
着点項のほうも非顕在的に (x として) 存在し, その非顕在的な着点項が基準
点として相対名詞「近く」によって拾われていると考えられる. 便宜上, (23)
の角カッコで例示される節を,「主要部潜在型関数節」と呼ぶことにする.

　主要部潜在型関数節において相対名詞の基準点として機能する潜在的主要部
は, 音声的には空の統語的な構成要素であるが, その認可には関数節の述語が
辞書で持つ項構造だけでなく, たぶんに語用論的な情報も関わってくる. 特に
出来事の生起する場所を示す, 顕在的にはデ格で表示される場所項の認可は,
問題の出来事を表す動詞の意味特性に局所化することは難しく, 語用論の介在
を許す必要がある. 具体的には, 統語構造では自由に (顕在的ないし非顕在的
な) 場所項を生成しておき, 語用論のレベルでそれをふるいにかけるといった
ことになる. これは次のように許容度の揺れに反映してくる.

(24)　　男女の自殺があった近くで幽霊が出た

(25)　(?)男女が自殺した近くで幽霊が出た

(26)　　?男女が死んだ近くで幽霊が出た

(27)　　太郎が {a. 殺された／b. ?死んだ／c. ??死亡した／d. ?*息を引き
　　　　取った／e. *他界した} 近くで太郎の幽霊が出た

まず, (24) の関数節の述語は存在動詞「ある」であるが,「ある」は主題項に
モノ名詞 (句) を取れば「踏切に男女の死体がある」のように一般にニ格位置
項を取り, 主題項にデキゴト名詞 (句) を取れば「踏切で男女の自殺があった」
のように一般にデ格場所項を取る. これらの項が関数節の中で顕在すると, 次
の例のようにそれが相対名詞の基準点となるような, 内在主要部になりうる.

(28) a.　踏切に男女の死体があった近くで幽霊が出た

　　　b.　男女の死体が踏切にあった近くで幽霊が出た

(29)　踏切で男女の自殺があった近くで幽霊が出た

例 (28) では「近く」の基準点として「踏切」も「男女の死体」も可能である.

（ただし（28a）の語順では「男女の死体」のほうが，（28b）の語順では「踏切」のほうが，基準点として優勢である．）（29）では主題項「男女の自殺」がデキゴト名詞句であるため基準点とはなれず，場所項「踏切」が基準点に決まる．このような場所項が顕在していないのが（24）になるが，（24）は（（23）同様）許容度にまったく問題がない．それは，場所項が潜在的に関数節内に存在し，それが相対名詞の基準点になっているからと考えられる．（25）も同様の説明ができようが，（24）よりややすわりが悪く響く．それは「自殺した」が（「自殺があった」と違って）項構造上場所項を要求するものではないことの反映であろう．（26）ではもう少し許容度が落ちる．これは，（25）では関数節の述語「自殺した」が，関数節が表している出来事を，生起した場所が問題になる「事件」として捉えることを可能にしているのに対し，（26）の関数節の述語「死んだ」は，生起した場所が問題になる事件性をそれだけでは示唆しないということに理由があると思われる．さらに（27）では a, b, c, d, e の順で許容度が下がる．（27a）の「殺された」は間違いなく事件を表しそれが起こった場所は重要であるのに対し，「死んだ」「死亡した」「息を引き取った」「他界した」にいくに従って，それが表す出来事の事件性は薄れ，したがって生起した場所も重要でなくなる．これがそのまま許容度に反映している．注意すべきは，「他界する」以外は，顕在的にデ格場所項を自然に取ることができ，その場合は許容度の差は生じないということである．次のような例である．

（30）　太郎が病室のベッドで {a. 殺された／b. 死んだ／c. 死亡した／d. 息を引き取った／e. #他界した} 近くで太郎の幽霊が出た

（30e）が逸脱しているのは，「他界する」がそもそもデ格場所項と折り合いが悪いという独立の理由による．それ以外の述語はどれも「病室のベッドで」のような場所項と共起することができ，その場所項は述語の違いに関わらず同様に相対名詞の基準点となることができる．場所項が（27）のように顕在していないときに限って述語の違いによる許容度の揺れが生じ，それは相対名詞の基準点となる潜在的な場所項の認可が語用論的に揺れるからである．[9]

---

　[9]（30）では（27）と平行的な許容度の揺れが見られないということは，顕在的な場所項の（語用論的な）認可は，潜在的な場所項の認可と条件が異なる（少なくとも条件が緩い）ことを示唆している．また，（25）（26）（27）の許容度の変動は，潜在的場所項の認可の語用論からの影響を示すだけでなく，これらの例では関数節の主題項「男女」「太郎」が（たとえヒト名詞

また，関数節の中に基準点となりうる場所項が顕在的に現れていても，相対名詞はその場所項自体を直接の基準点としていつも選ぶ必要はなく，その場所項と部分全体の関係にあるような場所項が別にあればそれを基準点として選ぶこともできる．そしてその場所項は潜在的でもよい．次の例を見てみよう．

(31)　公園のブランコで首吊り自殺があった近くで幽霊が出た

(32) a. (?)公園でブランコで首吊り自殺があった近くで幽霊が出た

　　　b.　　公園で首吊り自殺がブランコであった近くで幽霊が出た

(33)　公園で首吊り自殺があった近くで幽霊が出た

例 (31) は顕在的な場所項「公園のブランコ」が「近く」の基準点として解されるが，この場所項を全体と部分の関係にある 2 つの場所項に分けて (32) のようにすることもできる．(32a) は同一の格助詞デによる場所項が連続して耳障りなところがあるが，(32b) のように連続を避けるとそれは解消する．(32a, b) では外側の全体場所項「公園」を「近く」の基準点とする解釈も，内側の部分場所項「ブランコ」を基準点とする解釈も可能である．(後者の解釈のほうが優勢だが，これは関連性条件の誘導と見ることができる．) さらに (33) では，唯一の顕在的な「公園」を基準点とする解釈だけでなく，(32) で部分場所項「ブランコ」を基準点とする解釈に対応した，潜在的な部分場所項を基準点とする解釈も可能である．「公園内のある場所 x で首吊り自殺があり，その x の近くで幽霊が出た」というような解釈である．ただ注意すべきは，この解釈は，統語構造的に「公園で」が関数節内ではなく主節にあって，それが主節の「首吊り自殺があった近くで」という（主要部潜在型関係節を含む）場所項に対する全体場所項として機能している解釈と，事実上区別ができないということである．[10] そこで「公園で」がたしかに関数節内にあっても，問題の解釈「公園内のある場所 x で首吊り自殺があり，その x の近くで幽霊が出た」という解釈が可能であることをたしかめておこう．次の例である．

(34)　[s きのう公園で首吊り自殺があった] 近くできょう幽霊が出た

___

でも位置を表さず）「近く」の基準点となれないことも示している．もしこれらの主題項が基準点になれるのなら，どの例もその解釈で同様に許容されるはずだからである．

[10] 同様のことは，(32) で「公園」を「近く」の基準点としない場合にも言える．また (33)（および (32)）を「公園で幽霊が，首吊り自殺が（ブランコで）あった近くで出た」の語順にすると「公園で」が主節にある構造に決まる．

ここでは時間副詞「きのう」と「きょう」をそれぞれ関数節内と主節に置くことにより，「公園で」が関数節内にある構造に決まる．そしてその場合でも問題の解釈は可能である．すなわち（33）（および（34））は「近く」の基準点として，関数節内の顕在的な場所項「公園」が選ばれる主要部内在型関数節とも，関数節内にそのような顕在的な場所項がありながら，非顕在的に存在する（部分）場所項のほうが選ばれる主要部潜在型関数節とも解することができる．

6. 主要部内在型・潜在型関数節と関連性条件の効果の有無

　関連性条件は関係節の場合と同様，主要部内在型関数節には適用されても外在型には適用されないことはすでに見たことであるが，主要部潜在型関数節はどうであろうか．上で見てきた（23）から（27）の潜在型関数節の例はどれも，関連性条件を満たすような関連性は関数節が表す出来事と主節が表す出来事との間に成り立っていると言える．（23）では雷が落ちたことが原因で子供が倒れたというような因果関係は自然に読み込めるし，（24）-（27）も，関数節内で表されている人が死んだという出来事と，主節で表されている幽霊が出たという出来事との間に因果関係を読み込むことはどれも同じように容易である．（25）-（27）に見られた許容度の差は，関連性条件を満たしている程度の差ではなく，先述のように潜在的な場所項の語用論的な認可の程度の差である．興味深いことに，許容度に事実上問題のない（23）（24）（25）（27a）の各例の主節を，関数節の出来事と関連性のないようなものに変えても，それによって許容度が落ちることはない．次のa文のような例である．比較のために，相対名詞の基準点となる位置・場所項が顕在している内在型関数節の例もb文としてあげておく．（例には出さないが，対応する外在型はみな許容される．）

(35) a. [$_S$雷が落ちた] 近くに噴水がある　（cf.（23））

　　 b. #[$_S$雷が大木に落ちた] 近くに噴水がある　（cf.（11））

(36) a. 　男女の自殺があった近くで熊が出た　（cf.（24））

　　 b. 　#踏切で男女の自殺があった近くで熊が出た　　（cf.（29））

(37) a. (?)男女が自殺した近くで熊が出た　（cf.（25））

　　 b. 　男女が踏切で自殺した近くで {#熊が出た／幽霊が出た}

(38) a. 　太郎が殺された近くで温泉が出た　（cf.（27a））

b. 太郎が病院で殺された近くで｛#温泉が出た／太郎の幽霊が｝出た

内在型関数節の場合は b 文が示すように，関数節で表されている出来事との関連性をもたないものが主節で表されていると「#」が示すように逸脱してしまうが，潜在型の場合は a 文が示すようにそのようなことはない．[11] つまり関連性条件は主要部潜在型関数節には適用されないということである．

このことを踏まえて（33）に戻ってみよう．（33）は主要部内在型と潜在型とで曖昧であった．関数節が表している首吊り自殺という出来事と，主節が表している幽霊が出たという出来事は，因果関係でたやすく関連づけることができるので，関連性条件を満たす必要のある主要部内在型にとって問題はない．しかし（33）の主節を関数節との関連性が読み込めないような出来事に変えてしまうと，主要部内在型としての解釈は逸脱し，関連性条件を満たす必要のない主要部潜在型の解釈が自然になるはずである．次の例である．

（39）公園で首吊り自殺があった近くで熊が出た

予想通り（39）は，熊が出たのが，公園の中の首吊り自殺があった場所の近くであるという潜在型の解釈は自然だが，公園の近くであるという内在型の解釈は逸脱する．幽霊が出た場所がどちらにも解釈できる（33）と対照的である．

7. まとめに代えて：3 タイプの関数節の統語論・意味論・語用論

主要部潜在型関数節は関連性条件に従わない点で，内在型関数節とではなく外在型関数節と共通しているわけであるが，内在型関数節における顕在的な内在主要部が単に潜在的になっているのが潜在型関数節であると分析してしまうと，この外在型との共通性は捉えられない．ここで Ishii (1991) の「半分」関係節 (*half*-relative) の空演算子分析を応用し，潜在型は，空演算子 Op が位置・場所項として関数節内に生成され，外在型関数節の外在主要部に当たる位置に移動（内的併合；Internal Merge）するとしてみよう．外在型では外在主要部 Nom は関数節と結合（外的併合；External Merge）しており，その

---

[11] （28）も主節の「幽霊」を「熊」にすると逸脱するが，さらにそこから位置項の「踏切に」を削除すると位置項を潜在主要部とする潜在型の解釈が可能になり，逸脱性は解除される．

Nom は関数節と，寺村（1980）等の言う「内の関係」にあって，関数節内に生成された空代名詞 pro と同一指示関係にあるとする．内在型は内在主要部 Nom が関数節内に顕在するのみである．概略次のような構造になる．

(40) 外在型：[$_\alpha$ [$_S$ … pro$_i$…] Nom$_i$]（*no*）N$_R$
例：[$_\alpha$ [$_S$ pro$_i$ 首吊り自殺が（ブランコで）あった] 公園$_i$]（の）近く（で幽霊／熊が出た）

(41) 潜在型：[$_\alpha$ [$_S$ … Op$_i$…] Op$_i$] N$_R$
例：[$_\alpha$ [$_S$（公園で）首吊り自殺が Op$_i$ あった] Op$_i$] 近く（で幽霊／熊が出た）

(42) 内在型：[$_S$ … Nom…] N$_R$
例：[$_S$ [$_{Nom}$ 公園] で首吊り自殺が [$_{Nom}$ ブランコ] であった] 近く（で幽霊／#熊が出た）

外在型の（40）で，関数節 S と外在主要部 Nom とで形成される句 α と相対名詞 N$_R$ をつないでいる *no* は単なる統語上の連結詞にすぎず，意味的には空であるため省略されることもある．潜在型の（41）では，空演算子 Op が移動（内的併合）によって関数節 S の内部（移動元）と外部（移動先）に現れ，外部の Op は S とともに句 α を形成している．（40）（41）ともに相対名詞 N$_R$ は，それと局所的な関係にある α の主要部 Nom／Op を基準点として拾う．一方内在型の（42）では，N$_R$ はその基準点を拾うために関数節 S の中を探索（search）し，N$_R$ と非局所的な Nom を見つけ出さなければならない．内在型では，主節の N$_R$ から関数節の中に対してしている探索という「のぞき込み」が，結果的に関連性条件の効果を生じていると見ることができる．黒田（1999: esp. §8）は主要部内在型関係節は，主節の述語 P が関数節 S の中に入って P の項となるにふさわしい要素を見つけ出しそれにテータ放下をするとしているが，この P による S 内の要素へのテータ放下と，N$_R$ による S 内の基準点拾い出しとは，本質的に同じ探索操作と見ることができ，したがって関数節・関係節ともに内在型では関連性条件の効果が見られるのは自然なことである．

　黒田（1999）は，内在型関係節を（空演算子などの）移動ではなくテータ放下がその派生に関わっているとすることで，複合名詞句制約（Complex NP Constraint）以外の，移動の島の制約の効果が見られないことを説明している．（複合名詞句制約の効果は，テータ放下が従わなければならない A-over-A の

原理によって説明している.）これが正しければ，本論で論じた主要部内在型関数節でも，複合名詞句制約の効果はあっても他の島の制約の効果は見られないこと，および空演算子の移動が関わる主要部潜在型関数節では他の島の効果も見られること（関連として Ishi（1991），岡田（2004）参照），そして移動も S 内への探索も関わらない主要部外在型関数節では島の効果はいっさい見られないことが予想されるが，これらの検証は稿を改めなければならない．

参考文献

Ishii, Yasuo（1991）*Operators and Empty Categories in Japanese*, Doctoral dissertation, University of Connecticut.

Kuroda, S.-Y.（1975-1976）"Pivot-Independent Relativization in Japanese（II），" *Papers in Japanese Linguistics* 4, 85-97. [Reprinted in Kuroda（1992）]

Kuroda, S.-Y.（1992）*Japanese Syntax and Semantics: Collected Papers*, Kluwer Academic Publishers, Dordrecht.

黒田成幸（1999）「主部内在関係節」『ことばの核と周縁　日本語と英語の間』，黒田成幸・中村捷（編），27-103，ひつじ書房，東京．［黒田（2005）に所収］

黒田成幸（2005）『日本語から見た生成文法』岩波書店，東京．

野村益寛（2016）「事象統合からみた主要部内在型関係節構文―「関連性条件」再考―」『日英対照文法と語彙への統合的アプローチ 生成文法・認知言語学と日本語学』，藤田耕司・西村義樹（編），186-211，開拓社，東京．

Ohara, Kyoko Hirose（2018）"Internally Headed Relativization and Related Constructions," *The Cambridge Handbook of Japanese Linguistics*, ed. by Yoko Hasegawa, 485-508, Cambridge University Press, Cambridge.

岡田理恵子（2004）「数量・程度を表す節の構造―主部内在関係節として―」『認知的スケールとその言語的反映に関する理論的・実証的研究』平成 13 年度～平成 15 年度科学研究費補助金研究成果報告書（基礎研究（C）(2)），87-103．

奥津敬一郎（1974）『生成日本文法論』大修館書店，東京．

寺村秀夫（1980）「名詞修飾部の比較」『日英語比較講座第 2 巻 文法』，國廣哲彌（編），221-266，大修館書店，東京．

英語の補文内におけるトピック・フォーカス構造の
カートグラフィー分析[*]

中村浩一郎

名桜大学

1. はじめに

　英語の主節におけるトピック・フォーカス構造に関して，Jackendoff (1972)，Gundel (1974) 以来，Culicover (1991)，Rizzi (1997)，Utsuboe (2012)，Haegeman (2012)，Radford (2018) などの様々な研究がなされている．それらの多くは，Rizzi (1997) の言う左端部 (left perihery) に対する理解を深めるものであり，その分析はイタリア語，スペイン語などのロマンス系言語，ハンガリー語，さらにはドイツ語などのゲルマン系言語へも広まりを見せている．日本語でも Kuroda (1965)，Kuno (1973) 以来，助詞「は」でマークされる句，かき混ぜ構造などを含むトピック・フォーカス構造に関しては様々な研究がなされており，Endo (2007)，遠藤 (2014) はカートグラフィーの枠組みで日本語研究の新たな方向性を見いだす研究である．

　一方，補文内におけるトピック・フォーカス構造は，主節ほどは研究されてはいない．Authier (1992)，Watanabe (1993)，Koizumi (1995) は主に補文内の Negative Inversion (以降 NI) を扱っているが，トピック・フォーカスという分類に基づくものではない．本研究では，Gundel (1974) の Topic Topicalization (以下 TT) と Focus Topicalization (以下 FT) の区別を出発点とし，英語の補文内におけるトピック・フォーカス構造を分析する．本論の構成は以下の通りである．まず 2 節で Gundel (1974)，Culicover (1991)，Rizzi

---

　[*] この論文は JSPS 科研費 26370570 の助成を受けた中村 (2015) を大幅に修正・発展させたものである．貴重なコメントや助言を頂いた福田稔氏，古川武史氏に深く感謝申し上げたい．
　また，本論文は JSPS 科研費 19K00666 の助成を受けている．

（1997）の分析を概観する．次に，3節で補文内における NI を分析した Authier（1992），Watanabe（1993），Koizmumi（1995）を紹介する．4節では英語の左端部を詳細に分析している Utsuboe（2012）の分析を紹介する．そして，5節でその問題点を挙げ，Haegeman（2012），Radford（2018）を参照しながら補文内のトピック・フォーカス構造を含む英語の句構造，すなわち，補文 CP 内部にも Topic Phrase（TopP），Focus Phrase（FocP）を想定する構造を提示する．最後に，6節で結論と今後の課題を提示する．

2. 英語のトピック・フォーカス構造に関する先行研究：Gundel (1974), Culicover (1991), and Rizzi (1997)

2.1. Gundel (1974)

Gundel（1974）は英語のトピック・フォーカス構造を包括的に扱った最初の研究であると言われている．Gundel（1974: 143）は以下のようにトピックとフォーカスを明確に区別する．

(1) a. John she CALLED.
  b. JOHN she called.
(2) a. (As for) John, she called him.
  b. It was John that she called.

(1a) は話題化（topicalization）の例であり，(2a) がそのパラフレーズになりうる．一方，(1b) はフォーカス移動の例であり，(2b) がそのパラフレーズである．Gundel（1974）は，(1a) のような操作を Topic Topicalization (TT)，(1b) のような操作を Focus Topicalization (FT) と呼び，厳密に区別している．通常，(1a) のような操作では，前置された要素はコンマで区切られる．また，(1b) のような操作では，前置された要素には強勢が置かれる．[1] このように，Gundel（1974）は TT と FT を明確に区別しており，その区別は強勢，あるいは前提の有無によっても裏付けられるものである．

---

[1] さらなる分析は福田・中村・古川 (2018) を参照されたい．

2.2. Culicover (1991)

Culicover (1991: 31) は，Gundel (1974) に従い，トピックとフォーカスを以下のように区別する．

(3) a. To Robin, I gave a book.

    b. On the table, Lee put the book.

(4) a. TO ROBIN I gave a book.

    b. On the TABLE Lee put the book.

(3a, b) がトピック，(4a, b) がフォーカスの例である．トピック要素はコンマで区切られ，またフォーカス要素には強勢が置かれる．さらに，Culicover (1991: 33) はトピックとフォーカスが共起する例を挙げている．その場合は，以下に示すとおりトピックーフォーカスの順に生じる．

(5) a. This book to ROBIN I gave.

    b. Last year in St. LOUIS we were living.

    c. In those days a NICE car we drove.

(6) a. *This book, to Robin, I gave.

    b. *Last year, in St. Louis, we were living.

    c. *In Those days, a nice car, we drove.

(5a-c) では，トピックーフォーカスの順に生じていて容認される文であるが，(6a-c) では，トピック要素が複数生じており，容認されない．Culicover (1991: 30) はさらに次のような例文を挙げ，否定辞前置 (NI) と *so* 前置文も分析する．

(7) a. Did you see anyone?

    b. No, not a single person did I see.

    c. Yes, so many people did I see that I was amazed.

(7a) の問いに対して (7b) のようにも (7c) のようにも答えることができる．このような NI と *so* 前置文を，Culicover (1991) は Polarity Phrase (PolP) を想定して分析する．すなわち，PolP 指定部に NI 要素と *so* 前置要素が移動する．以下に，それぞれ (7b, c) に対応する構造を示す．

英語の補文内におけるトピック・フォーカス構造のカートグラフィー分析　　45

(8) a. [_{PolP} not a single person [_{Pol'} did [_{IP} I see]]]

　　b. [_{PolP} so many people [_{Pol'} did [_{IP} I see that I was amazed]]]

Culicover (1991) はトピックは PolP への付加であり，フォーカスは PolP 指定部への移動であると分析している．(5a) のように，トピックとフォーカスが共起する場合は，(9b) のような構造であると考えられる．

(9) a. This book to ROBIN I gave.　(= (5a))

　　b. [_{PolP} this book [_{PolP} to ROBIN [_{IP} I gave]]]

このような Culicover (1991) の分析は，広範囲のデータを扱っており，説得力のあるものである．しかし，Chomsky (1995) 以来の極小主義理論の枠組みでは，概念的必然性 (conceptual necessity) のないものは，独立した投射として存在することはできない．Culicover (1991) 自身も Pol がフォーカスであると述べていること，さらにトピック，あるいはフォーカスのように意味解釈に貢献するものは概念的必然性を持つものであると考えられることから，本論文では，PolP ではなく，トピック，フォーカスの独自の投射を想定し，英語のトピック・フォーカス現象と NI に対する説明を与えていく．

2.3. Rizzi (1997)

Rizzi (1997: 285) は次のような英語の例を挙げている．

(10) a. Your book, you should give t to Paul, (not to Bill.)

　　b. YOUR BOOK you should give t to Paul (not mine.)

(10a) は「トピック-コメント」形式であり，トピックはコンマにより節の他の部分と切り離されている．それに対し，(10b) は「フォーカス-前提」形式であり，前置された要素はフォーカスのアクセントを持ち，新情報を導入する．Rizzi (1997) はこのような英語のトピックとフォーカスの区別を出発点として，イタリア語，スペイン語などの諸言語のトピック-フォーカス構造を明らかにすることを目指す．

　以上，本節では，主に英語のトピック・フォーカス構造の概要を述べた．

3. 補文内のトピックと NI：Authier (1992)，Watanabe (1993) and Koizumi (1995)

Autheir (1992: 329–331) は補文内のトピックを分析している．次の例を見てみよう．

(11) a. John says that Sue, Bill doesn't like.
 b. John swore that under no circumstances would he accept their offer.

Authier (1992) は (13a, b) の両方を CP iteration として扱い，概略 (12) のような構造を想定している．

(12) John swore [$_{CP}$ that [$_{CP}$ [$_{Spec}$ under no circumstances] [$_C$ would] he accept their offer]]

Watanabe (1993: 524–525) も同様に以下のような例を CP recursion として分析している．(13a) は概略 (14) の構造を持つ．

(13) a. John said that this book Mary should have read.
 b. Mary kept saying that never in her life had she seen such a thing.
(14) John said [$_{CP}$ that [$_{CP}$ this book [$_{IP}$ Mary should have read]]]

Authier (1992)，Watanabe (1993) はともにトピックと NI を同様の構造を想定して分析しているが，これには問題がある．Koizumi (1995: 140) による次の例では，補文内にトピック，NI が同時に起こっている．

(15) a. Becky said that these books, only with great difficulty can she carry.
 b. He said that beans, never in his life had he been able to stand.
(16) a. [$_{CP}$ that [$_{PolP}$ these books [$_{PolP}$ only with great difficulty can [$_{TP}$ she [$_{vP}$ t$_{subj}$ [$_{VP}$ carry]]]]]]
 b. [$_{CP}$ that [$_{PolP}$ beans [$_{PolP}$ never in his life had [$_{TP}$ he [$_{vP}$ t$_{subj}$ [$_{VP}$ been able to stand]]]]]]

英語の補文内におけるトピック・フォーカス構造のカートグラフィー分析　　47

（15a）における *these books* と（15b）における *beans* は，コンマで区切られていることからも明らかなようにトピック要素である．（16a&b）がそれぞれ（15a&b）に対して Koizumi（1995）が示す補文の構造である．Koizumi（1995）は Culicover（1991）に従い PolP を使って（15a&b）を分析している．すなわち，トピック要素は外側の PolP 指定部への移動，NI 要素は内側の PolP 指定部への移動と捉える．しかし，トピック要素はコンマにより文の他の部分と分けられること，フォーカス要素には強勢が置かれること，あるいはトピックは量化に関わらないが，フォーカスは関わることを考慮すると，トピック，フォーカスはそれぞれ独自の位置に移動していると捉えるべきである．[2]

4.　Utsuboe (2012) の分析と補文内のトピック・フォーカス構造

Utsuboe（2012）は広範囲のデータを基に英語のトピック・フォーカス構造を分析した最新の研究である．まず，主節の分析を見てみよう．Utsuboe（2012）は基本的には Gundel（1974）の TT, FT の区別を採用している．

(17) a. *To John, this book, Mary gave.

　　 b. *On the table, this book, John put.

(18) a. TO JOHN (not to Bill) THIS BOOK (not that book) Mart gave.

　　 b. ON THE TABLE THIS BOOK John put.

(Utsuboe (2012: 46–47))

（17a&b）は TT が複数生じていて非文であるが，（18a&b）は FT が共起しており，容認される．これは，フォーカスが複数生じない，とする Rizzi（1997）に対する反論となる．次に，Utsuboe（2012: 53）は次の例を提示し，フォーカスと *wh* 要素はフォーカス—*wh* の順番には生じる，と主張する．

(19) a. *What THESE PRICES can anyone do about?

　　 b. *To Whom A BOOK LIKE THIS would you give?

(20) a. THESE PRICES what can anyone do about?

---

[2] Saito (2006) は Theme P (ThP)，Miyagawa (2010) は αP を想定してトピック・フォーカス構造を分析しているが，同様の問題を抱えている．

b. And A BOOK LIKE THIS to whom would you give?

以上のようなデータを基に，Utsuboe（2012: 60）は以下の主節の構造を提示する．

(21) [$_{CP}$ Focus [C$_{[Focus]}$ [$_{TP}$ Topic [$_{TP}$ Subj [T$_{[Topic \cdot EPP]}$ [$_{v*P}$]]]]]]

すなわち，FT 要素は Spec-CP に，TT 要素は outer Spec-TP にある．しかし，この構造を想定すると，*wh* 要素が Topic とみなされることになる．

次に，Utsuboe（2012: 68-69）は次のような例文を示し，補文内ではトピックは生じないが，フォーカスは生じると主張する．[3]

(22) a. *John regretted that Gone with the wind, we went to see.
     b. John regretted that GONE WITH THE WIND we went to see.
(23) a. *John said that this book, Mary should have read.
     b. John said that THIS BOOK Mary should have read.
(24) a. *The inspector explained that each part, he had examined very CAREFULLY.
     b. The inspector explained that EACH PART he had examined very carefully.

(22-4a) のように補文内に TT は生じないのに対し，(22-4b) のように，FT は生じる．このようなデータを基に，Utsuboe（2012: 77）は以下のような補文構造を提示する．

(25) [$_{VP}$ [$_{CP}$ [$_{TP}$ Focus [$_{TP}$ Subj [T $_{[Focus \cdot EPP]}$ [$_{v*P}$]]]]]]

5．Utsuboe（2012）の問題点とその後の展開と代案

しかし，このような Utsuboe（2012）の分析には問題がある．まず，主節ではフォーカス要素が CP に生じるのに対し，補文では TP に生じるという不統一性があることである．これでは，例えば Rizzi（1997）以来主張されている，

---

[3] Utuboe（2012）は様々な用例に基づいて Hooper and Thompson（1973）が唱える動詞の種類により補文内のトピック・フォーカス要素の容認性が異なるという主張を批判している．

トピック要素は他の量化要素と相対的作用域関係を持たないのに対してフォーカス要素は持つ，といったトピック・フォーカスの本質的な相違点を捉えられない．さらに，経験的な問題として Utsuboe（2012）のシステムでは，主節，補文内共にトピック・フォーカスが共起した場合について統一的に扱えない，という点が挙げられる．実際には，Gundel（1974），Culicover（1991）が述べるように，主節でトピック・フォーカスの順で共起しうる．

(26) a. This boook to Robin I gave.

    b. Last year in St.LOUIS we were living.

    c. In those days a NICE car we drove.

(27) a. *This book, to Robin, I gave.

    b. *Last year, in St. Louis, we were living.

    c. *In Those days, a nice car, we drove.

この事実は，(21) の構造に対する反証である．次に，Ross（1986：255）は補文内でトピックが生じる例を挙げている．これは (25) に対する反証である．

(28)   The Revenooers claim that informers they never use.

次に，豊富なデータを基に英語の補文内のトピック・フォーカス構造を詳細に分析している Haegeman（2012）と Radford（2018）を見てみよう.[4] まず Haegeman（2012: 42）は以下の例を提示している．

(29) a. He stressed that, with no job, on no account should I buy a house.

    b. He said that not long ago, in Paris, he met an old friend of his.

(29a) における *with no job* はコンマで以下の部分から区切られることで明示されるようにトピック要素である．また，*on no account* はフォーカス要素をなす．(29b) では 2 つの frame-setter と呼ばれることもある時，場所を示す前置詞句が補文標識 that の後に生じている．これらは明らかにトピック要素である．この用例は補文内にトピック要素が生じうることを明示している．次に，Haegeman（2012: 41）は以下のような例も提示している．Haegeman は

---

[4] Radford（2018）の存在を教えて頂いた古川武史氏に感謝申し上げたい．

wh 要素は Force P に，NI 要素は FocP に生じると分析している．それに従うと，(30a) の補文は (30b) の構造を持つ．

(30) a. Lee wonders which students under no circumstances at all would Robin talk to.

b. Lee wonders [FocceP which student [FocP under no circumstances at all [Foc' would [FinP Robin talk to]]]]

豊富な英語のデータに基づき，Haegeman (2012: 42) は以下のような英語の補文構造を想定する．[5]

(31) [ForceP [TopP [FocP [TopP]]]]

ForceP には補文標識 *that* あるいは *wh* 句が生じ，上位の TopP には *argument, adjunct* 共に生じる．さらに FocP には NI 要素が生じ，その主要部には法助動詞が生じる．これに従うと，(29a) の補文は (32) の構造を持つ．

(32) [ForceP [Force' that [TopP with no job [FocP on no account [Foc' should [TopP I buy a house]]]]]]

次に，BBC ラジオなどの膨大なデータを駆使して口語イギリス英語のトピック・フォーカス構造を精査する Radford (2018) の分析を取り上げる．Radford (2018) は Rizzi (2015) が示す以下の左端部構造に対する妥当性を検証する．

(33) FORCE > TOP* > INT > TOP* > FOC > TOP* > MOD* > TOP* > FIN

アステリスクは当該要素が複数生じうることを示す．最初に Radford (2018: 74) による以下の例を考察してみよう．

(34) a. I have to say that, despite what people think, a situation like that, in no way would I attempt to profit from it.

b. [ForceP that [ModP despite what people think [TopP a situation like that

---

[5] 英語のみならず様々な言語の主文あるいは副詞節に関するさらなる議論は Haegeman (2012) を参照されたい．

英語の補文内におけるトピック・フォーカス構造のカートグラフィー分析　　51

[FocP in no way [FIN would I attempt to profit from it]]]]]

(34b) は Radford が想定する構造である．*that* は FORCE 位置にあり，*despite* 句は MOD，*a situation like that* は TOP に，*in no way* は FOC に，*would* は FIN にある．すなわち，必ずしも (33) の順番に厳密に従って要素が生じてはいないことを示している．

　次に，Radford (2018: 73) は付加要素が複数生じうることを以下の例で示す．

(35)　a I just felt [that Roy Hodgson, a few weeks ago, when Liverpool lost to Everton, he was in a minority of one].

Roy Hodgson はトピック要素であり，Radford (2018) が MOD 句内にあるとする，下線を引いた要素が複数生じうる．このことは MOD が単一であると仮定する (33) に対する反論である．Radford (2018) はこれ以外にも多くの用例を基に英語の補文が取りうる構造を詳細に分析している．その多くが (33) が規定する固定された順番で要素が生じないものである．用例の多くが口語英語のデータであり，形式的な英語表現より柔軟で多様性を有するものである．Radford (2018) は最終的には (33) にかわる構造を提示していないが，固定した形式を規定できないほど，要素が多様な形で生じうることは結論づけられる．この Radford (2018) による分析も，補文内にフォーカスが生じる位置しか規定していない Utsuboe (2012) の主張への反証となる．[6]

　これらを考慮し，本論文では Rizzi (1997, 2015)，中村 (2012) などに従い，英語の補文に対して次のような構造を提示する．[7]

(36)　[V [ForceP Force [TopP Top [FocP Foc [TopP Top [FinP Fin [vP … .]]]]]]]

これは，Rizzi (1997, 2015) などがカートグラフィー分析によりイタリア語に対して想定した構造に基づいており，TopP は複数生じると仮定する．この構造によると (37a&b) の補文構造は (38a&b) のように示される．[8]

---

　[6] Radford (2018) も Utsuboe (2012) 同様 Hooper and Thomspon (1973) に対する反例を提示している．詳しくは Radford (2018) を参照されたい．
　[7] 中村 (2006) は NI を作用域を明示するフォーカス移動として分析している．
　[8] 補文内のトピック・フォーカス構造に関しては Belletti (2004) などを見られたい．更に，日本語の vP 内のトピック・フォーカス構造に関しては Yanagida (1995)，Nakamura (2014)

(37) a. Becky said that these books, only with great difficulty can she carry.

b. He said that beans, never in his life had he been able to stand.

(38) a. [ForceP that [TopP these books [FocP only with great difficulty can [TP she [vP tsubj [VP carry]]]]]]

b. [CP that [TopP beans [FocP never in his life had [TP he [vP tsubj [VP been able to stand]]]]]]

これで補文内のトピック・フォーカス要素が共起している場合のトピック・フォーカス構造を正しく標示できる．次に，フォーカスだけがあるいはトピックだけが生じている構造を示す．

(39) a John said that THIS BOOK Mary should have read.

b. [CP that [TopP [FocP THIS BOOK [TopP [TP Mary should have read]]]]]

(40) a. The Revenooers claim that informers they never use.

b. [CP that [TopP [FocP [TopP informers [TP they never use]]]]]

(39b) では，フォーカス要素の *THIS BOOK* が FocP 指定部に生じている．また，(40b) ではトピック要素の *informers* が下位の TopP に生じている．[9]

以上のように，この節では Utsuboe (2012) の分析に対する問題点を提示し，その代案として英語の補文に TopP, FocP を想定する分析を展開した．

6. 結論と今後の課題

本論文では，Gundel (1974) の FT, TT の区別を出発点として英語の補文のトピック・フォーカス構造を分析してきた．さらに，Utsuboe (2012) の主張である補文にフォーカス投射しか想定しない分析の問題点を示し，補文にも TopP, FocP を想定する必要性を議論してきた．この節では今後検討すべき課題について論じる．まず，次の例文を見てみたい．

を参照のこと．

[9] 通常上位の TopP は Thematic Topic（談話主題），下位の TopP は対照主題（Contrastive Topic）が生じる位置と考えられている．ここでは，トピックを対照主題とみなす．

英語の補文内におけるトピック・フォーカス構造のカートグラフィー分析　　53

(41) a. *What THESE PRICES can anyone do about?

　　 b. *To Whom A BOOK LIKE THIS would you give?

(42) a. THESE PRICES what can anyone do about?

　　 b. And A BOOK LIKE THIS to whom would you give?

これらの例では，フォーカス要素と *wh* 要素が共起しており，フォーカス－
wh の順は容認されるが，逆は非文となる．Utsuboe (2012: 47) はさらに次の
ような例文を提示し，1文に複数のフォーカスが生じうることから，Rizzzi
(1997) の Top-Foc-Top の構造を批判している．

(43) a. TO JOHN (not to Bill) THIS BOOK (not that book) Mary gave.

　　 b. ON THE TABLE (not on the shelf) THIS BOOK (not that book) John put.

　　 c. [$_{CP}$ TO JOHN [$_{CP}$ THIS BOOK [C $_{[Foc]}$ [$_{TP}$ Mary gave]]]

しかし，Utsuboe (2012) はこのようなフォーカスが複数生じる例に対する構
造を示していない．これは (21) の構造を使って標示するとすれば，フォーカ
ス要素は inner, outer Spec-CP の両方に生じることになろう．つまり，概略
(43c) のような構造を持つと想定される．このような構造に関してはさらなる
分析，検証が必要である．

　次に，本論文では議論してこなかった点を挙げる．英語に限らず，VP 内
フォーカス，すなわち元位置にとどまり，強勢を受けるフォーカスが存在す
る．以下のような例である．

(44) John gave a book TO MARY (not to Peggy).

このようなフォーカスは対照主題 (contrastive focus) として知られているが，
VP 内のフォーカス構造については，Cinque (1990) が包括的に分析している
副詞の位置，種類と併せて，今後詳細に検討すべき課題である．[10]

---

[10] Nakamura (2013) は日本語において，元位置で強勢を受けるフォーカスを対照焦点とし
て *v*P 内 FocP に生じると分析している．

参考文献

Authier, Mark J. (1992) "Iterated CPs and Embedded Toplicalization," *Linguistic Inquiry* 23, 329–336.

Belletii, Adriana (2004) "Aspects of the Low IP Area," *The Structure of CP and IP: The Cartography of Syntactic Structures* Volume 2, ed. by Luigi Rizzi, 16–51, Oxford University Press, Oxford.

Chomsky, Noam (1995) *The Minimalist Program*, MIT Press, Cambridge, MA.

Cinque, Gulielmo (1999) *Adverbs and Functional Heads*, Oxford University Press, New York.

Culicover, Peter (1991) "Topicalization, Inversion, and Complementizers in English," ms., Ohio State University.

Endo, Yoshio (2007) *Locality and Information Structure*, John Benjamins, Amsterdam.

遠藤喜雄 (2014)『日本語カートグラフィー序説』くろしお出版, 東京.

福田稔・中村浩一郎・古川武史 (2018)「最新の文構造研究と統語論の進展」『言語の構造と分析—統語論, 音声学・音韻論, 形態論—』, 西原哲雄 (編), 1–81, 開拓社, 東京.

Gundel, Jeanett K. (1974) *The Role of Topic Comment in Linguistic Theory*, Doctoral dissertation, University of Texas at Austin.

Hooper, Joan B. and Sandra A. Thompson (1973) "On the Applicability of Root Transformation," *Linguistic Inquiry* 4, 465–497.

Koizumi, Masatoshi (1995) *Phrase Structure in Minimalist Syntax*, Doctoral dissertation, MIT.

Kuno, Sumumu (1973) *The Structure of the Japanese Language*, MIT Press, Cambridge, MA.

Kuroda, Shige-Yuki (1965) *Generative Grammatical Studies in the Japanese Language*, Doctoral dissertation, MIT.

Miyagawa, Shigeru (2010) *Why Agree? Why Move?*, MIT Press, Cambridge, MA.

Nakamura, Koichiro (2006) "Negative Inversion as an Obligatory Focus Movement," 『広島女学院大学大学院言語文化論叢』第9号, 233–247.

Nakamura, Koichiro (2010) "*Wa*-marked Topicalization Triggered by Topic Feature and Object Scrambling Triggered by Focus Feature," *Movement in Minimalism: Proceedings of the 12th Seoul International Conference on Generative Grammar*, ed. by Duk-Ho An and Soo-Yeon Kim, 361–372, Hankuk Publishing, Seoul.

Nakamura, Koichro (2012) "Three Kinds of *Wa*-marked Phrases and Topic-focus Articulation in Japanese," *Generative Grammar in Geneva* 7, 33–47.

中村浩一郎 (2012)「英語におけるトピック・フォーカス構造について」『ことばが語るもの』, 米倉綽 (編), 163-178, 英宝社, 東京.

Nakamura, Koichiro (2013)「Three Types of Focus and their Structural Positions」『言語学からの眺望2013』, 福岡言語学会 (編), 163-175, 九州大学出版会, 福岡.

Nakamura, Koichiro (2014) "*vP*-internal Topic-Focus articulation in Japanese," *Proceedings of the 16th Seoul International Conference on Generative Grammar: Comparative Syntax*, ed. by John Un Park and Il-Jae Lee, 299-309, The Korean Generative Grammar Circle, Seoul.

中村浩一郎 (2015)「英語の補文内におけるトピック・フォーカス構造について」甲南英文学会 Syntax Workshop, 2015年7月11日於甲南大学における発表原稿.

Radford, Andrew (2018) *Colloquial English: Structure and Variation*, Cambridge University Press, menico, Cambridge.

Rizzi, Luigi (1997) "The Fine Structure of the Left Periphery," *Elements of Grammar*, ed. by Liliane Haegeman, 281-337, Kluwer, Dordrecht.

Rizzi, Luigi (2015) "Cartography, Criteria and Labelling," *Beyond Functional Sequence: The Cartography of Syntactic Structures* vol. 10, ed. by Shlonsky Ur, 314-338, Oxford University Press, Oxford.

Ross, John Robert (1986) *Infinite Syntax!*, Ablex, Norwood, NJ.

Saito Mamoru (2006) "Optional A-scrambling," *Japanese Korean Linguistics* 16, ed. by Yukinori Takubo, Tomohide Kinuhata, Szymon Grzelak and Kayo Nagai, 44-63, CSLI Publications, Stanford.

Utsuboe, Shizuka (2012) *Function-Driven Movement: Left Peripheries in English*, Kaitakusha, Tokyo.

Watanabe, Akira (1993) "Larsonian CP Recursion, Factive Complements, and Selection," *NELS* 23, 523-537.

Yanagida Yuko (1995) *Focus Projection and Wh-Head Movement*, Doctoral dissertation, Cornell University.

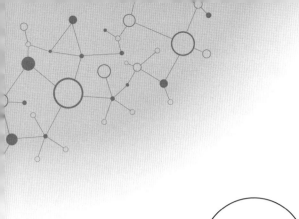

第Ⅱ部

音韻論・音声学

特殊モーラ階層の二面性

—外来語アクセントにおける位置算定と音節量決定—*

田中真一

神戸大学

1. はじめに

　日本語の音節後半を占める4種の特殊モーラ（二重母音第2要素 /J/（い），長音 /R/（ー），撥音 /N/（ん），促音 /Q/（っ））には階層が存在し，語形成等のリズム現象，および，アクセント現象に関係することが知られている．しかしながら，それらは個別に扱われ，両者の関係については，ほとんど論じられていないように思われる.

　特殊モーラの階層には，2つの基準のあることが知られている．1つはソノリティーにもとづく（1）のような基準であり，自立性階層と呼ばれるものである．もう1つは独自の音色（モーラ接点）を持つか否かという（2）のような基準であり，安定性階層と呼ばれるものである.

(1)　特殊モーラの自立性階層

二重母音第2要素 /J/, <u>長音 /R/</u>　>　<u>撥音 /N/</u>　>　促音 /Q/

(2)　特殊モーラの安定性階層

二重母音第2要素 /J/, <u>撥音 /N/</u>　>　<u>長音 /R/</u>　>　促音 /Q/

両者を比べると，いずれの基準においても，二重母音第2要素 /J/ が最上位に，促音 /Q/ が最下位にあることが分かる．その一方で，長音 /R/ と撥音 /N/ の順位が両基準において入れ替わっている．本章では，まず，両階層が

---

　* 本研究は，田中（2004）を大幅に改変したものである．また，科学研究費補助金基盤研究（C）（課題番号：16K02629），基盤研究（B）（課題番号：18H00666），および，国立国語研究所共同研究プロジェクト「対照言語学的観点から見た日本語の音声と文法」の助成を受けている．記してお礼申し上げる.

どのような動機から表れ，どのような現象と関係するか確認した上で，2つの階層が，順位の入れ替わりとともに実際の言語現象とどのように関わるか考察する．

2. 特殊モーラ階層の二面性：自立性と安定性

特殊モーラにおける（1）の自立性階層は，ソノリティー（きこえ：sonority）から生じる（Selkirk (1984)）．母音は子音よりソノリティーが高く，母音性の二重母音第2要素 /J/，長音 /R/ の2つが，子音性の撥音 /N/，促音 /Q/ よりも高い自立性を持つ．また，子音性特殊モーラの間では，共鳴音（鼻音）である撥音 /N/ が，阻害音である促音 /Q/ より高いソノリティーを持つため，自立性が高いといえる．諸方言において，（1）の階層の順にアクセント核が置かれやすい（上野 (1984)）．

これに対し，（2）の安定性階層は，単独で固有の音色を持つか否かという観点にもとづくものである．この基準によると，二重母音第2要素 /J/ と撥音 /N/ は独自の音色を持つため安定性が高いのに対し，長音 /R/ と促音 /Q/ はそれ持たないため安定性が低いということになる．

（2）に見られる特殊モーラの安定性は，語形成やスピーチエラーなどの形態音韻現象と関係することが指摘されてきた（桑本 (2002)，日比谷 (1998)，窪薗 (1999)，氏平 (1996)）．たとえば，複合語短縮という形態現象との関わりにおいては，短縮の結果，語末に位置する長音が（3a）のようにしばしば脱落するのに対し，同じ位置を占める撥音は（3b）のように一貫して保持される．さらに，（3c）のように，入力において別の位置にある撥音が，短縮語の末尾に配置される（桑本 (2002)）．

(3)　撥音の安定性（桑本 (2002)）

    a.　テレホン＋カード　　　　　→ テレカ（*テレカー）

        ミスター＋ドーナツ　　　　→ ミスド（*ミスドー）

    b.　ポケット＋モンスター　　　→ ポケモン

        マイクロ＋コンピューター　→ マイコン

    c.　てつや　＋マージャン　　　→ てつマン

        ブルー　　＋マウンテン　　　→ ブルマン

60　　　　　　　　　　　　　　　第 II 部　音韻論・音声学

これらのことは，撥音の長音に対する安定性の高さを表し，独自の音色の有無
が特殊モーラの保持・削除に関与することを示している．[1]

　他方，モーラと音節は，アクセントの位置を測る単位としても同時に機能す
る．しかしながら，特殊モーラ階層との関係では，後述の一部の研究（田中
（2008））を除き，音節の重軽の別が問題にされ，特殊モーラは種類の区別な
く，音節後半の要素として一括して処理されてきた．

　本章では，アクセントの現象において，特殊モーラの階層が核の担い手とい
う面のみならず，アクセント位置の算定においても関与することを，外来語ア
クセントの分析を通して指摘する．さらに，同一の特殊モーラがアクセントの
計算に関して，語末と語中とで異なるふるまいを示すことを指摘する．その上
で，これら一連の非対称性が生じる言語学的要因と一般性について論じる．

3.　問題の所在：外来語アクセントにおける特殊モーラの役割

　東京方言の外来語アクセントには，(4) のような外来語アクセント規則と呼
ばれる規則が知られている（McCawley（1968））．語末から 3 モーラ目を基本
とするため，−3 規則とも呼ばれる．

　(4) a.　アクセントは語末から 3 モーラ目に付与される．
　　　 b.　ただし，その位置が特殊モーラの場合，その 1 つ前（語末 4 モー
　　　　　ラ目）に付与される．
　(5) a.　ロ’ーマ，ロサンゼ’ルス，ハ’ノイ，クアラルンプ’ール
　　　 b.　レ’ッスン，ワシ’ントン，ブレ’ーメン，グラ’イダー

これに対し，音節にもとづく (6) の規則が提案され，(4) の−3 規則では説明
不可能な (7) を含めた統一的な説明が可能になった（窪薗・太田（1998））．

　(6)　次語末音節にアクセントを置く．ただし，そこが軽音節（L）の場合，
　　　 もう 1 つ前の音節にアクセントを置く．

---

[1]　スピーチエラーにおいて，元来，長音によって占められる位置に撥音が代入される例が，
その逆の撥音位置に長音が代入される例に比べはるかに多いことが報告されている（窪薗
（1999））．さらには，自然発話のとくに語末位置において，（撥音とは異なり）長音が短縮す
る現象が多くの研究によって示されている（助川・前川・上原（1999），森（2002））．

(7)　メ'ロディー（*メロ'ディー），モンスター（*モンス'ター），
　　　タ'ンバリン（*タンバ'リン），カテ'ゴリー（??カテゴ'リー），

ここで確認すべき点として，音節後半を占める特殊モーラの種類は，一見すると アクセントに関係していないように見えることである．(4/5b) の−3規則では，特殊モーラは一貫してアクセントを担わず，それを直前の自立モーラに移動させている．また，(6) でも一貫して，重音節の一部として同じふるまいをしているように見える．

　ところが，音節後半を占める特殊モーラの種類が，アクセント位置算定に関わる現象が確認できる（田中 (2008)）．(8) は，末尾が−HL# で終わる外来語であり，かつ，次語末2モーラ音節 (H) の後半が促音 /Q/ によるものである．このタイプの外来語は，異なる特殊モーラによる同じ音節配列の語とはしばしば異なるアクセントを取る．(8a) は LHL，(8b) はこのうち語頭が挿入母音のもの，(8c) は HHL の音節を持つものである．

(8)　a.　ロ'ボット，パ'ニック，ト'ニック，マ'ジック，ケ'チャップ
　　　　　　vs. ボラ'ンチ，バラ'ード
　　　b.　コ'ロッケ，ス'リッパ，ト'リック，フ'リップ
　　　　　　vs. スポ'ーツ，ドラ'イブ
　　　c.　キュ'ーピット，ピ'ーコック，バ'ンケット，ガ'ーリック
　　　　　　vs. アーカ'イブ，モンタ'ージュ

これらの例は，(4) のモーラ，(6) の音節いずれにもとづく規則によっても説明不可能である．モーラ規則では，語末3モーラ目が自立モーラであるにもかかわらず，その1つ前のモーラにアクセントが置かれるため説明できない．音節規則では，次語末が重音節 (H) であるにもかかわらず，そこにアクセントが置かれていないため，説明不可能である．

　この現象に対し，田中 (2008) は，促音（阻害音）のソノリティーの低さのため，それを含む音節を重音節 (H) ではなく，擬似的な軽音節 (L) とすることで，一貫した説明を試みた．たとえば，(8a, b) に対しては L'LL の音節配列（「ト'マト」，「カ'メラ」と同等），また，(8c) に対しては H'LL の音節配列（「シ'ングル」，「ド'ーナツ」と同等）と再解釈することで (6) と矛盾のない統一的な説明を与えた．

62　　　　　　　　第 II 部　音韻論・音声学

　上記のことは，まず，特殊モーラのソノリティー階層がアクセントの現象に
おいて，従来の研究で指摘されてきたような核の担い手としてではなく，位置
算定に関わっていることを示している．さらには，特殊モーラの階層が音節の
重さ（の違い）に関わっていることを示している．ここで以下のことが疑問点
として浮上する．

　1.　促音以外の特殊モーラの階層は，アクセントとどのように関わるか？
　2.　特殊モーラの 2 つの階層（自立性と安定性），とくに長音 /R/ と撥音
　　　/N/ は，アクセント現象とどのように関わるか？

本章では，特殊モーラの位置と種類に着目し，東京方言においてゆれが見られ
る外来語のアクセントの分析を通して，特殊モーラの階層がアクセント位置算
定に関してゆれを引き起こしていることを示す．またそのメカニズムの言語学
的位置づけについて論じる．

4.　調査

4.1.　手順

　NHK 編『日本語発音アクセント辞典』（1985 年版）より，4, 5 モーラ語で，
かつ，語末あるいは次語末のうち**片方のみ**に特殊モーラを含む外来語（語末 2
音節が，－LH# あるいは－HL# であるもの）をすべて 584 例抽出した．内訳
は，－LH# が 233 例，－HL# が 351 例である．これは，語末と次語末との
間で，2 モーラ音節（そこに含まれる特殊モーラ）とアクセントとの関係を直
接比較するためである．

　具体的には，以下の 6 つの音節配列を有する語が対象となる．（9）は語末に
特殊モーラの位置する音節配列 3 種であり，（10）はそれが次語末に位置する
音節配列 3 種である．（9）と（10）それぞれの a ～ c は，末尾 2 音節（末尾 2
モーラ）の順序が逆になるペアであり，直接の比較対象である．

　（9）a.　LLH̲：　アマゾ̲ン，ベルリ̲ン，エレジ̲ー，アリバ̲イ
　　　　b.　HLH̲：　ミュージシャ̲ン，バイオリ̲ン，インタビュ̲ー
　　　　c.　LLLH̲：　シクラメ̲ン，マタニティ̲ー，セレモニ̲ー
　（10）a.　LH̲L：　ブラ̲ンド，バラ̲ンス，トレ̲ード，フォワ̲ード

  b. HHL： アイランド，コンクール，アンケート，アンパイア
  c. LLHL： アトランタ，ストレート，エレガント，パラダイム

これらの例をもとに，語末および次語末の特殊モーラの種類に着目してアクセントを分析した．[2]

4.2. 結果と分析

 （9）の音節配列（−LH#）を持つ語が 233 例，（10）の音節配列（−HL#）を持つ語が 351 例，合計で 584 例の外来語が得られた．（9）と（10）の語末 2 音節の配列 2 種において，2 モーラ音節に含まれる特殊モーラの種類とアクセントとの関係を示したものが，図 1（9）および図 2（10）である．また，具体例として，長音 /R/ と撥音 /N/ を持つ語のうち，それぞれ一定数（20％以上）生起した例を（11）-（14）に挙げる．なお，6 つの音節配列別の分布と具体例については，末尾 APPENDIX の表 1 〜 6 を参照されたい．

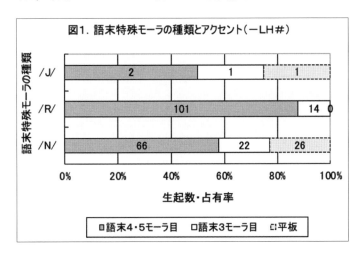

(11) −'LH(R)#(−4, 5)：エ'レジー，イ'ンタビュー，マタ'ニティー，
          ト'ロフィー，シ'ンフォニー，ポ'リシー

---

[2] 1 つの語に対しアクセントが 2 つ以上記載されている例は，分析の対象から除外した．また，語末に促音は含まれないことから，次語末が促音による例も分析対象から除外した．

(12) a. －'LH(N)#(－4, 5)：ア'マゾン, ミュ'ージシャン, ドレ'スデン
    b. －L'H(N)#(－3)：シクラ'メン, イエ'メン, ビタ'ミン
    c. －LH(N)⁰#(0)：ベルリン⁰, バイオリン⁰, ジュラルミン⁰

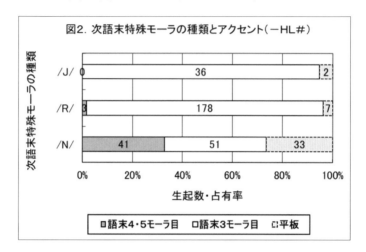

(13) －H'(R)L#(－3)：トレ'ード, コンク'ール, ストレ'ート, スト'ーブクリ'ーム, サイボ'ーグ, パラシュ'ート
(14) a. －'H(N)L#(－4, 5)：エ'レガント, ア'イランド, セ'ンテンス
    b. －H'(N)L#(－3)：アトラ'ンタ, アンダ'ンテ, ドリ'ンク
    c. －H(N)L⁰#(0)：ブランド⁰, バランス⁰, ディフェンス⁰

　まず, 各音節配列においてもっとも占有率の高いアクセント型は, 概ね特殊モーラの種類を超えて同じであることが確認できる. 図1では語末4, 5モーラ目, 図2では語末3モーラ目が, どの特殊モーラにおいても最も高い値を示している. このことは, とくに図1の結果は, (モーラではなく) 音節によるアクセント規則 (6) の有効性を支持するものである (Katayama (1995), 窪薗・太田 (1998), 田中 (2008)).
　しかしながら, 重要な点として, 同時に特殊モーラの種類もアクセント位置の算定に影響を与えていることが確認できる. 生起位置に着目すると, 語末位置では, 図1 (APPENDIX 表1～3：LLH, HLH, LLLH) のように, 長音 /R/ において大部分はアクセントが－3よりも前にあるのに対し, 撥音 /N/ においては－3型 (および平板型) も一定数生起している. これに対し, 次語

末位置では図2（APPENDIX 表4〜6：LHL, HHL, LLHL）のように，長音 /R/ において −3 へのアクセントが非常に高い割合で生起するのに対し，撥音 /N/ においては，同じ位置のアクセントが相対的に少なく，−3 以前（および平板）のアクセントを多く選択している．特殊モーラの位置が入れ替わると，アクセント型の選択に非対称が見られるということである．

　次節では，このような非対称性の生じる要因について考察し，それらが特殊モーラの自立性と安定性の違いによって説明できることを示す．

5. 考察

5.1. アクセントの前進性と特殊モーラの安定性

　語末が長音 /R/ によって占められた場合（図1 および APPENDIX 表1〜3），それが撥音 /N/ による場合に比して，語末から離れた −4, 5 型となる割合が高い．このことは，語末位置において長音 /R/ の安定性が低く，アクセント位置の算定において 1 単位としてふるまいにくいこと，反対に，同じ位置の撥音 /N/ は安定性の高さにより，1 単位としてふるまいやすく，語末から十分離れた位置として，−3 型を相対的に高く保持していると解釈できる．これらのことは，（3）の複合語短縮における非対称性（語末位置の長音 /R/ が保持されにくいのに対し，同じ位置の撥音 /N/ は保持されやすいこと）と平行的である．アクセント位置を測る基準として，特殊モーラの安定性階層が関係することが分かる．

5.2. 平板アクセントと特殊モーラの安定性

　安定性という観点に関してもう 1 つ顕著な点は，図1 とくに APPENDIX 表1 において，語末撥音の平板率の高いこと（29%: 21/71）である．同表の長音における平板率（0%: 0/65）との間に極端な違いが見られ，平板率という面においても両者が非対称性を見せている．

　一般に外来語は他の語種と比べ，平板アクセントの割合が極端に低いことが知られている．しかし，4 モーラで，かつ，語末 2 モーラが自立モーラの連続（軽音節の連続）である場合，平板率が上昇する（窪薗・太田（1998））．とくに，すべてが自立モーラで形成された 4 モーラ外来語（LLLL）では，平板率

が極めて高いことが知られている。[3] これらのことを前提とすると，語末撥音 /N/ が長音 /R/ に比して平板アクセントを誘発するのは，語末モーラの相対的安定性の高さゆえと解釈できる。独自の音色を持ち安定性の高い撥音 /N/ が語末に生起するときそこが自立モーラに準じた形で平板率が相対的に上昇する。それに対し，安定性の低い長音 /R/ が語末に生起した場合は，平板化が不可能になるというわけである。

このように考えると，語末撥音 /N/ における −3 型の生起率と平板アクセントの相対的な高さ，および，語末長音 /R/ による −3 型アクセントおよび平板型の少なさが同時に説明できることになる。

5.3. 次語末音節の重さとソノリティー

これに対し，図2（APPENDIX 表4〜6）の次語末位置では，長音はアクセント算定に対し，音節後半を占める要素，すなわち，重さを担う要素として積極的に関与する。仮に次語末位置で長音の削除が起これば，音節量が変わり，アクセントの計算が変わることになる。[4]

(15) エリ'ート (*エリ'ト)，アンコ'ール (*アンコ'ル)，
　　　チョコレ'ート (*チョコレ'ト)，スリ'ープ (*スリ'プ)

関連して，語末と次語末音節2箇所に長音が含まれる場合，削除が許されるのは一貫して語末であり，次語末音節内の長音削除は，(16) の括弧の例のように不可能である。このことは，語末と次語末とで，長音の役割が異なることを端的に表している。

(16) エレベ'ーター　　：エレベ'ータ (*エレベ'ター)
　　　コンピュ'ーター：コンピュ'ータ (*コンピュ'ター)
　　　レシ'ーバー　　　：レシ'ーバ (*レシ'バー)
　　　サポ'ーター　　　：サポ'ータ (*サポ'ター)

これに対し，語中の撥音 /N/ は子音性のため，母音性の長音 /R/ と比べて

---

[3] 田中 (2008) のデータによると，52%（98/187）を数える。
[4] 柴田 (1995) は，外来語表記における長音短縮（削除）はアクセント規則に影響を及ぼさないという条件で起こると述べている。

ソノリティーが相対的に低い．したがって，それを含む音節は相対的に軽い．その結果，図1のように，同じ位置に母音性特殊モーラを含む音節の語と比べアクセントが前進しやすいと解釈できる．じっさい，撥音 /N/（共鳴音）よりもさらにソノリティーの低い促音 /Q/（阻害音）によって次語末の占められる外来語においては，(8) で確認したように，さらに高い割合でアクセントの前進が起こる．このように，次語末位置において特殊モーラの階層は，自立性（ソノリティー）の面で関与する．高いソノリティーの母音性特殊モーラ /R/（/J/）を持つ音節は，十分に重い音節としてアクセントを引きつけるのに対し，低いソノリティーを持つ子音性特殊モーラ /N/（/Q/）を含む音節は，相対的に十分な重さを持たないため，アクセントを引きつけにくいということになる(Gordon (2016))．

　このように考えると，長音と撥音が語末と語中とで異なるふるまいを見せる理由が説明できる．語中ではソノリティーにもとづく自立性の階層が作用し「長音 >> 撥音」の分布を示すのに対し，語末では形態的な安定性の階層が作用し「撥音 >> 長音」の分布を示すということになる．

6. むすびと課題

　本章では，特殊モーラ階層における2つの基準を考えることを通して，アクセント付与との関係を分析した．語の位置によって異なる基準が選択され，語中ではソノリティーにもとづく自立性階層が関係するのに対し，語末では独自の音色の有無にもとづく安定性階層が関係することが明らかになった．

　特殊モーラのソノリティーは，核の担い手そのものとしてではなく，それを含む音節全体の重さを決めるという面で関係することを示した．また，安定性階層は，アクセントに対して，位置を測る要素として関係することを確認し，複合語短縮などの形態現象との共通性を指摘した．

　今後の課題としては，近年のアクセント変化との関係を明らかにすることがある．アクセントの変化としては，平板化と前進化が全体的に進んでいるが(塩田 (2016))，それらの変化が，特殊モーラ階層とどのように関係するか分析する必要がある．また，自立性階層と安定性階層が，日本語の音韻論と形態論においてさらにどのように関わるか，他の諸現象との関係を見ること，さらには，諸言語との対照についても今後の課題である．

参考文献

Gordon, Matthew K. (2016) *Phonological Typology*, Oxford University Press, Oxford.

日比谷潤子 (1998)「複合語短縮」『世界の日本語教育』8, 47-65, 国際交流基金, 東京.

Katayama, Motoko (1995) "Loanword Accent and Minimal Reranking in Japanese," *Phonology at Santa Cruz* 4, 1-12.

窪薗晴夫 (1999)「歌謡におけるモーラと音節」『文法と音声 II』, 音声文法研究会 (編), 241-260, くろしお出版, 東京.

窪薗晴夫・太田聡 (1998)『音韻構造とアクセント』研究社, 東京.

桑本裕二 (2002)「日本語におけるモーラ的鼻音の特徴」『東北大学言語学論集』11, 93-104.

McCawley, James (1968) *The Phonological Component of a Grammar of Japanese*, Mouton, The Hauge.

森庸子 (2002)「3モーラ複合語略語の生起要因──若者のキャンパス言葉から」『音声研究』6(1), 121-137.

日本放送協会 (編) (1985)『日本語発音アクセント辞典』NHK 出版, 東京.

Selkirk, Elisabeth (1984) "On the Major Class Features and Syllable Theory," *Language Sound Structure*, 107-136, MIT Press, Cambridge, MA.

柴田武 (1995)『日本語はおもしろい』岩波書店, 東京.

塩田雄大 (2016)「外来語のアクセントの現況──在来語化する外来語」『放送研究と調査』84-102. <https://www.nhk.or.jp/bunken/research//pdf/20161001_6.pdf>

助川泰彦・前川喜久雄・上原聡 (1999)「日本語長母音の短母音化現象をめぐる諸要因の実験音声学的研究と音声教育への示唆」『言語学と日本語教育』, アラム佐々木幸子 (編), 81-94, くろしお出版, 東京.

田中真一 (2004)「特殊モーラの二面性とアクセント：外来語アクセントにおける長音と撥音のふるまい」『プロソディーの多様性と普遍性に関する総合的研究 (2)』, 窪薗晴夫 (代表) (平成 15 年度科研研究成果中間報告書), 64-75.

田中真一 (2008)『リズム・アクセントの「ゆれ」と音韻・形態構造』くろしお出版, 東京.

氏平明 (1996)「歌唱に見る日本語の特殊モーラ」『音韻研究──理論と実践』, 音韻論研究会 (編), 71-76, 開拓社, 東京.

上野善道 (1984)「地方アクセント研究のために」『国語学解釈と鑑賞』臨時増刊号, 47-64, 至文堂, 東京.

APPENDIX

語末モーラ	L'LH (−4)	LL'H (−3)	LLH⁰ (0)	合計
二重母音第2 要素 /J/#	1：33% ネ'クタイ	1：33% ブル'ネイ	1：33% アリバイ⁰	3：100%
長音 /R/#	57：88% メ'ロディー	8：12% スワ'ロー	0：0% －－－	65：100%
撥音 /N/#	41：58% ア'マゾン	9：13% クレ'ヨン	21：29% ゼラチン⁰	71：100%
合計	99：71%	18：13%	22：16%	139：100%

表1. 語末特殊モーラとアクセント（LLH）

語末モーラ	H'LH (−5)	HL'H (−3)	HLH⁰ (0)	合計
二重母音第2 要素 /J/#	0：0% －－－	0：0% －－－	0：0% －－－	0：100%
長音 /R/#	23：89% モ'ンスター	3：11% コンベ'ヤー	0：0% －－－	26：100%
撥音 /N/#	10：56% タ'ンバリン	4：22% オーディ'ション	4：22% バイオリン⁰	18：100%
合計	33：75%	7：16%	4：9%	44：100%

表2. 語末特殊モーラとアクセント（HLH）

	L'LLH (−5)	LL'LH (−4)	LLL'H (−3)	LLLH⁰ (0)	合計
二重母音第2 要素 /J/#	1：100% バ'タフライ	0：0% －－－	0：0% －－－	0：0% －－－	1
長音 /R/#	3：13% テ'リトリー	18：75% カテ'ゴリー	3：13% バルコ'ニー	0：0% －－－	24
撥音 /N/#	0：0% －－－	15：60% ナポ'リタン	9：36% シクラ'メン	1：4% ジュラルミン⁰	25
合計	4：8%	33：66%	12：24%	1：2%	50

表3. 語末特殊モーラとアクセント（LLLH）

	L'HL (−4)	LH'L (−3)	LHL^0(0)	合計
二重母音第2 要素 /J/#	0：0% ‐ ‐ ‐	20：91% ミサ'イル	2：9% スライド^0	22：100%
長音 /R/#	0：0% ‐ ‐ ‐	106：94% エリ'ート	7：6% プレート^0	113：100%
撥音 /N/#	6：10% ニュ'アンス	37：61% オレ'ンジ	18：24% ブランド^0	61：100%
合計	6：3%	163：83%	27：14%	196：100%

表4. 次語末特殊モーラとアクセント（LHL）

	H'HL (−5)	HH'L (−3)	HHL^0(0)	合計
二重母音第2 要素 /J/#	0：0% ‐ ‐ ‐	1：100% サンパ'ウロ	0：0% ‐ ‐ ‐	1：100%
長音 /R/#	3：12% コ'ンサート	21：88% アンコ'ール	0：0% ‐ ‐ ‐	24：100%
撥音 /N/#	20：56% セ'ンテンス	4：11% アンダ'ンテ	12：33% ボーリング^0	36：100%
合計	23：38%	26：43%	12：19%	61：100%

表5. 次語末特殊モーラとアクセント（HHL）

	L'LHL(−5)	LL'HL(−4)	LLH'L(−3)	LLHL^0(0)	合計
二重母音第2 要素 /J/#	0：0% ‐ ‐ ‐	0：0% ‐ ‐ ‐	15：100% アルマ'イト	0：0% ‐ ‐ ‐	15
長音 /R/#	0：0% ‐ ‐ ‐	0：0% ‐ ‐ ‐	51：100% チョコレ'ート	0：0% ‐ ‐ ‐	51
撥音 /N/#	12：43% エ'レガント	3：11% ルネ'サンス	10：36% ヘルシ'ンキ	3：11% スプリング^0	28
合計	12：13%	3：3%	76：81%	3：3%	94

表6. 語末特殊モーラとアクセント（LLHL）

名詞句移動における焦点の役割*

西原哲雄

宮城教育大学

1. はじめに

　本稿では，いわゆる統語論の現象でみられる重名詞句移動 (Heavy NP Shift: HNP Shift) の移動システムを統語論的分析のほかに，音律音韻論の基本概念の音律階層の音韻句 (Phonological Phrase: PP) や，音韻要素の1つである焦点 (Focus: [＋F]) などという，音韻的観点からの分析を試みたものである．

2. 重名詞句移動

　統語構造において，以下にみられるような，長い（重い）名詞句，すなわち重名詞句は，文末に移動させられることがあり，これは，重名詞句移動 (Heavy NP Shift: HNP Shift) といわれるものである．

(1)　John gave a book about linguistics to Mary

　　　→ John gave *t* to Mary [a book about linguistics].

（中村・金子（編）(2002)）

(2)　I sent every letter I ever received to my lawyer.

　　　→ I sent *t* to my lawyer [every letter I ever received].

（中村・金子・菊地（編）(1989)）

　＊ 本稿は，音韻論フェスタ 2019（2019 年 3 月 5 日　於：明海大学）における口頭発表草稿に，加筆・修正をし，発展させたものである．

72　　　　　　　　　　第 II 部　音韻論・音声学

しかしながら，移動させられる名詞句が重いものではない，いわゆる長さが短いような軽い名詞句（軽名詞句：Light NP Shift: LNP Shift）は，以下にみられるように，文末への移動は認められない．

(3) *He threw *t* into the wastebasket [the letter].　　　　　　(Ross（1986））

(4) *We elected *t* president [my father].　　　　　　　　　　(Ross（1986））

(5) *He threw *t* into the wastebasket [it].　　　　　　　　(Golston（1995））

(6) *The American people recently elected *t* to the presidency [him].

(畠山（2006））

したがって，以下にみられる（7）では，移動する名詞句が軽名詞句であるので，この移動は非文法とされる．[1] しかしながら，Zec and Inkelas（1990）によれば，(8) のように移動する名詞句が，重名詞句ではあるが，その定義は統語的な観点ではなく，音韻的な観点である「音韻句が枝分かれしていること」という観点から定義をし，これを満たした音韻句は，文末への移動が可能であると提案している．

(7) *Mark showed *t* to John [some letter] PP

(8) 　Mark showed *t* to John [[some letter] PP [from Paris PP]].

(Zec and Inkelas（1990））

すなわち，Zec and Inkelas（1990）による，音韻論的定義は Akasaka and Tateishi（2001）によれば，以下のようになされている．

(9) 　Zec and Inkelas（1990）propose that "Heaviness" can be defined as *branching at the Phonological Phrases* level.

(Akasaka and Tateishi（2001））

3.　音韻規則と焦点

　音韻句などの音韻範疇は，しばしばその領域が，焦点（Focus: [+F]）によって，再構築される場合があると，Kenesei and Vogel（1993）などでも指摘さ

---

[1] Pesetsky（1995）で，PP shift においても音韻的重さが問題となると指摘．John depends on 'er for 'em → *John depends ＿＿ for 'em [on 'er].

れている．たとえば，以下の例で，(10) では，異なる音韻句にリズム規則
(Rhythm Rule: RR) の分節音が位置しているために，強勢衝突の回避をする
リズム規則は適用されない．しかし，(11) で焦点を受けた音韻句は先行する
音韻句を取り込み，2つの分節音は，新たな1つの同じ音韻句に，属すること
によって，リズム規則が，適用されると説明されている．

(10)　[The racketéer] PP [ácted] PP [innocent] PP, but he really wasn't.

$\qquad$ (RR: not applied)

(11)　[The rácketter Ácted] PP [innocent] PP, but he really wasn't.

$\qquad$ [+ F] $\qquad$ (RR: applied)

$\qquad$ (Kenesei and Vogel (1993))

このような，音韻句などの音律範疇の再構築は，焦点の付与によって，先行す
る音韻句を取り込んだり，また後続する音韻句の再構築も行うことが，Ken-
esei and Vogel (1993) では提唱されている．

(12)　[X1　　X2]　　　[X3　　X4]　　[X5　　X6]

$\qquad$ [+ F]

　→ [X1　　X2　　X3]　　[X4]　　[X5　　X6]

$\qquad$ [+ F]

　→ [X1　　X2　　X3]　　[X4　　X5　　X6]

$\qquad$ [+ F] $\qquad$ (Kenesei and Vogel (1993))

このように，焦点付与 ([+ F]) によって，細区分化されていた音韻句が再構築
されることによって，拡大化された音韻句が形成されていることは明らかであ
る．

　これらの再構築によって，次に挙げる2つの英語のリズム規則の適用も (12)
の再構築の定式から，的確に説明できる．

(13)　a.　They managed [to outcláss] [DÉLAWARE'S cantéen] [éasily]

　→ b.　… [to óutclass DÉLAWARE'S] [cantéen] [éasily]

　→ c.　… [to óutclass DÉLAWARE'S] [cánteen éasily]

$\qquad$ (Kenesei and Vogel (1993))

同様に，イタリア語における，音韻句についても，以下のように焦点の付与に

74 第 II 部 音韻論・音声学

よって，2つの音韻句から，新たな1つの音韻句の再構築が行われると指摘されている．

(14) [Y1 Y2]PP [X [+F] …]PP → [X1 Y2 X[+F] …]PP

(Frascarelli (2000))

このように焦点が，音韻規則適用に重要な役割をしているのは，イタリア語においても見ることができる．それは，Raddoppiamento Sintattico（統語的子音長音化規則）であり，この規則の適用領域も音韻句であるが，具体例の前者のように2つの音韻句にまたがっている場合，この規則は適用されないが，音韻句内の後続する語（CANTANO）に焦点が当てられると，音韻句の再構築が行われ，音韻句が1つとなり，規則が適用されることになる．

(15) Raddoppiamento Sintattico (RS)
       C → C:/ [V[+stress]#____[+son]]PP

(16) a. [PP I colibrí] [PP cantano]
        "Hummingbirds sing"
     b. [PP I colibrí CANTANO]
                        [+F]
     → …[k：]ANTANO

(西原 (2013))

また，英語の以下の例文でも，焦点が付与されることによって音律範疇である音調句（IP）が再構築されると Nespor and Vogel (1986) では指摘されています．彼女らの主張によれば，以下のような通常，強勢を受けない代名詞が対照強勢（Contrastive Prominence: CP）が付与されると，単一の音調句が右側（さらに文末にも）分割されるとして，次のような例文を挙げている．

(17) a. [IP Paul called Paula before she called him]
     b. [IP Paul called Paula] [IP before *she*][IP called *him*]
                                  [+CP]   [+CP]

(Nespor and Vogel (1986))

4. 焦点付与（対照強勢）と名詞句移動

　焦点と構成要素の重さの関係は，Hinterhölzl（2010）が以下に指摘するように，軽い構成要素でも，焦点を受けることで，音韻的に重い要素となることが指摘されている．

(18) Given that discourse-given elements are typically realized as light elements while focused constituents may count as prosodically heavy elements since they receive stress, …　　(Hinterhölzl (2010))

　また，Guasti and Nespor（1999）は，移動させられた名詞句が音韻的に枝分かれしている重いものではなく，軽い名詞句でも対照強勢（contrastive stress）を受けることによって，容認可能になると指摘しており，(20) の名詞句移動は，軽名詞句移動であるにもかかわらず，容認されることなる．

(19) The heaviness of the NP may be measured not only in terms of the number of Phonological Phrases it consists of, but in terms of **stress** …　　(Guasti and Nespor (1999))

(20) I put *t* on the table [some BOOKS]PP　　(not a Christmas card)
　　(Guasti and Nespor (1999))

同様に，中村・金子・菊地（編）（1989）においても，以下のような例を挙げて，軽名詞句である「a book」に強勢が付与された場合 [a BOOK] は，この軽名詞句の移動は可能であると指摘している．

(21) Jack bought [a book] from Melvin.
　　→ *Jack bought *t* from Melvin [a book]
　　→ 　Jack bought *t* from Melvin [a BOOK].PP

　　　　　　　　　　　(中村・金子・菊地（編）（1989）一部改変)

このように，焦点を受けた軽名詞句が，文末への移動が可能であるということは，この焦点を受けた音韻句（音調句）が音声的に持続時間が拡大して，音韻的にはこの状況が，Zec and Inkelas（1990）の主張する「音韻句が枝分かれしていること」という定義に対応させると，焦点付与（[+F]）が，空の範疇要素（[φ]）とともに，単独で，焦点付与に基づく「空範疇焦点音韻句：[φ[+F]]」

を以下のように構成するものと想定することで，焦点化された軽名詞句も「枝分かれの音韻句」を構成すると考える．

(22)

(22)で提案した，枠組みを援用することで，焦点を受けた軽名詞句の移動は，「枝分かれの音韻句」という音韻的な重さという観点を満たしていることにより，以下のように容認されることが，音韻論的観点からの説明によって可能となる．

(23) I put *t* on the table [some BOOKS]PP
→I put *t* on the table [[some BOOKS]PP [φ[+F]]PP

(24) He threw *t* into the wastebasket [the LETTER]PP
→I threw *t* into the wastebasket [the LETTER]PP [φ[+F]]PP

(25) He threw *t* into the wastebasket [IT]PP
→He threw *t* into the wastebasket [THAT][2] PP [φ[+F]]PP

(26) The American people recently elected *t* to the presidency [HIM]PP
→The American people recently elected *t* to the presidency [HIM]PP[φ[+F]]PP

上記のような，枠組みで，焦点を受けた軽名詞句の移動をうまく説明することができ，これらの枠組みの援用をまとめると以下のようになる．

(27)

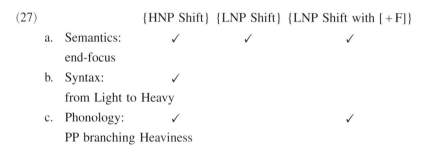

---

[2] Kameyama (1999) は，it が強勢を受けると強形は that となると指摘している．

5. 結語

　本稿では，統語論での文末移動される重名詞句に対して，文末に通例移動されない軽名詞句が移動できる状況を概観した．

　そして，本来，文末移動されない軽名詞句が，焦点を受けることによって文末移動されることを示した．そして，音韻論的概念である音韻句の枝分かれという概念から説明ができ，焦点から派生された，枝分かれの音韻句の構築を認める，枠組みを本稿では援用することができることを論証した．

参考文献

Akasaka, Yukiko and Koichi Tateishi (2001) "Heaviness and Interfaces," *Issues in Japanese Phonology and Morphology*, ed. by Jeroen van de Weijer and Tetsuo Nishihara, 3-46, Mouton de Gruyter, Berlin.

Frascarelli, Mara (2000) *The Syntax-Phonology Interface in Focus and Topic Construction in Italian*, Kluwer, Dordrecht.

Golston, Chris (1995) "Syntax Outranks Phonology: Evidence from Ancient Greek." *Phonology* 12, 343-368.

Guasti, Maria and Marina Nespor (1999) "Is Syntax Phonology-Free," *Phrasal Phonology*, ed. by Rene Kager and Wim Zonneveld, 73-97, Nijmegen University Press, Nijmegen:

畠山雄二 (2006)『言語学の専門家が教える新しい英文法』ベレ出版，東京.

Hinterhölzl, Roland (2010) "Information Structure and Unmarked Word Order in (Older) Germanic," *Information Structure*, ed. by Malte Zimmermann and Caroline Fery, 283-303, Oxford University Press, Oxford.

Kameyama, Megumi (1999) "Stressed and Unstressed Pronouns: Complementary Preferences," *Focus: Linguistics, Cognitive, and Computational Perspectives*, ed. by Peter Bosh and Rob van der Sandt, 306-321, Cambridge University Press, Cambridge.

Kenesei, Istvan and Irene Vogel (1993) "Focus and Phonological Structure," ms., University of Szeged and University of Delaware.

中村捷・金子義明・菊地朗（編）(1989)『生成文法の基礎——原理とパラミターのアプローチ』研究社，東京.

中村捷・金子義明（編）(2002)『英語の主要構文』研究社，東京.

Nespor, Marina and Irene Vogel (1986) *Prosodic Phonology*, Foris, Dordrecht.

西原哲雄 (2013)『文法とは何か』開拓社，東京.

Pesetsky, David (1995) *Zero Syntax*, MIT Press, Cambridge, MA.

Ross, John (1986) *Infinite Syntax!*, Ablex, Norwood, NJ.

Zec, Draga and Sharon Inkelas (1990) "Prosodically Constrained Syntax," *The Phonology-Syntax Connection,* ed. by Sharon Inkelas and Draga Zec, 365-378, University of Chicago Press, Chicago.

音韻的語彙層に潜む文法要素のインターフェース

深澤はるか・北原真冬

慶應義塾大学・上智大学

1. はじめに

　本稿では，同一言語内における音韻的語彙層の構成について改めて考察する．日本語には和語，漢語，外来語といった語種があることは以前から音韻論，形態論の分野でしばしば議論の対象となってきた（McCawley (1968)，Vance (1987))．近年は，これを最適性理論の枠組みにおいて制約の組み合わせとして説明する心内辞書モデルが主流である（Ito and Mester (1995)，Fukazawa, Kitahara and Ota (1998))．制約による心内辞書のモデル化において，制約の遵守の範囲が異なる語彙の様々な集合を語彙層（lexical stratum）と呼ぶ．制約を音韻的なものに限る場合，特にこれを音韻的語彙層と呼ぶ．しかしながら，音韻現象のみを根拠として語彙層の形成・獲得を説明しようとすると，整合的な証拠がかなり少ないことに直面する．そこで本稿では，語彙層は音韻的な証拠のみで形成されるのではなく，他の文法的要素（統語論，形態論，意味論等）や心理学的要素も証拠として形成され，いわゆる総合的な言語学的証拠をもとにパラダイムを成し，それぞれのパラダイム毎に音韻的にも統一的なシステムとしての制約群に従うことを提案する．これは，音韻理論におけるパラダイムの統一性（Paradigm Uniformity: McCarthy (1998)，Hayes (2004))の提案（同じ言語的なパラダイム内では同一のパターンを保つ）を基盤としたものである．

　本稿の構成は以下の通りである．まず，次節では，従来の音韻的語彙層について，語源的知識とは独立した定義がなされてきたこと，およびそれは最適性理論の枠組みの中ではどのように説明されてきたかを振り返る．第3節では，前節で紹介した音韻的語彙層が，音韻現象の観点から見ると例外が多く，統一

した理論的説明を与えるのが困難であることを示す．続く第4節では，この問題の解決のために提案された先行研究を検討し，音韻論的制約の相互作用以外の方向性を探る可能性を示唆する．第5節ではそれらの研究を土台として，パラダイムとして統一した音韻システムに従う語彙層形成がさまざまな文法的な観点から構築されることを提案し，まとめとする．

2. 語源的知識と音韻的語彙層の独立

　音韻的語彙層は純粋に音韻的な特性に基づいて定義されるが，一方では語源に基づく語種の分類がある．一般的に和語は日本古来の固有語，漢語は中国由来の漢字音を用いた単語，外来語は漢語以外の言語に由来する借用語とされる．語源や初出に関する歴史的研究や語種の使用割合に関する統計を含む用語用字調査は国立国語研究所を中心として数多い（国立国語研究所（1964, 1972, 2006））．しかし，音韻論研究において，音韻的語彙層は語源的な語種とは明確に独立したものであると定義されてきた（Ito and Mester（1995），Fukazawa et al.（1998））．その根拠の1つは，語源的・歴史的知識をまだ十分に持たない子どもが，音韻的語彙層を音韻的証拠から区別していることが挙げられる．また，単語が音韻・形態面で著しく特徴的であるということを理由として，語源的語種にはない擬声語（本稿では擬音語・擬態語などの総称として擬声語という名称を用いる）というカテゴリーを設けているのも音韻的語彙層が語源情報に頼らないことの証左である．

　音韻的語彙層の具体的な説明は，和語・漢語・擬声語・外来語などの語彙グループ毎に観察される音韻現象が異なることに基づいている．最適性理論（Prince and Smolensky（1993/2004））においては，語彙グループによる音韻現象の違いを，関連する有標性制約が遵守されるかどうかで説明する．和語の場合，RENDAKU（連濁：複合語の2つ目の語頭の阻害音は有声音となる），LYMAN'S LAW（2つ以上の有声音が同一語内に現れてはならない），*DD（有声重子音の禁止），*NT（鼻音直後の無声阻害音の禁止），*[p]（単独 [p] の禁止）など，すべての有標性制約が遵守される．漢語の場合，*DD と *[p] の2つが，擬声語では *DD と *NT の2つがそれぞれ遵守される．一方，外来語においてはそれらの有標性制約はおおむね違反可能とされる．また Ito and Mester（1995）は，外来語を同化外来語（Assimilated Foreign）と非同化外来

語 (Unassimilated Foreign) に分割することを提唱した（なお本稿では，両者の区別が特に焦点ではない場合，総称として「外来語」の呼称も用いる）．前者は *DD の違反を許さないが，後者はそれを許すだけでなく「ファ，ツァ，シェ，ティ，スィ」などが含まれる単語群であり，それぞれの音節を禁ずる制約 *fa, *tsa などを設定する．非同化外来語に特徴的なこれらの音節に関する制約を総称して，本稿では *X と呼ぶことにする．ここまで列挙した種々の制約の適用領域によって定義される日本語の音韻的語彙層の全体像を模式的に表すと以下のようになる．

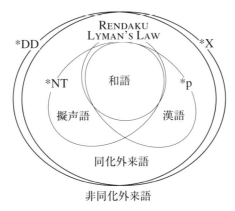

図 1：制約の適用領域によって定義される日本語の音韻的語彙層

本稿では，このような多様な制約の中でも，音韻的語彙層という考え方の特徴とその欠点をわかりやすく示すために，*NT と *DD，および *X タイプの音節制約に着目する．

日本語に限らず様々な言語の音素配列において，鼻音直後において有声阻害音を無標とするのが一般的であることが観察されてきた（Pater (1999))．それを制約として定式化した *NT について日本語の具体例を挙げる．

(1) *NT 制約に関する具体例
    a. tombo   とんぼ   和語   e. kamboo   感冒   漢語
    b. kangae   考え   和語   f. kampoo   漢方   漢語
    c. ʃombori   しょんぼり   擬声語   g. tʃansu   チャンス   外来語
    d. unzari   うんざり   擬声語   h. hinzuu   ヒンズー   外来語

82　　　　　　　　　　第 II 部　音韻論・音声学

　同一言語内でこれらの有標性制約の遵守の状況に違いが現れることを可能にするのは，語彙層毎に忠実性制約が相対化し，各語彙層専用の忠実性制約が有標性制約を挟むようにランクされることであるとされた（Fukazawa et al. (1998)，Ito and Mester (1999)）.

　タブロー（2）は，有標性制約 *NT が和語では遵守され，漢語では違反可能であることを，忠実性制約の相対化によって説明したものである.（2A）では，忠実性制約の効果は特に示されないが，*NT に違反した候補（2A-a）は正しく排除され，*NT に違反しない候補（2A-b）が出力される. 一方，（2B）では相対化された忠実性制約 IDENT[voice]（Sino-Jpn）が高位にランク付けされているため，入力が漢語である場合には有声性の変更を許さない. そこで次に高位の有標性制約 *NT に違反していても致命的にならず，候補（a）が正しく出力される. さらに（2C）は，漢語においては鼻音直後の阻害音の有声性が弁別的であるため，入力が異なれば *NT に違反しない形式（2C-b）も出力されることを示す. つまり，（2B）と（2C）では IDENT[voice]（Sino-Jpn）の違反状況が正反対であり，それが出力を直接制御している.

　（2）*NT と IDENT[voice] の相対化
　　　A.　和語

/tombo/	IDENT[voice] (Sino-Jpn)	*NT	IDENT[voice] (Yamato)
a. tompo		*!	*
☞ b. tombo			

　　　B.　漢語（入力＝漢方）

/kampoo/	IDENT[voice] (Sino-Jpn)	*NT	IDENT[voice] (Yamato)
☞ a. kampoo		*	
b. kamboo	*!		

　　　C.　漢語（入力＝感冒）

/kamboo/	IDENT[voice] (Sino-Jpn)	*NT	IDENT[voice] (Yamato)
a. kampoo	*!	*	
☞ b. kamboo			

音韻的語彙層に潜む文法要素のインターフェース　　83

　続いて，*DD に関連する具体例とタブローにおける評価を見る．(3) は有
声阻害音の実現に関して，同化外来語と非同化外来語が異なる具体例である．

(3)　同化外来語 (a-c) と非同化外来語 (d-f) の *DD に関する具体例

  a. bag [bakku]   d. wood [uddo]

  b. bed [betto]   e. head [heddo]

  c. groggy [gurokkii] f. shredder [ʃureddaa]

タブロー (4) は，有標性制約 *DD が同化外来語では遵守され，非同化外来
語では違反可能であることを，忠実性制約の相対化によって説明したものであ
る．(4A) では，相対化された忠実性制約 IDENT[voice] (U(nassimilated)-
Foreign) が高位にランク付けされているが，入力が非同化外来語ではないた
め違反しない．そこで次に高位の有標性制約 *DD 違反が致命的となり，無声
化された候補 (b) が正しく出力される．それに対して，(4B) では，最高位の
IDENT[voice] (Foreign) 違反が致命的となるため，無声化された候補 (b) は
最適出力とはならない．

(4) *DD と Ident[voice] の相対化

  A.　同化外来語

/beddo/	IDENT[voice] (U-Foreign)	*DD	IDENT[voice] (A-Foreign)
a. beddo		*!	
☞ b. betto			*

  B.　非同化外来語

/heddo/	IDENT[VOICE] (U-Foreign)	*DD	IDENT[voice] (A-Foreign)
☞ a. heddo		*	
b. hetto	*!		

　本節の最後に *X に関する具体例を挙げる．(5a-d) は非同化外来語にのみ
見られる「ファ，フィ，ツァ，ツォ」音節を含む単語例である．このほかにも
「フェ，フォ，ツィ，ツェ，フュ，スィ，ウィ，ウェ，ウォ」音節が類例とし
て認められる．(5e-f) は「シェ：セ」(5g-h) は「ティ：チ」について，それ

ぞれ前者が非同化外来語，後者が同化外来語に見られるパターンを示す．このように，原語において同じ音素配列であっても，外来語としての同化の程度によって，異なった定着をしていることがわかる．

(5) 同化外来語と非同化外来語に現れる音節の例

a.	foul	[fauru]	e.	Shakespeare	[ʃeekusupia]
b.	feet	[fiito]	f.	milk shake	[miruku seeki]
c.	czar	[tsaa]	g.	party	[paatii]
d.	canzone	[kantsoone]	h.	team	[tʃiimu]

(5) の単語群についてのタブローによる評価は省略するが，パターンとしては (4) と同様であり，*X を中心として IDENT[voice]（U-Foreign）が上位，IDENT[voice]（A-Foreign）が下位にランクされることで，正しい出力を導くことができる．

音節制約 *X については，非同化外来語を区分けする以外の役割は最適性理論の文脈ではあまり注目されていない．しかし漢語，擬声語にもそれぞれ特有の許容する音節がある（松崎（1994））．まず漢語では拗音が許されるが和語においては音便による変化の場合をのぞき，拗音は許されない．一方，漢語に現れることのない拗音や母音を添えた音節のパターンが，擬声語にのみ現れることがある．具体例を (6) に示す．(6a-c) は漢語における拗音音節の例である．このほかに，もちろん「ャ」「ュ」「ョ」を伴う通常の拗音音節が含まれる．また (6d-h) は漢語には見られないが擬声語には存在する音節を含む例である．いささか周辺的な単語例ではあるが，擬声語の生産性の高さを鑑みると，データとして収集されない中にも頻繁に生起するものがあるかもしれない．

(6) 漢語における拗音音節と擬声語における拗音的な音節の具体例

a.	kyakuseki	客席	e.	tʃeQ	ちぇっ
b.	kyuusuu	級数	f.	ʃeeQ	シェー
c.	kyooryoku	協力	g.	hjuu	ヒュー
d.	je je je	じぇじぇじぇ	h.	pjuu	ピュー

子どもが言語獲得の過程で，音韻的忠実性制約をこのように語彙層毎に相対化していくためには，与えられた環境における言語刺激の分布から，音韻的語彙層の存在に自発的に気づく必要がある．しかし，次節で見るように，ここで

挙げた制約の遵守が語彙層ごとに見られる，と単純に主張するには問題がある．

3. 音韻的語彙層の問題点

前節で概観したように，音韻的語彙層が成り立つためには，個々の有標性制約を挟む形で忠実性制約が相対化する必要がある．さらにそれらの相対化が一定の配列になるように整合的に収束しなければならない．具体的には，図1で見たように音節制約 *X と *DD の境界線は一致することが期待される．さらには，*NT は *X や *DD よりも内側にあるのだから，*NT に違反するような例は擬声語には見られなくても，漢語，外来語には多く見られることも期待される．

ここで，*X を前節の (5), (6) で見た事実を元に改めて整理すると (7) のようになる．

(7) 音節制約 *X の内わけとその適用範囲のまとめ
a. 漢語層：拗音を許容
b. 擬声語層：「ジェ，チェ，シェ，ヒュ，ピュ」を許容
c. 非同化外来語層：「テュ，デュ，トゥ，ドゥ，ティ，ディ，ツァ，ツィ，ツェ，ツォ，ファ，フィ，フェ，フォ，フュ，スィ，ウィ，ウェ，ウォ」を許容

これに対し，図1から *NT は和語層と擬声語層に適用され，*DD は和語層，擬声語層，漢語層，同化外来語層に適用されるので，(7) とそれぞれの制約の共起関係を調査することで，前段落に述べたような整合的な収束が見られるかどうかが分かる．

具体的には，アルカディア社が単語読み上げソフトウェア「声良 (せいら)」のために編纂した単語データベースを用い，全体の98355項目のうち，同音語を除いた69098項目を調査対象とした．このデータベースは，音素表記とアクセント情報に加え，いわゆる語種情報と品詞情報を含み，外来語も意欲的に収集していることが選定の理由である．データベースにおける *NT および *DD と (7) の共起関係を表1にまとめた．

第 II 部　音韻論・音声学

表 1：音節制約 *X と *NT および *DD の共起関係

		NT を含む 5275	ND を含む 3990	TT を含む 3751	DD を含む 84
(7a)	12523	1405	804	791	10
(7b)	141	21	17	22	0
(7c)	821	129	138	110	5
	残差	3720			79

　この表の 1 行目および 1 列目は，個々の制約を単独で評価した際に該当する項目数を示す．例えば，1 行目の NT を含む 5275 項目とは，69098 項目全体の中で，鼻音＋無声阻害音を中に含むすべての単語の数である．同様に，ND は鼻音＋有声阻害音を含む項目，TT は無声重子音を含む項目，DD は有声重子音を含む項目である．また 1 列目の漢語層 12523 項目とは，いわゆる通常の拗音を中に含むすべての単語の数である．

　表の内部の各セルは縦と横の共起数を表す．したがって，例えば内部セル左上は拗音を含みかつ NT を含む単語の数が 1405 であることを示す．単語の例を含めて非同化外来語層を横に見ると，NT を含むもの（例：ディフェンス）は 129 項目，ND を含むもの（例：ダンディー）が 138 項目，TT を含むもの（例：エディット）は 110 項目，DD を含むもの（例：グリッディング）は 5 項目であった．最下段の残差とは，各列の項目のうち，音韻的語彙層を成すために期待される各行と整合的な共起関係を持たなかった項目数を表す．例えば NT を含む（すなわち *NT 違反）もののうち，(7a-c) のどれとも共起しなかった項目数は 5275 − 1405 − 21 − 129 ＝ 3720 であった．同様に DD を含む（すなわち *DD 違反）が (7c) と共起しなかった項目数は 84 − 5 ＝ 79 であった．

　この残差は，単に縦と横が共起関係を持たないことを示すのであって，すぐさま音韻的語彙層の反例というわけではない．しかし，他に音韻的に特定の語彙層への帰属を示すような証拠を持たずに，*NT 違反という性質を単独で持っている項目が 3720 もあるという事実は，制約の適合範囲が整合的に収束して語彙層を形作るという考え方に疑いを持たせる．それらの 3720 項目は，特に他の証拠はないのだから，漢語層なのか擬声語層なのか外来語層なのか決定できないまま残る，ということになる．さらに，残差とそれ以外の比率を考える

と，例えば，*DD 違反を単独で持つ項目は 79 であるのに対し，*DD 違反であり，かつ（7c）の *X 違反を持つ項目は 5 つしかない．複数の証拠によって非同化外来語層であると安心して決定できるのは，*DD 違反の項目のうち 6% しかないのである．

証拠の比率という考え方を各行で見るならば，例えば，（7a）の行において NT を含むものは 1405 項目，ND を含むものは 804 項目であった．したがって，拗音によって漢語であると判断されうる項目のうち，ND を持つ，すなわち和語の特性を同時に持つものが，36% もあるということになる．（7c）の行の場合も，*DD に特に違反せず TT を持つものは 110 項目であるのに対して，DD を持つものはわずか 5 項目であり，非同化外来語を思わせる項目のうち 96% は *X という単一の証拠しか持たない．

このように考えると，音韻的語彙層を形作ると思われた各制約は，それぞれがばらばらに働いているだけで，整合的に収束するにはほど遠いことが分かる．子どもがこれらの制約の遵守を証拠として音韻的語彙層を獲得していくというストーリーにはいささか無理があると言わざるを得ない．

また，ここまでの議論とは全く独立して，藤原・深澤・北原（2019）は，丁寧語接頭辞「御」を「お」と読むか「ご」と読むかについて，外国語としての日本語教育の分野では，「お」は和語につく，「ご」は漢語につく，と規則化するにはあまりに例外が多いと指摘されてきたことを取り上げている．やはりデータベースに基づいた分析が行われ，「お」がつく 44 項目中，和語は 33 項目，漢語が 8 項目，その他が 3 項目存在することがわかった．堀尾（2010）は「お」がつく漢語をさらに 44 項目報告している．

4. 音韻的語彙層は音韻的証拠で獲得され得るか？

第 3 節では，音韻的証拠のみから，語彙層を獲得するにはあまりに証拠が乏しく，整合性に欠けることを指摘した．そこで本節では，音韻的事実以外の証拠も用いて語彙層が獲得されるという可能性に繋がる研究を見る．

Pinker（1999）は，英語の規則動詞は純粋に文法に基づいて獲得されるのに対し，不規則動詞は，初期段階では文法に基づいて獲得されるものの，次第にレキシコンに蓄積された項目との類似（analogy）から「語彙記憶」がされるようになったと指摘している．つまり，文法的な証拠から獲得するものだけでな

く，既にレキシコンに構築しているものとの類似から推測して獲得するものの存在を示唆している．

　小林・杉岡・伊藤（2014）は，事象関連電位（ERP）計測を用いた実験において，音韻現象（連濁），形態現象（動詞の屈折），統語現象（接辞として実現される機能範疇）を扱い，単語レベルの言語処理において，規則による演算と語彙記憶という質的に異なる2つのメカニズムが関与するという結論を得た．ここで，連濁という音韻現象だけを見るならば，脳表面の部位から推測して，規則（あるいは制約システム）による演算のみが関与しているが，形態・統語現象には語彙記憶が関連していることが示唆された．

　また Fukazawa, Kitahara and Ota（2002）では，言語獲得の初期の段階で，純粋に音韻的な証拠から，すなわち有標性制約を遵守するか否かという証拠から，和語，漢語，擬声語，外来語等の複数の音韻的語彙層を判別し，それぞれに忠実性制約を相対化する，ということはありえないと指摘している．文法が異質な要素を共存させていくメカニズムとして語彙層化はあり得るが，しかしながら，その可能性は厳しく制限されるべきであると主張している．つまり語彙層化を引き起こす忠実性制約の分化は最小限にとどめられるはずであり，その分化は，音韻的情報に加え，形態素境界や接辞添加のような普遍的な文法の情報に基づくという．

　第3節で紹介した藤原・深澤・北原（2019）は，外国語としての日本語教育法で，丁寧語接頭辞「御」を和語につく時は「お」，漢語につくときは「ご」と教えるのはあまりに例外が多く難しいとした．前述した，「お」がつく漢語を単語音声親密度データベース（天野・近藤（1999））で分析すると，単語親密度は 5.75 と大変高いことがわかり，これらは語源的には漢語と分類されるものの，極めて和語に近いと話者には認識されていることを指摘している．そこで，丁寧語「御」に関して，和語，漢語という分類ではなく，広義の和語パラダイムとでもいうべきものが存在し，そのパラダイムに属するものはパラダイムの統一の法則により，すべて「お」をつけるのではないかということを指摘している．さらには，掘尾（2010）より，統語論の観点から，品詞のパラダイム，特に名詞のパラダイムにも統一性が見られること，名詞パラダイムは意味論的パラダイムでさらに分類され，「モノ」を表すパラダイムの語は「お」を統一的に付加，「金銭」に関するパラダイムにも統一的に「お」をつける等，のさまざまな文法的要素のパラダイムが「お」と「ご」の添加に作用する可能性を

示唆している.

　さらに，Do（2018）は，パラダイムの統一性に関して新たな提案をしている．4歳から7歳の韓国語話者の動詞活用の獲得における音韻交代現象に際し，音韻規則を学ぶ前はもちろんのこと，規則獲得後にも，形態素のパラダイムに引きずられて，誤った音韻交代を産出するという実験結果を得た．これは，子どもが純粋な音韻的証拠のみで音韻的な産出をするのではなく，同じ形態素のパラダイムに属すると判断した語に関しては，統一した音韻規則をあてはめる，ということを示唆している.

　本節で見た，様々な論考が指し示すのは，話者が，音韻的な証拠のみではなく，形態・統語・意味的な情報を活用しながら，動詞屈折に限らない広義のパラダイムにおける類推を用いて語彙の獲得や使用を行なっているという見方である.

5.　まとめ：語彙層とは

　第2節でみたように，これまで最適性理論における日本語研究においては，和語・漢語・擬声語・外来語の音韻的語彙層が存在し，それぞれの語彙層ごとに異なる音韻現象は，有標性制約と語彙層ごとに相対化した忠実性制約から説明されてきた．しかしながら，第3節で考察したように，語彙層ごとの音韻現象として一般化するにはあまりに矛盾が多く，子どもの言語獲得を考えるとその説明には困難があることがわかった．そこで第4節で紹介した先行研究を土台として，本論文では，音韻的語彙層に関する新たな提案をする．まず，音韻的語彙層は和語・漢語・擬声語・外来語のように4つあるいはそれ以上にも綺麗に分類されるものではない．しかしながら語彙層を示唆する有標性制約を満たす語と満たさない語が様々な比率で存在する以上，言語獲得の段階でなんらかの分類は行われると推察される．この分類が語彙層として定着するのは，純粋に音韻的証拠に基づいてではなく，音韻・形態・意味・統語の総合的な文法的証拠からパラダイムが形成され，同一パラダイム内では音韻的な形式に統一性を求める形で収束すると考えられる．さらに，文法的証拠だけでなく，レキシコンに蓄積された語彙への類似から語彙記憶が発生するというメカニズムの可能性もパラダイム形成において考慮に入れるべき視点である．したがって，語彙層とは，音韻論・形態論・意味論・統語論といった各部門のイン

ターフェースおよび，心理言語学的観点からもその形成や獲得を考えていくべき優れた課題なのである．

参考文献

天野成昭・近藤公久（1999）『NTT データベースシリーズ日本語の語彙特性』三省堂，東京．

Do, Youngah (2018) "Paradigm Uniformity Bias in the Learning of Korean Verbal Inflections," *Phonology*, 35, 547-575, Cambridge University Press, Cambridge.

藤原美保・深澤はるか・北原真冬「敬語接頭辞「お・ご」のパラダイムに基づく分析と言語教育への応用」CAJLE 2019 (Canadian Association for Japanese Language Education), Victoria, Canada, 2019 年 8 月 7 日口頭発表．

Fukazawa, Haruka, Mafuyu Kitahara and Mitsuhiko Ota (1998) "Lexical Stratification and Ranking Invariance in Constraint-based Grammars," *CLS* 34, Part Two: *The Panels*, ed. by Catherine Gruber, Derrick Higgins, Kenneth Olson and Tamra Wysocki, 47-62.

Fukazawa, Haruka, Mafuyu Kitahara and Mitsuhiko Ota (2002) "Constraint-Based Modelling of Split Phonological Systems," *Phonological Studies* 5, 115-120.

Hayes, Bruce (2004) "Phonological Acquisition in Optimality Theory: The Early Stages," *Fixing Priorities: Constraints in Phonological Acquisition*, ed. by René Kager, Joe Pater and Wim Zonneveld, 158-203, Cambridge University Press, Cambridge.

堀尾佳以（2010）「御（お）と御（ご）の統語的特徴――「お電話」「お時給」はなぜ「お」か――」『人間科學研究』6, 59-71, 北見工業大学．

Ito, Junko and Armin Mester (1995) "Japanese Phonology," *The Handbook of Phonological Theory*, ed. by John Goldsmith, 817-838, Blackwell, Cambridge, MA.

Ito, Junko and Armin Mester (1999) "The Phonological Lexicon," *The Handbook of Japanese Linguistics*, ed. by Natsuko Tsujimura, 62-100, Blackwell, Cambridge, MA.

小林由紀・杉岡洋子・伊藤たかね（2014）「規則適用としての連濁：事象関連電位計測実験の結果から」日本言語学会第 147 回大会 2014 年 6 月 8 日発表，日本言語学会．

国立国語研究所（1964）「現代雑誌 90 種の用語用字」

国立国語研究所（1972）「電子計算機による新聞の語彙調査 3」秀英出版．

国立国語研究所（2006）「現代雑誌 200 万字言語調査語彙表」

松崎寛（1994）「和語・漢語・外来語の語形と特殊拍の音配列上の制約：『分類語彙表』3 万 1 千語を対象として」『東北大学文学部日本語学科論集』4, 75-86.

McCarthy, John J. (1998) "Morpheme Structure Constraints and Paradigm Occultation," *CLS* 34, Part Two: *The Panels*, ed. by Catherine Gruber, Derrick Higgins, Kenneth Olson and Tamra Wysocki, 123–150.

McCawley, James (1968) *The Phonological Component of a Grammar of Japanese*, Mouton, The Hague.

Pater, Joe (1999) "Austronesian Nasal Substitution and Other NC Effects," *The Prosody-Morphology Interface*, ed. by René Kager, Harry van der Hulst and Wim Zonneveld, 310–343, Cambridge University Press, Cambridge.

Pinker, Steven (1999) *Words and Rules: The Ingredients of Language*, Basic Books, New York.

Prince, Alan and Paul Smolensky (1993/2004) *Optimality Theory: Constraint Interaction in Generative Grammar*, Blackwell Publications, MA.

Vance, Timothy J. (1987) *An Introduction to Japanese Phonology*, State University of New York Press, Albany, NY.

音韻論と障害学の接点
―音韻発達を中心として―

都田青子

津田塾大学

1. はじめに

　読みの習得にとって音韻意識が重要であるということは多くの先行研究ですでに明らかにされている．文字が読めるようになる以前に，子どもたちは母語の音韻に関する何らかの意識をすでに有しており，この音韻に関する意識が読みを習得する上で重要な役割を果たしているということがこれまで研究対象となったすべての言語において観察されている（e.g. Ziegler and Goswami (2005) など）．

　Anthony らの研究報告によると，音韻発達は「より大きな粒」（larger grain sizes）である「語」の単位から，「より小さな粒」（smaller grain sizes）に向かって進むという（Anthony et al. (2002, 2003))．この「粒」は音韻論でいうところの音韻階層（phonological hierarchy）上の単位に相当するのだが，言語ごとに「粒」の指し示す対象は多少なりとも異なる．例えば，英語をはじめとする欧米の言語の場合，音素よりも「より大きな粒」は一般的に「音節」およびその内部にあるオンセットやライム単位を基本とする．これに対し，日本語の場合は，音節とは似て非なる「モーラ」という単位を基本とする．このような言語ごとの「粒」がどのような発達プロセスをたどるのかを明らかにすることで，読みの習得のメカニズムをより深く理解することが可能となるはずだ．

　本稿では，定型発達児の音韻発達の特徴を，ダウン症児やディスレクシア児の特徴と対照し，日本語における音韻発達の様相を概観していく．

2. 音韻意識と読みの発達

Anthony らによると，就学前の 2 歳児から 6 歳児の英語母語話者 1000 人を対象に合成および削除課題実験を行った結果，音韻意識はまず語のレベルから始まり，音節および音節内のオンセットとライムへと進み，そこからさらに音素レベルへと進むという（Anthony et al. (2002, 2003)）．この結果は，音韻発達が大きな言語単位から，より小さな単位へと進んでいくことを示している．同様のことが Ziegler and Goswami (2005) においても報告されており，より大きな単位である音節およびオンセットやライムに関する音韻意識を，読みの習得以前に子どもたちはすでに有しており，音素に関する意識は読み指導導入後に確立されるという．

読みの習得に関する研究の重要課題の 1 つに，読みの問題を抱える可能性のある子どもの早期発見が挙げられる．将来的に読みの問題に直面する可能性のある子どもをできるだけ早く特定するには，音韻意識に基づくスクリーニングが有用と考えられる．読みの問題を早期に予測する上で，どの音韻単位を指標とすべきかを確定することができれば，その音韻単位への意識が弱い子どもたちに対して早期に何らかの対応策を検討することが可能となる．例えば，英語の場合，長きにわたり「音素 vs ライム」論争が繰り広げられており，Goswami (2001) のようにライムへの意識がその後の読みの習得を予測する上で重要であると主張する研究がある一方，ライムよりも音素への意識がより重要であるとする研究もある（Hulme et al. (2002)）．

まだ統一的な見解にいたってはいないものの，より大きな言語単位からより小さな単位に向かって発達が進むという前提が正しいとするならば，少なくとも音素よりは「大きな粒」であるライムに着目するほうが，より早期に問題に気づけるというメリットはありそうだ．ただし，欧米言語はほとんどの場合，1 文字が音素レベルに対応しており，しかも綴りと発音の対応関係は必ずしも 1 対 1 とは限らない．ドイツ語，スペイン語，ギリシャ語のように綴りと発音の一致度が高い言語もあれば，英語のように綴りと発音の一致度が低い言語もある．そういった意味では，欧米言語において，文字との関係で音韻発達を捉える場合，文字が読める以前の段階では主に音節や音節内のオンセットやライムといった「より大きな粒」に対する意識に着目することはあっても，読み書き指導が導入された後では，音素レベルへの意識に主眼が置かれるというの

は，ごく自然なことといえよう．

こうした背景もあり，音素とライムのどちらが読みの問題を予測するもの（predictor）としてより適しているのかについての明確な答えを導き出すことは容易なことではないが，少なくとも語，音節，オンセット，ライム，音素のそれぞれの単位に対する音韻意識を測定する必要性についてはおおよその合意は得られているようだ．それゆえに音韻分解，合成，削除などさまざまな音韻操作課題を用いながら，これらすべての単位を測定する検査法が英語をはじめとする欧米言語の多くですでに確立されていると考えられる．

一方，日本語の場合，仮名文字と音声の一致度は極めて高いのだが，文字が対応している音韻レベルは音素ではなく，音素よりも「大きな粒」のモーラであるという点が特徴的である．このモーラという単位は，日本語の音韻操作を行う上でも基本となる単位である．つまり，文字との関係上，さらには音韻操作上のどちらの場合も「モーラ」という単位が中心的な役割を担っていることから，日本語においては「モーラ」という単位が唯一無二の存在であるかのような考え方が臨床の場では浸透しているようだ．日本語において音韻意識の発達の度合いを評価する基準がまだ確立されていないといわれるが（原（2011: 75）），評価基準が定まらないというよりも，このようなモーラへの「過度な依存」状態の中，ほかの音韻単位に目を向ける必要性を感じていないという状況と考えることもできる．

以上のように，日本語の場合，音韻意識をモーラ単位のみで測る傾向が未だに強いのだが，音韻階層の中でモーラを捉え，ほかの音韻単位との関係でモーラの発達を明らかにしようとする研究ももちろん存在はする．こうした研究の多くは，ほかの言語において「より大きな粒」として広く一般的に認知されている「音節」という単位と，日本語において中心的な役割を果たしている「モーラ」という単位が，発達上どのような関係にあるのかということを明らかにすることが目的となっている．例えば，Inagaki et al.（2000）が行った仮名文字が読める4歳児から6歳児を対象とした音韻分解課題実験では，幼児の音韻意識は仮名文字読みの習得とともに，音節とモーラが混在する状況から，モーラを基本とする状況へと変化すること，また，仮名文字が読める子どもが必ずしもモーラ単位への分節化ができるわけではないことが明らかになった．さらに，伊藤・香川（2001）は，文字習得前の3歳児20名，4歳児13名，5歳児3名に対し，3音節6モーラ語3語の音韻分解課題実験を行い，その結果，

モーラへの分節化が可能な幼児の割合よりも，音節への分節化が可能な幼児の割合の方が高い傾向にあることを報告している．これらの研究は，いずれもモーラ意識が確立される以前に，まずは音節への意識が進んでいることを示唆しているが，そうなると，日本語の音韻操作能力を測定する際には，従来のように単にモーラに着目するだけでは不十分で，モーラ以外の音韻単位にも目を向ける必要があると考えられる．例えば，ダウン症児は一般的に音韻意識の形成に困難を示すといわれているが，それはモーラを主体としてデザインされている音韻操作課題の成績が悪いことから「困難」を示しているだけなのかもしれない．モーラ以外の音韻単位への意識形成を測定しないことには，ダウン症児の有している音韻に関する知識を正確に把握することができない可能性がある．もし「モーラ」という音韻単位に対する困難さはあっても，それ以外の音韻単位に対する操作能力に問題がないということになれば，指導法も変えていく必要が出てくるかもしれない．

3. 音韻階層：「大きい粒」vs「小さい粒」

一般的に音韻単位は階層を成しているといわれている (Selkirk (1986), Nespor and Vogel (2007))．

(1) 音韻階層（語よりも小さい単位において）

(Selkirk (1986) に基づき一部改変)

(1) では，語が最大単位であり，逆に最小の単位が音素である．[1] 両者の中間

---

[1] 音素よりもさらに小さい単位として弁別素性がある．逆に，語よりも大きな単位としては，発話，音調句，音韻句などがある．

に位置しているのがフット，音節，モーラという単位である．

上述のように，音韻発達が「より大きな粒」から「より小さな粒」に向かって進むということは，(1)の音韻階層の中で「語→フット→音節→モーラ→音素」の順で音韻単位が習得されることを意味する．

次節以降では，(1)の音韻階層内の言語単位についてもう少し詳しくみていくことにしよう．

3.1. 音節とモーラ

(1)の音韻階層の中で一番小さい言語単位は「音素」である．音素の種類や数は言語ごとに異なっており，日本語は16個の子音，5個の母音，合計21個の音素から成り立っている．これに対して英語は24の子音と15の単母音と二重母音から成り立っている (Hammond (1999: 2-3))．これらの音素は制約なしに自由に組み合わさっている訳ではなく，音素の組み合わせを規定する「型」が言語ごとに決まっている．「音節」とはこのような音素の組み合わせの「型」のことをいう．

音節は「母音が中心となり，前後の子音を従えた音の束」と定義することができる (窪薗・本間 (2002))．母音は肺からの空気がほとんど阻害されることなく産出されるため，本質的なパワーは大きい．逆に肺からの空気が阻害されて産出される子音は，母音よりも相対的にパワーが弱い．(2)が示すとおり，それぞれの音素は固有のパワーをもっており，各音のもつこのような固有のパワーを聞こえ度 (sonority) という．

(2)　　　　　　　　　　　　　聞こえ度と音群の関係

（パワー小）　　　　　　　　　　　　　　　　　　　　（パワー大）

（聞こえ度低）　　　　　　　　　　　　　　　　　　　（聞こえ度高）

子音 ◄────────────────────────────► 母音

閉鎖音　　摩擦音　　鼻音　　流音　　わたり音　　低母音　　高母音

音節とは一般的に聞こえ度の高い音群である母音および母音に準ずる要素が中心となり，より聞こえ度の低い子音を取り込んで1つのまとまりを形成しているものとして捉えることができる．つまり，音節とは母音的要素を頂点とした「聞こえ度の山」と換言することができる．英語など多くの言語においてはこの「音節」が音素よりも「大きな粒」として中心的な役割を果たす基本単位

と考えられている．

　聞こえ度と密接な関係にある音節に対し，モーラとは「発話における長さの単位」である（窪薗・太田 (1998)）．一般的に，この長さの単位である「モーラ」は日本語において中心的な役割を果たしているといわれる．ただし，日本語においても，実は自立モーラ（直音）の場合，音節とモーラが 1 対 1 で一致している．つまり，か /ka/，て /te/ などは 1 モーラであり，1 音節でもある．ではなぜ「音節」ではなく「モーラ」という単位で日本語を捉えるのかというと，単独では音節を形成することはできないが，発話の長さという観点からは自立する要素が存在するからだ．モーラと音節のカウントが一致しないこのような要素のことを「特殊モーラ」とよぶ．特殊モーラは (3) に挙げた撥音，促音，長音，二重母音の第二要素の 4 種ある．

(3)　a.　撥音 (N)　　　カン kan　　　　　1 音節 2 モーラ
　　　b.　促音 (Q)　　　カッ（プ）kap(pu)　1 音節 2 モーラ
　　　c.　長音 (R)　　　カー kaa　　　　　1 音節 2 モーラ
　　　d.　二重母音 (J)　カイ kai　　　　　1 音節 2 モーラ

上記 (3a-d) はいずれも 1 音節であるが，日本語を母語とする者であれば「カン」，「カッ」，「カー」「カイ」はいずれも「2 のもの」という直感が働く．この「2 のもの」と日本語母語話者が感じる長さの単位こそが「モーラ」であり，日本語における音素よりも「大きな粒」の基本単位となる．

3.2.　フットと語形

　フットは音韻階層上，語と音節の間に位置しており，2 モーラあるいは 2 音節から成る（Poser (1990)）．幼児の発話の中には，フットが関与していると思われる現象が多く観察される．Demuth (1996) によると，初期の幼児の音韻階層は (4a) に示すように，語とフットが未分化のままという．この段階では，幼児の産出する語形（word shape）はフットの縛りがあり，2 音節に短縮される傾向にあるという（例：英語 eraser > /rai.sə/（消しゴム），elephant > /el.fʌn/（象），オランダ語 ziekenhuis > /sik.hʌys/（病院），olifant > /oː.xɑnt/（象））．

(4) a.　フット／語　　　b.　　　語
　　　　　　　|　　　　　　　　　|
　　　　　　　語　　　　　　　フット

（Demuth（1996）より一部改変）

音韻発達が進むにつれ，語とフットが分化すると，（4b）に示すように，フットの縛りはなくなり，大人と同じ語形を産出するようになる．

　語形との関連で音節構造の種類および組み合わせに着目すると，「重音節（これ以降 H）＋軽音節（これ以降 L）」の組み合わせを好む傾向が英語，オランダ語そしてスペイン語をはじめとする多くの幼児発話で観察されるという．同様に，日本語においても，赤ちゃんことばに HL の組み合わせが多用される（例：まんま，ぶーぶ，くっく）．さらに，幼児発話におけるエラーを注意して観察してみると，元の語の音節構造の組み合わせに関わらず，出力される語形は HL への偏重がみられる（例：ぞうさん（HH）＞ /zoːʧa/（HL），バナナ（LLL）＞ /baːna/（HL），ばか（LL）＞ /kaːta/（HL））．このような HL の組み合わせへの強い傾向は幼児語だけの現象ではなく，例えば外来語の短縮形でも同様の傾向が読み取れる．短縮される出力形が 3 モーラの場合（例：ダイヤモンド＞ /dai-ja/，ローテーション＞ /roo-te/），ほとんどが HL で，その逆（LH）の組み合わせは稀という（Ito（1990））．HL が好まれるのは，語頭の位置にフットがある語形がより無標であるからと解釈できる．

4.　日本語における音節とモーラの発達パターン

　音節は月齢 14 か月ですでに獲得されるという報告もあるが（Mazuka et al.（2011）），モーラに関してはこれよりもかなり獲得が遅れている（Inagaki et al.（2000），伊藤・香川（2001）など）．

　読み書きに困難さをもつ子どもに対して，従来は自立モーラと特殊モーラを区別し，自立モーラから指導するということが一般的に行われている．しかし，自立モーラで構成された語の習得は比較的容易であるのに，特殊モーラが含まれる語になると途端につまずき，そのつまずきがなかなか克服されないという例は珍しくない．つまり，読み書き障害の指導上の鍵となるのが特殊モーラであるといえる．

　特殊モーラの特性を正しく理解するためには，従来のように単に自立モーラ

と特殊モーラという2区分だけではなく，音節の種類やその組み合わせに対する意識の有無に目を向けることが求められる．

4.1. 定型発達児とダウン症児の音韻分解課題結果の比較

長並（2011）は，東京都内の保育園および幼稚園に在籍する3歳から5歳の定型発達児69名と，生活年齢10歳5ヶ月のダウン症児Aの音節の種類（重音節（H）か軽音節（L））やその組み合わせに関する意識を検証するために音韻分解課題による実験を行った．

音韻分解課題の課題語は，自立モーラのみから成る2モーラ2音節語（例：さる），3モーラ3音節語（例：うさぎ）と，特殊モーラを含む2モーラ1音節語（例：ぞう），3モーラ2音節語（例：りんご）を含む計13語である．

4.1.1. 定型発達児の音韻分解課題の結果

定型発達児の場合，2モーラ1音節語については，3歳児，4歳児で音節に分解した幼児がいたが，5歳児ではほとんどいなかった．つまり，年齢があがるにつれ，モーラに分解する幼児が多くなったということだ．同様の傾向は3モーラ2音節語でもみられ，モーラよりも音節に対する意識が先に進むと報告している先行研究と同じ結果が得られた．

3モーラ2音節語の音節構造はHL（例：りんご /rin.go/）とLH（例：ぶどう /bu.dou/）の2種類である．幼児全体で，音節に分解した語数はLH語より HL語のほうが多かった（F値＝5.04, p<0.05）．特筆すべきは，エラー反応で目立った傾向としてLH構造である「ぶどう」，「とけい」を，それぞれ /buu-do/, /too-ke/ とHLとして分解した点である．また，これらのエラー反応は，語彙年齢が3歳0ヶ月から3歳6ヶ月児にのみ見られた反応で，その他の年齢群では観察されなかった．

次に，ダウン症児の結果を取り上げる．

4.1.2. ダウン症児の音韻分解課題の結果

一般的に，ダウン症児は音韻操作課題の成績が悪く，音韻意識の形成に困難を示すといわれている．Cossuらは，同じ読みレベルにある定型発達児とダウン症児の音韻能力を比較し，ダウン症児は定型発達児に比べ，音韻能力が極端に劣っていることを報告した（Cossu et al. (1993)）．Evans (1994) は，音

100 　第 II 部　音韻論・音声学

韻操作課題の成績が劣るダウン症児の読みに着目し，logographic reading（視覚的に得た文字列を 1 つの記号として捉える読み方）はできるが，alphabetic reading（文字列を構成している 1 つ 1 つの文字を追う読み方）ができないことを示した．

　ダウン症児の音韻意識をより厳密に捉えるために，長並（2011）は語彙年齢を統制し，定型発達児との比較対照を行った．

　生活年齢が 10 歳 5 か月のダウン症児 A に対して絵画語彙発達検査を実施したところ，A 児の語彙年齢は 3 歳 2 ヶ月と判断された．そこで，語彙年齢が同じ 3 歳 2 ヶ月の定型発達児 7 名の音韻分解課題の結果と比較した．結果を表 1 としてまとめておく（長並（2011）より一部改変）．使用した課題語は「さる」，「うさぎ」，「ぞう」，「ぱん」，「かい」，「ぼうし」，「ぶどう」，「アイス」，「とけい」，「りんご」，「きりん」，「はっぱ」，「らっぱ」の計 13 語である．なお，表内の「Q」は促音，「-」は課題語の分節境界をそれぞれ示す．

幼児 1	幼児 2	幼児 3	幼児 4	幼児 5	幼児 6	幼児 7	幼児 A
sa-ru	sa-ru	sa-ru	sa-ru	sa-ru	sa-ru	o-sa-ru	sa-ru
u-sa-gi	u-sa-gi	u-sa-gi	u-sa-gi	u-sa-gi	u-sa-gi	u-sa-gi	u-sa-gi
zo-o-san	zoo	zo-o-san	zo-o	zo-u	zoo-sa-n	zo-o-san	zo-u
pa-n	pa-n	pa-n	pa-n	pa-n	pa-n	pa-n	pan×3
ka-i	無反応	ka-i-ga-ra	無反応	無反応	無反応	無反応	無反応
bo-o-ʃi	boo-ʃi	boo-ʃi	bo-o-ʃi	bo-u-ʃi	bou-ʃi	boo-ʃi	boo-ʃi
bu-do-o	bu-dou	bu-doo	buu-do	bu-do-u	buu-do	buu-do	buu-do
a-i-su	ai-su	a-i-su	a-i-su	a-i-su	a-i-su	a-i-su	ai-su
to-ke-i	to-kei	to-kee	too-ke	to-ke-i	too-ke	to-o-ke	tokei
ri-n-go	ri-n-go	ri-n-go	ri-n-go	ri-n-go	ri-n-go	rin-go	ri-n-go
ki-ri-n	ki-ri-n	ki-ri-n	ki-rin	ki-ri-n	ki-rin	ki-ri-n	ki-ri-n
haQ-pa	ha-Q-pa	haQ-pa	haQ-pa	haQ-pa	haQ-pa	haQ-pa	haQ-pa
ra-Q-pa	raQ-pa	raQ-pa	raQ-pa	raQ-pa	raQ-pa	raQ-pa	raQ-pa

表 1　語彙年齢 3 歳 2 ヶ月児の結果：定型発達児とダウン症児の比較

A 児は 13 課題語中 5 語のみ正しくモーラ分解ができていることから，正答率の観点からいうと「音韻操作能力が弱い」ということになるのかもしれない．しかし，語彙年齢が同じ 3 歳 2 ヶ月の定型発達児（幼児 1-7）の結果と比較す

ると，実は A 児が定型発達児と極めて類似したエラー・パターンを示していることが窺える．例えば，以下に挙げる特徴は，ほかの 7 名の定型発達児にもみられる共通の特徴である：

- ・自立モーラのみから成る語については正しくモーラ分解可能であること（さる，うさぎ）
- ・HL 語を音節単位で分節する傾向が強いこと（ぼうし，アイス，はっぱ，らっぱ）
- ・撥音を含む語については HL 形（例：りんご）や LH 形（例：キリン）に関わらず正答率が高く，自立したモーラとして正しく捉えていること
- ・LH 語を HL 語化する反応が見られること（ぶどう→ぶうど）

以上のことから，ダウン症児の音韻発達プロセスは，定型発達児と同じ道筋を辿るが，その進度がよりゆるやかなだけであると解釈できる．Fletcher and Buckley（2002）はダウン症児の成績が良くない理由は，扱われている課題内容に問題がある可能性を指摘している．日本語の場合，過度にモーラに依存する検査法が原因で，音韻意識レベルを正確に測定できていない可能性がある．より厳密な検査法を確立させるためには，モーラを他の言語単位や構造との関係で捉えていくことが重要である．とりわけ特殊モーラの発達プロセスについての理解を深めることが鍵といえよう．

4.2. 定型発達児とディスレクシア児の音韻操作課題結果の比較

特殊モーラの特性を正しく理解するためには，従来のように単に自立モーラと特殊モーラという 2 区分だけではなく，特殊モーラ間の発達プロセスにも着目する必要があると考えられる．

3 歳から 6 歳の定型発達児 45 名を対象とした産出および知覚実験では，5 歳児でも長母音および促音がまだ安定していないという結果が得られている（Miyakoda and Kuriyama（2004））．このことは，特殊モーラを一括りで捉えるのでは不十分で，特殊モーラ間の難易差について詳細に検討する必要があることを示唆している．

Takagaki（2013）は，保育園児を対象に特殊モーラを含む無意味語を用いて逆唱実験を行った．対象となる幼児は東京都内の保育園に通う 5 歳から 6 歳の定型発達児 41 名で，いずれも日本語を母語とし，保護者等により知能，言

語，聴力，視覚に問題がないと判断されている．

　実験方法としては，予め録音した自立モーラのみから成る2モーラ2音節語（例：/ko.po/），3モーラ3音節語（例：/ko.po.ta/），特殊モーラを含む3モーラ2音節語（例：/po.N.ko/，/ko.R.po/，/ko.J.po/，/ko.Q.po/）計20語を幼児たちに聞かせ，その場で逆唱をしてもらった（例：/ko.po.ta/ → /ta.po.ko/）．特殊モーラを含む課題語のみの結果を表2にまとめる（Takagaki (2013) より一部改変）．

	撥音 (N)	長音 (R)	二重母音 (J)	促音 (Q)
正答数	63	47	47	94
誤答数	78	88	89	50
無回答	23	29	28	20
合計	164	164	164	164

表2　定型発達児の特殊モーラの逆唱課題の結果

促音＞撥音＞長音・二重母音の第二要素の順で正答数が多かった.[2] この結果をみる限りにおいては，特殊モーラの子音群（促音，撥音）に対する意識のほうが母音群（長音，二重母音の第二要素）の意識よりも進んでいると解釈できる．

　より詳細に特殊モーラ間の発達プロセスについて検証するために，加藤らは関東圏内の保育園や小学校に在籍する5歳から8歳の定型発達児130名と，8歳から11歳のディスレクシア（発達性読み書き障害）[3] 児11名を対象に，音韻分解課題による実験を実施した（加藤他 (2015)）．

　対象となる幼児および児童はいずれも日本語母語話者で，知能，言語，聴力，視覚に問題がないと保護者等により判断されている．実験方法としては，モーラに見立てた飛び石（円形磁石）上に人形を動かしてもらい，課題語の

---

[2] カイ二乗検定を用いた結果，促音と撥音の正答率間には有意な差が認められた（p = 0.000611414<0.05）．同様に，促音と長音，促音と二重母音の正答率間にもそれぞれ有意な差が認められた（p = 1.58768E-07<0.05）．撥音と長音，撥音と二重母音のそれぞれの正答率間には有意な差は認められなかった．

[3] ディスレクシア（発達性読み書き障害）は神経生物学的原因に起因する特異的学習障害といわれている．知的能力や学習環境などに問題がないにも関わらず，読みの不正確さ，流暢性の困難さを示すのが特徴である．一般的に読字障害だけではなく，書字の困難さも伴うとされる（宇野他 (2002)，鈴木他 (2010)）．

モーラ数と一致する数だけ人形を飛び石上にたたいた場合は正反応とみなし，それ以外を誤反応とした．

分節化課題の正答率は年中児群81%（532/660語），年長児群82%（542/660語），小学1年生92%（589/640語），小学2年生93%（594/640語）で，定型発達児全体で87%（2257/2600語）であった．

自立モーラのみから成る課題語および二重母音・撥音を含む課題語では，年中児群，年長児群，小学1年生群，小学2年生群間に正答率の大きな差はみられなかった．これに対し，長音や促音を含む課題語では就学前後の群間に大きな差がみられた．年長児群と小学1年生児群の特殊モーラの種類ごとの課題語正反応率について両側のt検定を行ったところ，自立モーラのみから成る課題語および二重母音や撥音を含む課題語では，2つの群間に優位な差は認められなかった．これに対し，長音を含む課題語では$t(63) = 3.033$, $p<0.05$，促音を含む課題語では$t(56.738)$, $p<0.01$となり，小学1年生群の正反応率は年長児群に比して有意に高いという結果が得られた．

ディスレクシア児群の分節化課題正反応率は3モーラ課題語で91%，4モーラ語で90%であった．正反応率については，自立モーラのみから成る課題語は77/77（100%），二重母音は43/44（98%），撥音は32/33（97%），長音は30/33（91%），促音は17/33（52%）であった．これらの正反応率を比較すると，自立モーラ，二重母音，撥音はいずれも正反応率が天井効果を迎えているのに対し，長音と促音の正反応率が低い．長音と促音はともに音節単位への分節化による誤反応が多かった．誤反応率を低学年（小学2，3年生）と高学年（小学4，5年生）で比較すると，高学年ではほとんど音節単位での分節化はみられなかった．つまり，ディスレクシア児の結果からも，音節への意識がモーラに先行して進んでいることが窺える．さらに，自立モーラ＞二重母音・撥音＞長音＞促音という順で正反応率が高いというのは，定型発達児と整合する結果である．

次に，モーラ単位への分節化可能な語数を算出し，その結果に基づいて定型発達児130名を15語以下群（24名），16—17語群（40名），18—19語群（34名），20語群（32名）の4群にそれぞれ分類した．加えて，各群において，自立モーラのみの課題語，二重母音，撥音，長音，促音をそれぞれ含む課題語についてモーラ単位で分節化した人数を算出した．各グループにおいて90%以上の幼児もしくは児童が3語すべてモーラ単位に分節化した課題語種類を

「＋」，3 語すべてモーラ単位に分節化した割合が 90% 未満の課題語種類を「−」とした．この結果，表 3 が示すように，モーラ単位に分節化可能なのは，自立モーラ・二重母音の第二要素＞撥音＞長音・促音を含む語の順であることが明らかとなった．ディスレクシア児の場合も同様の傾向が読み取れる（表 4）．

モーラ分節化語数	人数	自立モーラ	二重母音	撥音	長音	促音
20 語	32	＋	＋	＋	＋	＋
18-19 語	34	＋	＋	＋	−	−
16-17 語	40	＋	＋	−	−	−
15 語以下	24	−	−	−	−	−

表 3　モーラ種別ごとのモーラ分節化パターン（定型発達児）

モーラ分節化語数	人数	自立モーラ	二重母音	撥音	長音	促音
20 語	3	＋	＋	＋	＋	＋
18-19 語	4	＋	＋	＋	−	−
16-17 語	3	＋	＋	−	−	−
15 語以下	1	−	−	−	−	−

表 4　モーラ種別ごとのモーラ分節化パターン（ディスレクシア児）

Takagaki（2013）では，子音群のほうが母音群よりも正答率が高いという，いわば音声的な特質が特殊モーラ間の発達上の違いを説明する可能性を示唆する結果が得られた．これに対し，加藤他（2015）の実験結果によると，音声的な特性よりも，各特殊モーラの音韻構造上の自立性の有無により，正答率に差が出たことが窺える．つまり，前後の音に依存することなく，自立性の高い二重母音と撥音の方が，前後の音に依存する自立性の低い長音や促音に比べ，連続した音の中から音韻単位を抽出しやすく，この違いが正答率に反映されたと考えられる．

聴写課題に基づいて特殊モーラ間の書字の習得を取り上げた村田他（2018）でも，加藤他（2015）と類似した結果が報告されている．小学 1，2 年生の定型発達児 122 名と，ディスレクシア児 3 名対象に行った実験では，定型発達児およびディスレクシア児ともに撥音から長音，さらには促音という順序で文字を習得していくという．

上記のように，4 つの特殊モーラ間の難易差について異なる結果が得られた

のは，用いた課題の違いによるのかどうかも含め，今後さらに詳細に精査して
いくことが重要と考えらえる．

5. 結び

　本稿では，定型発達児とダウン症児およびディスレクシア児の音韻発達につ
いて取り上げた．先行研究も含め，これまでに得られた知見から，1）モーラ
以外の言語単位をも含めたより詳細な検査法を確立することの重要性；2）自
立モーラと特殊モーラという2区分だけではなく，特殊モーラ間の難易度の
差も考慮したより丁寧な検査法および指導法を確立することの重要性が浮き彫
りとなった．

参考文献

Anthony, Jason L., Christopher J. Lonigan, Stephen R. Burgess, Kimberly Driscoll, Beth M. Phillips and Brenlee G. Cantor (2002) "Structure of Preschool Phonological Sensitivity: Overlapping Sensitivity to Rhyme, Words, Syllables, and Phonemes," *Journal of Experimental Child Psychology* 82, 65-92.

Anthony, Jason L., Christopher J. Lonigan, Kimberly Driscoll, Beth M. Phillips and Stephen R. Burgess (2003) "Phonological Sensitivity: a Quasi-parallel Progression of Word Structure Units and Cognitive Operations," *Reading Research Quarterly* 38, 470-487.

Cossu, Giuseppe, Frederick Rossini and John C. Marshall (1993) "When Reading is Acquired but Phonemic Awareness is not: a Study of Literacy in Down's Syndrome," *Cognition* 46, 129-138.

Demuth, Katherine (1996) "The Prosodic Structure of Early Words," *Signal to Syntax: Bootstrapping from Speech to Grammar in Early Acquisition*, ed. by James L. Morgan and Katherine Demuth, 171-184, Lawrence Erlbaum Associates, Mahwah, NJ.

Evans, Ryka (1994) "Phonological Awareness in Children with Down Syndrome," *Down Syndrome Research and Practice* 2(3), 102-105.

Fletcher, Helen and Sue J. Buckley (2002) Phonological Awareness in Children with Down Syndrome. *Down Syndrome Research and Practice* 8(1), 11-18.

Goswami, Usha (2001) "Rhymes are Important: a Comment on Savage," *Journal of Research in Reading* 24, 19-29.

Hammond, Michael (1999) *The Phonology of English: A Prosodic Optimality-theoretic Approach*, Oxford University Press, Oxford.

原恵子 (2011)「学童期の音韻発達について──読み発達関連の調査研究から音韻意識の発達を考える──」『音韻理論と音韻獲得』，都田青子 (編)，73-100，丸善プラネット，東京.

Hulme, Charles, Peter J. Hatcher, Kate Nation, Angela Brown, John Adams and George Stuart (2002) "Phoneme Awareness is a Better Predictor of Early Reading Skill than Onset-rime Awareness," *Journal of Experimental Child Psychology* 82, 2-28.

Inagaki, Kayoko, Giyoo Hatano and Takashi Otake (2000) "The Effect of Kana Literacy Acquisition on the Speech Segmentation Unit Used by Japanese Young Children," *Journal of Experimental Child Psychology* 75, 70-91.

Ito, Junko (1990) "Prosodic Minimality in Japanese" *CLS 26*, Part II: *Papers from the Parasession on the Syllable in Phonetics and Phonology*, 213-239.

伊方友彦・香川彩 (2001)「文字習得前の幼児における韻律単位の発達」『音声言語医学』第 42 号 3 巻，235-241.

加藤麻美・原恵子・荻野美佐子・都田青子 (2015)「特殊モーラ意識の発達と音韻構造」第 41 回コミュニケーション障害学会学術講演会，福岡大学.

窪薗晴夫・本間猛 (2002)『音節とモーラ』研究社出版，東京.

窪薗晴夫・太田聡 (1998)『音韻構造とアクセント』研究社出版，東京.

Mazuka, Reiko, Yvonne Cao, Emmanuel Dupoux and Anne Christophe (2011) "The Development of Phonological Illusion: A Cross-linguistic Study with Japanese and French Infants," *Developmental Science* 14(4), 693-699.

Miyakoda, Haruko and Hideki Kuriyama (2004) "The Acquisition of the Rhythmic Status of Moraic Phonemes," Paper presented at the *Conference on Developmental Paths in Phonological Acquisition*, Leiden University, Leiden.

村田百子・原恵子・荻野美佐子・都田青子 (2018)「学齢期におけるかな文字表記の習得過程──特殊文字に焦点をあてて──」第 44 回コミュニケーション障害学会学術講演会，北里大学.

長並真美 (2011)「健常児の初期音韻発達とダウン症児の音韻意識についての考察」『音韻理論と音韻獲得』，都田青子 (編)，58-72，丸善プラネット，東京.

Nespor Marina and Irene Vogel (2007) *Prosodic Phonology with a New Foreword*, Walter de Gruyter, Berlin.

Poser, William J. (1990) "Evidence for Foot Structure in Japanese," *Language* 66(1), 78-105.

Selkirk, Elisabeth (1986) "On Derived Domains in Sentence Phonology," *Phonology Yearbook* 3, 371-405.

鈴木香菜美・宇野彰・春原則子・金子真人・Taeko N. Wydell・粟屋徳子・狐塚順子・

後藤多可志 (2010)「発達性読み書き障害群のひらがなとカタカナの書字における特徴─小学生の読み書きスクリーニング検査 (STRAW) を用いて─」『音声言語医学』第 51 巻, 1-11.

Takagaki, Minami (2013) "The Role of the Syllable in Phonological Acquisition," Undergraduate thesis submitted to Tsuda College.

宇野彰・金子真人・春原則子・松田博史・加藤元一郎・笠原麻里 (2002)「発達性読み書き障害─神経心理学的および認知心理学的分析─」『失語症研究』第 22 巻第 2 号, 44-50.

Ziegler, Johannes C. and Usha Goswami (2005) "Reading Acquisition, Developmental Dyslexia, and Skilled Reading Across Languages: a Psycholinguistic Grain Size Theory," *Psychological Bulletin* 131, 3-29.

日本人の二軽音節名と性別[*]

六川雅彦

南山大学

1. はじめに

　本研究では日本人の名前における構造と性別の関係を考察する．筆者はこれまで日本人の名前と性別の関係について研究を行ってきた．[1] その先行研究の1つ Mutsukawa（2008）では「二軽音節から成る日本人の名前は弱い女性性を示す」と論じているが，それは「一般的に女性名は男性名よりも短い」というデータを基にした仮説であり，実際の日本語母語話者の判断に基づいて導き出されたものではない．また，「女性的な第一音節を持つ二軽音節から成る日本人の名前は，たとえ第二音節が男性的であっても，全体として女性的である」とも論じているが，これも同様に実際の日本語母語話者の判断に基づいて導き出されたものではない．

　そこで本研究では，まず Mutsukawa（2008）を中心に先行研究を概観した後，二軽音節から成る日本人の名前に関するアンケート調査の分析結果を基に，日本人の二軽音節名と性別の関係について論じる．

2. 先行研究

　本節では，「二軽音節から成る日本人の名前は弱い女性性を示しており，それが女性的な第一音節を持つと，たとえ第二音節が男性的であっても，全体と

---

[*] 本研究は Mutsukawa（2019a）を発展させたものであり，2018 年度，2019 年度南山大学パッヘ研究奨励金 I-A-2 の助成を受けたものである．

[1] 主要な先行研究については，Mutsukawa（2007, 2009, 2010, 2014, 2019b），六川（2005, 2011, 2012, 2013, 2014, 2015a, b, 2016）を参照．

して強い女性性を示す」と論じている Mutsukawa（2008）を中心に先行研究を紹介する．Mutsukawa（2008）の目的は，音韻，意味，漢字の面からどのように日本人の名前の性別が決定されるかを論じることである．1906-2005年のデータを基に，音韻面での性別の決定について以下のように論じている．

　分析したデータは，明治安田生命のウェブサイトと第一生命広報部（編）（1987）から得られた 1906-2005 年のランキングに登場するその時代を代表する名前である（(1) 参照）．それらの名前を第一音節，最終音節，重音節，拗音の点で分析し（(2)-(5)），それに長さの特徴も加えてまとめたのが (6) である．

(1)　データ

	'06-'25	'26-'45	'46-'65	'66-'85	'86-'00	2001	2002	2003	2004	2005	Total
Male	12	15	11	14	29	31	32	30	50	55	279
Female	15	16	14	19	42	30	31	31	57	50	305

(2)　第一音節

		V-	k-	s-	t-	n-	h-	m-	y-	r-	w-	j-	d-	Total
Male	'06-'25	0	2	3	3	0	2	1	1	0	0	0	0	12
	'26-'45	2	2	2	4	0	2	2	1	0	0	0	0	15
	'46-'65	1	4	1	3	0	2	0	0	0	0	0	0	11
	'66-'85	0	3	1	3	0	2	1	3	0	0	0	1	14
	'86-'00	0	6	4	6	2	0	0	3	5	0	0	3	29
	2001	0	7	4	2	1	4	2	5	5	0	0	1	31
	2002	0	5	6	3	0	5	0	6	6	0	0	1	32
	2003	0	4	3	4	0	5	0	7	6	0	0	1	30
	2004	2	9	6	8	0	7	1	7	9	0	0	1	50
	2005	1	11	8	8	0	8	2	9	7	0	0	1	55
	Total	6	53	38	44	3	37	9	42	38	0	0	9	279

	'06-'25	0	4	0	2	0	5	2	2	0	0	0	0	15
	'26-'45	1	3	2	2	1	2	3	2	0	0	0	0	16
	'46-'65	1	3	0	1	1	2	2	3	0	0	1	0	14
	'66-'85	3	2	0	1	2	1	4	4	1	0	1	0	19
Female	'86-'00	9	3	4	3	6	2	11	2	2	0	0	0	42
	2001	7	0	2	0	3	4	7	3	4	0	0	0	30
	2002	6	2	2	0	2	5	8	2	4	0	0	0	31
	2003	7	0	2	1	2	4	8	4	3	0	0	0	31
	2004	9	5	4	1	5	8	13	4	7	1	0	0	57
	2005	8	4	2	0	4	6	14	6	5	1	0	0	50
	Total	51	26	18	11	26	39	72	32	26	2	2	0	305

(3) 最終音節

		-si	-zi	-ke	-ta	-to	-ko	-mi	-ka	-na	-o	-ki	-ma
	'06-'25	2	1	0	0	0	0	0	0	0	6	0	0
	'26-'45	4	1	0	0	0	0	0	0	0	7	0	0
	'46-'65	2	2	0	0	0	0	0	0	0	3	1	0
	'66-'85	4	2	3	1	1	0	0	0	0	0	2	0
Male	'86-'00	0	0	1	3	3	0	1	0	0	0	2	0
	2001	0	0	3	6	5	0	1	0	0	0	8	0
	2002	0	0	2	5	5	0	1	0	0	0	6	5
	2003	0	0	2	5	6	0	1	0	0	0	5	2
	2004	0	0	3	10	7	0	1	0	0	1	8	2
	2005	0	0	3	6	11	0	1	0	0	1	8	4
	'06-'25	1	0	0	0	0	7	2	0	1	0	0	0
	'26-'45	0	0	0	0	0	16	0	0	0	0	0	0
	'46-'65	0	0	0	0	0	11	3	0	0	0	0	0
	'66-'85	0	0	0	0	0	7	6	2	0	0	1	0
Female	'86-'00	0	0	0	0	0	2	9	5	3	0	4	0
	2001	0	0	0	0	0	1	3	6	6	1	3	0
	2002	0	0	0	0	0	1	3	7	7	1	1	0
	2003	0	0	0	0	0	1	3	5	6	2	2	0
	2004	0	0	0	1	0	1	4	7	11	3	3	0
	2005	0	0	0	1	0	1	3	5	12	3	3	0

（4）　重音節

		uu	oo	n	Total			uu	oo	n	Total
Male	'06–'25	0	3	0	3 (25.0%)	Female	'06–'25	0	0	0	0 (0.0%)
	'26–'45	0	2	0	2 (13.3%)		'26–'45	0	1	0	1 (6.2%)
	'46–'65	0	1	1	2 (18.2%)		'46–'65	1	1	1	3 (21.4%)
	'66–'85	3	0	1	4 (28.6%)		'66–'85	1	1	1	3 (15.8%)
	'86–'00	4	6	3	3 (44.8%)		'86–'00	1	0	0	1 (2.4%)
	2001	6	9	3	18 (58.1%)		2001	3	0	0	3 (10.0%)
	2002	7	8	3	18 (56.3%)		2002	1	0	0	1 (3.2%)
	2003	8	8	1	17 (56.7%)		2003	2	0	1	3 (9.7%)
	2004	9	9	4	22 (44.0%)		2004	3	0	3	6 (10.5%)
	2005	9	11	7	27 (49.1%)		2005	4	0	2	6 (12.0%)

（5）　拗音

		kyo	shu	sho	ju	ryu	ryo	Total
Male	'06–'25	0	0	3	0	0	0	3 (25.0%)
	'26–'45	0	0	2	0	0	0	2 (13.3%)
	'46–'65	0	0	0	0	0	0	0 (0.0%)
	'66–'85	0	0	0	0	0	0	0 (0.0%)
	'86–'00	0	1	3	0	1	2	7 (24.1%)
	2001	0	1	2	0	1	2	6 (19.4%)
	2002	0	2	2	0	1	3	8 (25.0%)
	2003	0	0	2	0	1	3	6 (20.0%)
	2004	0	0	2	0	2	2	2 (12.0%)
	2005	0	2	3	0	2	2	9 (16.4%)
Female	'06–'25	0	0	0	0	0	0	0 (0.0%)
	'26–'45	0	0	0	0	0	0	0 (0.0%)
	'46–'65	1	0	0	1	0	0	2 (14.3%)
	'66–'85	0	0	0	1	0	0	1 (5.3%)
	'86–'00	0	0	0	0	0	0	0 (0.0%)
	2001	0	0	0	0	0	0	0 (0.0%)
	2002	0	0	0	0	0	0	0 (0.0%)
	2003	0	0	0	0	0	0	0 (0.0%)
	2004	0	0	0	0	0	0	0 (0.0%)
	2005	0	0	0	0	0	0	0 (0.0%)

112　　　第 II 部　音韻論・音声学

(6)　音韻的性差

	Masculine	Feminine
First Syllables (Onset Cs)	・k- (especially *ke*) ・s- (especially *soo* and *shoo*) ・t- (especially *ta*) ・ry- (*ryuu* and *ryoo*) ・d-	・Onsetless Syllables (especially *a*) ・sa- ・h- (*hu* and *ho*) ・Nasals (*m-* and *n-*) ・j- ・w-
Last Syllables	・o (–1965) ・si, zi (–1985) ・ki (1946–) ・ke, ta, to (1966–) ・ma (2002–)	・ko, mi ・ka (1966–) ・na (1986–) ・o (2001–)
Heavy Syllables	・Yes	・No
Palatalized Cs	・Yes (1906–1945, 1986–)	・Yes (1946–1985)
Length	・Monosyllabic Names ・Names with Four or Five Morae	

そしてこれらの特徴を 2 つ以上含む名前とその性別の関係を分析し，これらの特徴は同等に性別の決定に寄与していないことを示している ((7)–(16))．

(7)　男性名　a.　Masaki (m- = 女性的，-ki = 男性的)
　　　　　　 b.　Naoto (n- = 女性的，-to = 男性的)
　　　女性名　c.　Kazuko (k- = 男性的，-ko = 女性的)
　　　　　　 d.　Tomomi (t- = 男性的，-mi = 女性的)

(8)　Last Syllables　>>　First Syllables

(9)　男性名　a.　Motoharu (4 モーラ = 男性的，m- = 女性的)
　　　　　　 b.　Naonori (4 モーラ = 男性的，n- = 女性的)

(10)　Length　>>　First Syllables

(11)　男性名　a.　Yosihumi (4 モーラ = 男性的，-mi = 女性的)
　　　　　　 b.　Yukitaka (4 モーラ = 男性的，-ka = 女性的)

(12)　Length　>>　Last Syllables

(13)　女性名　a.　Yooko (-ko = 女性的，重音節 = 男性的)
　　　　　　 b.　Yuuka (-ka = 女性的，重音節 = 男性的)

(14) 女性名 Miiru（m- ＝女性的，重音節＝男性的）

(15) Last Syllables ＞＞ Heavy Syllables

(16) Length
    |
Last Syllables
    |
First Syllables
    |_____
Heavy Syllables   Palatalized Consonants

　(16) は性別の決定に寄与する順に性別を示す特徴を並べたものである．これにより大半の日本人の名前の性別が説明できるが，(17) にあるような名前の性別は説明できない．(17) にある名前はすべて「女性的な第一音節，男性的な最終音節，二軽音節から成る」という共通点を持っており，(16) に従うとこれらはすべて男性名だと予測されるが，実際はすべて女性名である．

　そこで Mutsukawa (2008) では，「一般的に女性名は男性名よりも短い」というデータから，二軽音節から成る日本人の名前は弱い女性性を示しており，それが女性的な第一音節と合わさると強く性別の決定に寄与するとし，(16) を (18) のように修正している．

(17)　女性名：Aki, Maki, Miki

(18) Length $\sigma_\mu\sigma_\mu$ ＋ First Syllables
Last Syllables
First Syllables
    |_____
Heavy Syllables   Palatalized Consonants
$\sigma_\mu\sigma_\mu$

　筆者はその後も名前と性別の関係についての研究を継続しており，現在は日本人の名前に見られる性差について (19) のように説明している．

(19) 日本人の名前に見られる性差（六川（2017））

	男性的	女性的
第一音節	・k-（特に「ケ-」） ・s-（特に「ソ-」「ショ--」） ・t-（特に「タ-」） ・ry-（特に「リュ--」「リョ--」） ・d-	・頭子音なし（特に「ア-」） ・「サ-」 ・h-（特に「フ-」「ホ-」） ・鼻音（"m-" と "n-"） ・j- ・w-
最終音節	・「-オ」（-1965） ・「-シ」「-ジ」（-1985） ・「-キ」（1946-） ・「-ケ」「-タ」「-ト」（1966-） ・「-マ」（2002-） ・「-ク」	・「-コ」「-ホ」「-ミ」「-ヨ」「-リ」 ・「-カ」（1966-） ・「-ナ」（1986-） ・「-オ」（2001-）
重音節	・○	・×
拗音	・○（1906–1945, 1986-）	・○（1946–1985）
長さ（構造）	・$\sigma_{\mu\mu}$ ・4 モーラ以上	・$\sigma_\mu\sigma_\mu$ ・$\sigma_\mu\sigma_{\mu\mu}$（「-ン」）
意味		・植物名

3. アンケート調査

　前節で紹介したように，Mutsukawa（2008）では「二軽音節から成る日本人の名前は弱い女性性を示す」としているが，それは実際に二軽音節から成る日本人の名前と性別の関係を分析して得られた結論ではない．そこで本節では二軽音節から成る日本人の名前に関するアンケート調査の結果を分析し，性別との関係を考察する．本研究で明らかにしたいのは以下の 3 点である．

　(i)　二軽音節から成る日本人の名前は女性的か．

　(ii)　二軽音節から成る日本人の名前の第一音節が女性的な場合，たとえ第二音節が男性的であっても，全体として強い女性性を示すか．

　(iii)　(19) で示されたもの以外にも日本人の名前に音韻的性差はあるか．

3.1. アンケート調査の概要

50 音表を基にアンケート表を作成した．まず，第一音節として 25 音（ア行音からナ行音），第二音節として 44 音（「ア」から「ワ」）を採用し，[2] それらを組み合わせて 1100 種類の名前を作成した．次に，その 1100 種類の名前から同じ母音の連続を含むもの 25（「アア」から「ノオ」まで），一般的な日本語の単語として存在しているもの 289（例：アサ，ネコ），[3] 日本人の女性名として使用されるもの 59（例：アイ，エリ）[4] を除き，最終的に 727 種類の名前を採用し，アンケート表を作成した．

本アンケート調査の協力者は日本語母語話者の大学生 88 名である．727 種類のそれぞれの名前について，子供の名前に使うと仮定した場合に，「①男性名として使える」「②女性名として使える」「③男女どちらにも使える」「④使えない」（以下それぞれ①②③④と表記）の 4 つの選択肢から選んで無記名で回答してもらった．

3.2. アンケート調査の結果

最初に全体的な傾向を考察する．まず，各調査協力者が名前として使用できると判断した（①，②，または③と回答した）名前の数は 10 から 727 で，同じ日本語母語話者でもその判断には大きな違いがあることが分かる．また，88 名の協力者全員が④と判断した名前がなかったことから，すべての音の組

---

[2] 50 音表のすべての清音，濁音，拗音だけでなく，主にカタカナで用いられる「ティ」や「ファ」等日本語で用いられるすべての音を基にしたアンケート表を作成することも検討したが，調査協力者の負担を考え，日本人の名前により一般的に用いられる清音に限定してアンケート表を作成することにした．その後，さらに調査参加者の負担を考え，第一音節 25 音（ア行音からナ行音）と第二音節 44 音（「ア」から「ワ」）を組み合わせたものだけを採用してアンケート表を作成したが，本研究の結果をさらに検討するため，今後第一音節 19 音（「ハ」から「ワ」）と第二音節 44 音（「ア」から「ワ」）を組み合わせた名前でも同様の調査を行う予定である．

[3] 日本語母語話者である著者が日本語として一般的に使用されている単語であると判断したものをアンケート表から除いた．また，欧米人の男性名として知られている「サム」は，一般的に日本人の名前には使用されず，日本語の単語でもないが，ここに含めてアンケート表からは除いた．

日本語の単語として存在しているものを除いた理由は，今回の調査の目的が構造と音と性別の関係を調べることであり，そのために単語の持つ意味が性別判断に与える影響を可能な限り排除するためである．

[4] 女性名としてだけでなく，男性名としても使用される「ソラ」（Mutsukawa (2016)）もここに含まれる．

み合わせが日本人の名前になり得ると言える．次に，①，②，または③と回答した調査協力者が最も少なかった名前をまとめたのが（20）である．これらの名前には特に日本人の名前として使用しにくい何らかの要素があると考えられるが，現時点では明らかになっていない．今後の課題としたい．一人の調査協力者が名前として使用できると判断した名前の数の平均は 155.3 であった．

(20)

④以外の回答数	2	3	4
名前	オエ	ヌチ	アヘ，クヘ，コフ，ソス

　調査協力者の①，②，③の全回答数の内訳を見ると，①が 26.1%，②が 50.6%，③が 23.4% であり，「②女性名として使える」という回答が半数以上であった．このことは，日本語母語話者は二軽音節の連続を名前として判断する場合に女性名と判断する傾向があることを示しており，機械的に組み合わせた 1100 の名前の中に一般的に男性名としてのみ使用されるものがない一方で女性名として使用されるものが 59 あったという事実も含めて考えると，一般的に二軽音節の日本人の名前は女性的であると言えるだろう．

　次に，調査協力者の 90% 以上が「④使えない」と回答した名前について考察する．その基準に該当する名前は 727 の中で 148 あった．まず，その 148 の名前の中で最も頻繁に見られた第一音節と第二音節をまとめたのが（21）と（22）である．ここから，第一音節としての「ヌ」「ノ」，第二音節（＝最終音節）としての「ヘ」「ヒ」「フ」「ハ」「ケ」「テ」が好まれないということが分かるが，これらの音が常に避けられるというわけではなく，異なる位置で用いられた場合は許容されることもある．[5] これらの音がなぜ特定の位置で好まれないかは現時点では分かっていない．今後の課題としたい．

(21)

名前の数	23	10
第一音節	ヌ	ノ

(22)

名前の数	19	18	14	13	12	10
第二音節	ヘ	ヒ	フ	ハ	ケ	テ

---

[5] 例えば今回の調査でも第二音節としての「ノ」を持つ名前は②と判断されることが多かった（後述）．

日本人の二軽音節名と性別　　　　　117

　次に，上で紹介した調査協力者の 90% 以上が「④使えない」と回答した
148 の名前以外の 579 の名前について考察する．これらの名前を「①男性名と
して使える」「②女性名として使える」という回答の割合を基に（23）のよう
に分類したところ，グループ 2 に分類される名前が全体の過半数を超えてい
た．これは女性名と判断した調査協力者が男性名と判断した調査協力者の 2
倍以上いた名前が過半数を超えていたということを意味しており，ここからも
二軽音節から成る日本人の名前は女性的だと判断する日本語母語話者が多いこ
とが分かる．

（23）　①の②に対する割合が 2 : 1 以上（グループ 1）：　130
　　　　②の①に対する割合が 2 : 1 以上（グループ 2）：　295
　　　　それ以外（グループ 3）：　　　　　　　　　　　154

　次に，多くの調査協力者に男性的だと判断されたグループ 1 の 130 の名前
を考察する．まず，上述の通り日本人の名前には性差が見られるが（(19) 参
照），その性差でまとめたものが（24）である．[6] 名前に見られる性別を示す特
徴は同等に性別の決定に寄与しておらず，(18) のランキングにより性別が決
定される．そして (18) に従うと (i)-(iii) に分類される計 74 の名前について
は説明できるが，(iv)-(vi) に分類される計 56 の名前については説明できな
い．特に (iv) に分類される 18 の名前については，(18) にあるように「$\sigma_\mu \sigma_\mu$
＋女性的な第一音節」が最も性別の決定に寄与するなら女性名と判断されるは
ずであるが，実際は多くの調査協力者が男性的だと判断している．このこと
は，先行研究の主張とは異なり，「$\sigma_\mu \sigma_\mu$ ＋女性的な第一音節」が強い女性性を示
さない可能性を示唆している．

（24）　i.　　第一音節＝男性的，第二音節＝男性的：　　30
　　　　ii.　　第一音節＝男性的，第二音節＝女性的：　　　0
　　　　iii.　第一音節＝男性的，第二音節＝それ以外：　44
　　　　iv.　第一音節＝女性的，第二音節＝男性的：　　18
　　　　v.　　第一音節＝女性的，第二音節＝女性的：　　　1
　　　　vi.　第一音節＝女性的，第二音節＝それ以外：　37

---

　[6] (19) にあるように，「-オ」は時代により男性名にも女性名にも見られる特徴であるため，
ここでは「それ以外」として分類してある．

118 第 II 部 音韻論・音声学

　また，(vi) に分類される 37 の名前について詳しく見てみると，同じ第二音節が多く見られる（(25) 参照）.[7] これらの第二音節はグループ 2 の名前にはあまり見られないことから（後述），男性的な特徴と言えるかもしれない. そしてこれらが男性的な特徴であるなら，その特徴が名前の男性性と関係がある可能性が高い. また，これらが男性的な特徴である場合，これらを含む名前すべてが (iv) に分類されることになり，これらの名前も「二軽音節から成る日本人の名前が女性的な第一音節を持つと，たとえ第二音節が男性的であっても，全体として強い女性性を示す」という先行研究の主張への反例となり得る. 今後更なる研究が必要である.

(25)

名前の数	5	4		3	
第二音節	ロ	ツ，オ		ソ，テ，ム	

　次に，(vi) に分類される名前で，(25) に示した第二音節を持たない 15 の名前を見ると，第一音節が「オ」である名前が 8 あった.[8] 先行研究では第一音節のア行音（特に「ア」）は女性的となっているが（(19) 参照），多くの調査協力者に女性的だと判断されたグループ 2 の 295 の名前の中に第一音節が「オ」である名前は 6 しかなく，しかもそのすべての名前の第二音節（＝最終音節）が女性的な特徴である（またはその可能性が高い（後述））「ア」「コ」「ナ」「ネ」「メ」「ヨ」となっており，これらの名前の女性性はその第二音節が関係していると説明できることから，第一音節の「オ」は男性的な特徴である可能性がある.

　最後に，多くの調査協力者に女性的だと判断されたグループ 2 の 295 の名前を考察する. まず，これらの名前の第二音節に注目すると，グループ 1 の場合と同様に，同じ第二音節が多く見られる（(26) 参照）. (26) にある第二音節（＝最終音節）で，先行研究で言及されていないものは「ユ」「ニ」「ネ」「ア」「ノ」「メ」「ラ」「ヌ」「ワ」「エ」「レ」である. これらの第二音節は，グループ 1 の名前にはほとんど見られないことから女性的な特徴と言えるかもしれない. また，(19) に示されている男性的な最終音節と (25) に示されている男性的な特徴である可能性がある第二音節（＝最終音節）についても，そ

---

[7] その他 2 つの名前に用いられていた第二音節として「サ」「ス」「セ」「チ」「フ」があった.
[8] その他，(25) にある第二音節を持ち，第一音節が「オ」である名前が 4 あった.

のほとんどがグループ2の名前にはあまり見られず，唯一の例外の「マ」を除くと，[9] それぞれの男性的な（特徴である可能性がある）第二音節を持つ名前の数は3以下であった．

(26)

名前の数	21	18	17	16	14
第二音節	ユ	ニ，ネ，ヨ	ナ	ア，ノ	メ

名前の数	13	11	10	9	8
第二音節	コ	ラ	ヌ，ワ	エ，カ，ミ	レ

次に，女性的な第一音節と男性的な第二音節を持つ名前であるが，この構造を持つ名前は「ニキ」と「ネム」の2つしかなかった．しかもこのうちの「ネム」の「ム」に関しては，上述の通り，男性的な特徴である可能性があるが，本当に男性的な特徴であるかどうかはまだ結論が出ていない．このことから考えると，一般的に女性的な第一音節と男性的な第二音節を持つ名前は女性的とは言えず，ここでも「二軽音節から成る日本人の名前が女性的な第一音節を持つと，たとえ第二音節が男性的であっても，全体として強い女性性を示す」という先行研究の主張を裏付けるようなデータは得られなかった．

4. 結論

本稿では，二軽音節から成る日本人の名前に関するアンケート調査の分析結果から日本人の二軽音節名と性別の関係について考察した．本稿で検討したのは（27）の3つの問いであったが，本研究で得られた答えは，「二軽音節から成る日本人の名前は女性的だと言えるが，それが女性的な第一音節と合わさっても強い女性性を示すとは言えない」というものであった．また，（27iii）に関しては分析結果から（28）にある第一音節と第二音節（＝最終音節）が性別

---

[9] グループ2の名前の中に第二音節（＝最終音節）に「マ」を持つ名前が7つあった．最終音節に「マ」を持つ名前の性別については，2モーラ名の場合が女性名，3モーラ以上の長さを持つ場合が男性名という可能性が考えられるが，今後更なる研究が必要である．
また同様に，第二音節（＝最終音節）に「オ」を持つ名前についても，2モーラ名の場合が女性名，3モーラ以上の長さを持つ場合が男性名という可能性を考えているが，これについても今後更なる研究が必要である．

の決定に寄与している可能性があるという結論が得られたが，検証のために今
後更なる研究が必要である．

(27) i. 二軽音節から成る日本人の名前は女性的か．
 ii. 二軽音節から成る日本人の名前の第一音節が女性的な場合，たと
 え第二音節が男性的であっても，全体として強い女性性を示すか．
 iii. (19)で示されたもの以外にも日本人の名前に音韻的性差はあるか．
(28) 男性的な第一音節：「オ」
 男性的な第二音節：「ソ」「ツ」「テ」「ム」「ロ」
 女性的な第二音節：「ユ」「ニ」「ネ」「ア」「ノ」「メ」「ラ」「ヌ」「ワ」
 「エ」「レ」

本研究で扱ったアンケート調査は，第一音節 25 音（ア行音からナ行音），第
二音節 44 音（「ア」から「ワ」）を組み合わせたものを基にしたものであり，日
本語母語話者が二軽音節から成る日本人の名前の性別をどう判断するかの全体
像が明らかになったとは言えない．本研究の結果をさらに検討するために，今
後「ハ」から「ワ」の 19 音の第一音節と「ア」から「ワ」の 44 音の第二音節を
組み合わせた名前でも同様の調査を行う必要があるだろう．

参考文献

第一生命広報部（編）(1987)『日本全国苗字と名前おもしろ BOOK』恒友出版，東京.

六川雅彦 (2005)「日本人の名前に見られる音韻的性差──音と意味の有縁性」『言語学と
日本語教育 4』，南雅彦（編），309-320，くろしお出版，東京.

Mutsukawa, Masahiko (2007) "How Can Japanese People Tell the Gender of their
Given Names?" *Proceedings of the 6th High Desert International Linguistics
Conference*, 83-94, High Desert Linguistics Society, Albuquerque.

Mutsukawa, Masahiko (2008) "Phonology, Semantics, and Kanji in Japanese Given
Names (1912-2005)," *Studies on Japanese Language and Culture* 8, 19-34, Nan-
zan University.

Mutsukawa, Masahiko (2009) "Phonological Clues in Japanese Given Names: The
Masculinity of Riku and the Femininity of Kanon and Karin," *Current Issues in
Linguistic Interfaces* 2, 449-459, Hankookmunhwasa, Seoul.

Mutsukawa, Masahiko (2010) "Gender Differences in English and Japanese Given
Names," *Studies on Japanese Language and Culture* 10, 77-89, Nanzan Universi-

ty.

六川雅彦（2011）「日本語母語話者の名前の性別判断能力について──実在する名前を使ったアンケート調査──」『南山大学日本文化学科論集』第 11 号，25-32.

六川雅彦（2012）「日本語非母語話者の日本人の名前の性別判断能力について──実在する名前を使ったアンケート調査──」『南山大学日本文化学科論集』第 12 号，33-41.

六川雅彦（2013）「日本語母語話者の名前の性別判断について」『南山大学日本文化学科論集』第 13 号，29-40.

六川雅彦（2014）「日本人の中性名に見られる音韻的，意味的特徴」『南山大学日本文化学科論集』第 14 号，55-67.

Mutsukawa, Masahiko (2014) "Phonological and Semantic Gender Differences in English and Japanese Given Names," *Proceedings of the XXIV ICOS International Congress of Onomastic Sciences*, 370-377, Generalitat de Catalunya, Catalonia.

六川雅彦（2015a）「日本語非母語話者の日本人の名前の性別判断能力について」『南山大学日本文化学科論集』第 15 号，39-51.

六川雅彦（2015b）「日本人の名前と性別──「セイヤ」の男性性と「シホ」「ユーリ」「キヨ」の女性性──」『現代の形態論と音声学・音韻論の視点と論点』，西原哲雄・田中真一（編），160-174，開拓社，東京.

Mutsukawa, Masahiko (2016) "On Japanese Unisex Names," *Proceedings of the 25th International Congress of Onomastic Sciences Vol. 3: Anthroponomastics*, 186-199, University of Glasgow, Glasgow.

六川雅彦（2016）「名前と性別」『現代音韻論の動向』，日本音韻論学会（編），144-147，開拓社，東京.

六川雅彦（2017）「日本の淡水魚名の音韻的特徴──人名使用の可能性──」『南山大学日本文化学科論集』第 17 号，29-42.

Mutsukawa, Masahiko (2019a) "Japanese Disyllabic and Bimoraic Given Names," paper presented in American Name Society Annual Meeting, Sheraton New York Times Square.

Mutsukawa, Masahiko (2019b) "Japanese Freshwater Fish Names and Given Names," *Onomastica Uralica* 13, 273-290, University of Debrecen, Debrecen.

声と社会方言（社会音声学入門）

山根典子

広島大学

1. 社会方言

社会言語学の分野で，社会方言の音声を扱う分野を社会音声学という．人の音声の研究には大きく分けて，発話研究（production study）と知覚研究（perception study）があるが，どちらにしても，研究の流れとしては，リサーチクエスチョン（研究課題）から始まり，仮説をたて，その仮説を検証するために，実験やフィールドワークを通してデータを取得し，分析する．分析結果を得たら，仮説がどの程度正しかったのかあるいは正しくなかったのか，という評価を行う．

この章で扱うデータとは，録音された音声や，音声を聞いた人たちの判断結果のことである．データ収集の前に設定しなければならないのは，リサーチクエスチョンと仮説，従属変数と独立変数である．

例えば，フランス語の口蓋垂音の r（有声口蓋垂摩擦音）の発音は，外国語としてフランス語を学ぶ者にとって正しく発音するのは難しいと言われている．しかし，様々な疑問が浮かぶ．当然話者によって発音の出来に違いはあるだろうが，傾向として，例えば英語母語話者と日本語母語話者では習得に差があるのか，男性と女性では違うのか，年齢によって違うのか，などである．また，この語が現れる音韻的な位置によって正しさの度合いは変わって来ることも考えられる．語頭と語末で違うのではないか，あるいは母音の前か子音の前かで違うのではないか，というのも妥当な疑問であろう．このように研究者の疑問によって自由に設定を変えられる部分を「独立変数」というが，社会音声学では社会や地域における要因がここに入ってくることになる．何を独立変数とするかは，研究のスコープを決める上で重要となるので，タイムラインや予

122

算などに応じて決めてゆくことになる.

これに対して,データとして記録されたものを「従属変数」とよぶが,この研究の場合,有声口蓋垂摩擦音の発音の正しさとなる.正しさといっても何をもって正しいとするのかを設定する必要がある.複数のフランス語母語話者の評価による正解率(正しいか正しくないかの二択や,9段階などのリッカートスケール,など)や,音声分析から摩擦音や有声性を表す音響素性の値による正解率,あるいはその両方で表すこともできる.

以下にそれぞれを設定しながら進めている3つの研究を紹介し,どのような知見が得られたのか,見ていこう.

2. 階級差 ラバブのデパートでの調査:rの発音のフィールドワーク

car や park などの r の発音 [ɹ](発音記号では逆さの r で表されることに注意)が出現するかしないかには地域差があることが知られている.話を簡潔にするためにあえてざっくりわけると,イギリス英語では r を発音しない地域(non-rhotic dialect),アメリカ英語では発音する地域(rhotic dialect).しかし同じアメリカ国内でもすべての人が r を発音するわけではない.個人差があるのだ,と言ってしまえばそれまでだが,これを研究として発展させるために変異に何か規則性はないか?という疑問をもち,もう一歩推し進める必要がある.

この節ではラバブ(William Labov)が1963年に行った古典的な研究,デパート調査を紹介しつつ,その意味合いを考察する.

2.1. 仮説

場所はニューヨーク.ラバブはニューヨーク市民にも r を発音する人たちとそうでない人たちがいることに気づいていた.ラバブが掲げたリサーチクエスチョンは,[ɹ] のあるなしは社会階層(職業,所得,教育などによって区分された複数の集団からなる層)によって異なるのか?というものだった.そして普段の観察から,以下の仮説が立てられた.

(1) 上級層では最も r の出現率が高く,続いて中級層,そして下級層の r
　　 の出現率は最も低い

2.2. 独立変数と従属変数

研究には独立変数と従属変数が不可欠となるが，この場合，従属変数は r の出現率であり，独立変数は，社会階層によって異なるグループ，ということである．最難関となるのは，社会階層によって異なる人たちをどのように特定しどのように音声収集を行うかということであろう．ニューヨークのマンハッタンには様々なデパートがある．ダウンタウンの高級ファッション街の近くにも，下町にもあり，建物の規模や内装もそれぞれで，広くてカーペットがあり受付嬢がいるデパートもあれば，コンクリートの床で天井が低いところもある．中に入っている店のランクや品物の値段も違うし，当然そこで働く店員の待遇や労働条件も違う．そこでこのような基準を総合し，高級ファッション街近くにある Saks で働く店員を上層中流階級の話者，下町にある S. Klein の店員を労働者階級，その中間的な雰囲気のデパート Macy's の店員を下層中流階級の話者と想定し，これらの店員の発音をターゲットとすることにした．

2.3. データ収集の方法

さて，従属変数である r の出現率をどう収集したのか．まずはどういうデータが欲しいのか．right のような語頭の r や tree のような子音の後の r は見る必要はない．すべての話者が発音するからだ．だから，r のあるなしが引き出せそうな語を選択する必要がある．floor [flɔɹ] のような母音の後や，fourth [fɔɹθ] のような子音の前で r の変異が観察されることから fourth floor を分析対象語とした．この語を引き出すために調査者は客として3つのデパートに出向き，あらかじめ4階にどのような売り場があるかを調べておく．次にその売り場がどこにあるのか知らないふりをして，店員に近づき次のようなやりとりをする．

(2) r 変異調査方法
　　　調査者：　Excuse me, where are the women's shoes?
　　　　　　　（すみませんが，女性の靴売り場はどちらですか．）
　　　店員：　　Fourth floor.（4 階です．）
　　　調査者：　Excuse me?（え？）
　　　店員：　　Fourth floor.（4 階ですよ．）

同じ語を繰り返させるのは，r の出方がはじめに言ったものと違うかどうかを

見るためである.強調すると発音はクリアになりrが出てくる可能性もある.つまり,カジュアルスタイルと強調スタイルの違いによる発音の違いも考察することができるわけである.調査者は聞き取り調査なので,その場でrが出現したかどうかを記録した.rが聞こえればr-1,rが聞こえなければr-0（例えば,rの代わりにシュワーの発音だったり [flɔə],母音を伸ばしたり [flɔː],rが出てきてもよいところに何もない場合 [flɔ] など),またどちらか疑わしい場合は d と記録し,各デパートにおける店員のr-1の出現率を出した.

　音声実験というと,被験者に実験室に来てもらって語や文を録音するイメージがあるだろうが,その方法では被験者は自分の発音がモニターされていると意識するので,得られた音声データが普段の発音と違う可能性が必ずつきまとう.これに対してデパート調査では,店員は自分の発音に特別注意を向けられていると思わないので,普段から行っている接客での自然な発音データが収集できる.しかも迅速に (6.5時間のうちに264回答を得た) 匿名で調査（Rapid anonymous survey）が行える利点がある.

2.4. 結果

以下は得られた結果のグラフである.

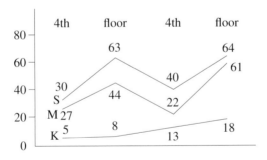

Figure 1　3つのデパートの店員によるrの出現率

y軸はrの出現率（%）である.3つの折れ線は,S（Sacks), M（Macy's), K（Klein) の各デパートの店員が,語やスタイルによってどれほどrを発音するかを示している.左2語は,はじめに言った fourth floor,右2語は,2度目に強調して言った fourth floor におけるrの出現率を表す.この結果から,以下のことが読み取れる.

(3) グラフの解釈

    a.　K (Klein)，M (Macy's)，S (Sacks) の順で r の出現率が高くなる．

    b.　どの階層でも，強調した形では r の出現率が高い．

    c.　どの階層でも，子音前の fourth より語末の floor のほうが r の出現率が高い．

　つまり，(3a) の結果から，仮説「上級層では最も r の出現率が高く，続いて中級層，そして下級層の r の出現率は最も低い」が概ね実証された．英語の話し方や発音の仕方が社会階層によって変わる，と結論づけられた．

2.5.　考察

　ここではデパートの店員の発音を，勤務先の権威や経済状況で三分割していたわけだが，世代で振り分けることも可能である．ラバブは，老年層よりも若年層に r が比較的頻繁に出現することにも気づいていた．世代間の発音はこのように違いがあるだろうが，個人の発音は生涯を通してそれほど変わらない．つまり世代差の発音変異はあたかも時間の流れを示唆している「見かけ上の時間 (apparent time)」として，将来発音がどのように変化していくかのヒントを与えてくれるものだとしている．つまり，この時点で将来的に，ニューヨーク市の r は全体として出現率が高くなるだろうと予測していた．

　同じ場所で，同じ手法を使えばこの通時変化の予測が正しかったのかは確かめることができる．Klein は 1976 年に閉店したためこのデパートでは調査不可能となったが，その他 2 つのデパートで，実時間による調査が勧められた．Fowler (1986)，Mather (2009) はラバブがオリジナルで用いたのと同様の手法を使い調査した結果，ラバブの予測通り，r の出現率が増加していることが実証された．詳しくは，Guy (2018) を参照のこと．

3.　職業差か文化差か　ケーキショップの店員：聴覚印象のサーベイ

　日本のエレベーターガール，バスガイド，フライトアテンダントの話し方に独特の丁寧さがあるのはすぐ気づくことであろうが，これは女性だからなのか？あるいは職業ごとに，その職業にふさわしいと言える普遍的な声質や話し

方があるのだろうか？　もし普遍的な何かがあるならば，言語が変わっても話し方はそれほど変わらないはずだが，本当にそうだろうか．国際線の飛行機ではしばしば，日本人フライトアテンダントと，英語が母語のフライトアテンダントが続けてアナウンスが行うことがあるが，二人の声質を聴き比べてみてほしい．日本人フライトアテンダントの日本語の声の音域（ピッチ）は高く，どこか「よそ行き」の感じを醸し出している．それに対して非日本人フライトアテンダントの英語は，ピッチが低めで，普段の声とそれほど違わない印象を受けないだろうか．

　声に対する人の感じ方は様々であろう．しかし様々だと言って済ませていては研究にならない．この感じ方を社会音声学の対象課題とするには，やはり何か規則性があるのではないかいう目で観察することが必要である．

　この節では，言語や文化の違いが，音声の知覚にどのような影響を与えるのかについて研究を行った Erickson et al. (2018)，Sadanobu et al. (2016) を紹介する．聞き手の言語や文化によって聴覚印象がどのくらい変わるのか，それは一体何故なのか，考察を深める．

3.1. 仮説

　ある文化圏では肯定的な印象を与える声でも，別の文化圏では異なる印象を与える可能性がある．Erickson et al. (2018)，Sadanobu et al. (2016) の研究では，日本のケーキ店で働く日本人女性店員の，いわゆる有名なケーキ店の店員らしい上品な声を複数の言語話者に聞いてもらい，この声の独特な「らしさ」が他言語話者にも知覚されるのか，言語や文化によってどのくらい印象の差があるのか？というリサーチクエスチョンを設定し，知覚実験を行っている．仮説としては以下のようなものが立てられる．

　　(4)　声から受ける印象は，言語や文化によって異なる．

3.2. 独立変数と従属変数

　ここでの従属変数は，声から知覚されうるその職業「らしさ」のスコアであり，独立変数は，文化や言語の異なる人たちのグループである．しかしながら，もう１つの変数が必要となるかもしれない．なぜなら，言語や文化が違えば，知識や経験も異なるため予測していない印象を持つ可能性がある．それ

ゆえ自由に書いてもらう記述式が適当だと思われる．自分の言語でユニークな
ものを引き出せる可能性も高まる．つまり量的データと質的データを組み合わ
せることが必要となる．

3.3. データ収集の手法

　知覚実験では，複数の声を刺激音として聞いてもらい，リスナーに次のアン
ケートが課された．（1）どの声がケーキ店の店員の声としてもっともふさわし
いかを 1（最低点）から 5（最高点）までで評価するものと，（2）ケーキ店の店
員としてのこれらの声についての意見または印象を述べるもの，の二種類で
あった．

　刺激音に使用したのは，以下の 3 人の女性の声で「いらっしゃいませ．どう
ぞご覧くださいませ．」を言ってもらい録音した音声である．

　　(5)　知覚実験で使用した刺激音
　　　　a.　MM：　デパートの有名ケーキ店で 3 年の経験があり，卒業後も
　　　　　　　　　　同じ店で働いている．
　　　　b.　MY：　2.5 年の経験があり
　　　　c.　MT：　スーパーでレジ係の経験はあるが，ケーキショップで働い
　　　　　　　　　　たことはない．

これらの 3 人の女性に店員モードと地声モードの二種類で言ってもらったも
のを録音し，合計六種類の刺激音を用意した．そして，以下の 3 グループの
リスナーに聞かせ，聴覚印象を尋ねた．

　　(6)　知覚実験で参加したリスナーの種類
　　　　a.　日本人：　　　　関西の大学生 110 人
　　　　b.　中国人：　　　　北京で日本語を学習している大学生 38 人
　　　　c.　アメリカ人：　日本語を学習したことがないノースキャロライナ
　　　　　　　　　　　　　　の大学生 20 人

3.4. 結果

　どの声がケーキ店の店員の声としてもっともふさわしいかを 5 点満点で評
価してもらった結果，驚くべきことに，それぞれのグループが異なるサンプル

声と社会方言（社会音声学入門） 129

音声を高く評価した．日本人は MM の店員モードの声（3.7），中国人は MY の店員モードの声（3.8），アメリカ人は MT の店員モードの声（3.3）をそれぞれもっとも高く評価した．音響分析によると，MM, MY, MT の全員が，地声モードよりも店員モードで声のピッチ幅が大きくなっていたが，店員モードで最もピッチ幅が大きいのはアメリカ人が選んだ MT，最高ピッチがもっとも高いのは中国人が選んだ MY であった．彼らのコメントでは，中国人が選んだ MY の印象は日本のアニメの萌え声のように良い，可愛い，優しいなど（33%），アメリカ人が選んだ MT はフレンドリー，楽しげ，情熱があるなど（20%）であった．

日本人がもっとも高く評価した MM の店員モードの声についての意見または印象を，国民別にまとめたアンケート調査の結果が以下である．

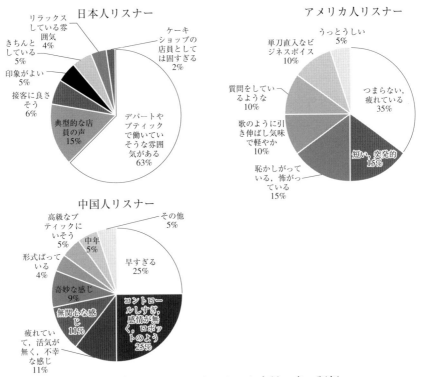

Figure 2　リスナーによるケーキ店員の声の評価

円グラフを比較してわかることは，MM の店員モードの声について，中国人やアメリカ人は，日本人よりも低い評価をしているということである．日本人は，80%以上のコメントが接客業の店員らしい声として好印象としているが，中国人に多かったのは「早すぎる」(25%)「コントロールしすぎ，感情がなくロボットのよう」(25%)，アメリカ人に多かったのは「つまらない，疲れている」(35%)「短い，突発的」(15%) と言うものであった．

3.5. 考察

　日本人が高く評価した MM は，なぜ別の言語話者では評価が低いのか．また日本人の評価はなぜ高いのか．MM は先述したように MT ほど声の高さはなく，MY ほど大きいピッチ幅もない．エリクソン他によると，MM には他の二人には無い声質があると言う．その声質とはプロの歌唱法で使用される twang つまり少し鼻にかかったような顔の前の方を共鳴させる明るめの声質と，breathy つまり息が混ざったような声である．周波数のスペクトル分析では，前者は 2.5 から 3.5 kHz あたりのエネルギーの上昇，後者は 4 kHz あたりのエネルギーの下降という形で現れている．また調音上は，披裂喉頭蓋括約筋を前方に向かって狭窄を起こすことが MRI で観察されている (Sadanobu et al. (2016))．どちらの特徴も MT や MY には見られず，その特徴が日本人の耳には独特な上品さとして聞こえるようである．MM によると店からは「明るく元気な声で」接客するようにと言われただけで，特別な指導は受けていないらしい．しかし先輩の店員の声を真似ることで身についたということである．

　この研究から得られた知見として，日本人リスナーが敏感に聞き取っていたのは，ピッチでは無く繊細な声質の違いだったのではないか，ということであった．このような声質の違いは日本文化に特有のものかもしれない．また，別の文化ではその文化に特有の別の声質が潜んでいる可能性もある．今後の研究の応用可能性として，職業にふさわしい声の出し方をトレーニングしたり，第二言語として日本語を学ぶ学習者に日本文化や言語を教えるのに役立てることができるかもしれない．きっとそれぞれの文化で多くの民族音声学的表現があると思われ，この分野での研究の発展が望まれる．

4. ジェンダーとセクシュアリティ

　我々は声を聞いただけでその人の生物学的性別がだいたい特定できることがわかっている．声の性差は成長期に著しくなるが，Ohala（1983）によれば成人男性の喉頭は女性に比べて50%長く，その結果男性の声帯振動比率は低く，ピッチは低くなるという．つまりこのような身体的特徴がピッチの差に反映されるので，成人男性なら低く，女性なら高い，といったステレオタイプの性と声の関係が社会的に期待され強調される．また句末でトーンを上げる話し方，アップトーク（uptalk）が若年層の女性の英語に特徴的であることを Lakoff（1975）が指摘してから，この現象がメディアなどでも取り上げられるようになった．社会音声学の現象として扱われ始めたのは Henton and Bladon（1988）がきしみ声（creaky voice）が女性より男性に顕著であることを指摘してからだろうということである（Podesva and Kajino（2014: 104））.

　社会学的には，性の問題は，ジェンダー（社会文化的役割）やセクシュアリティ（性的アイデンティティ（異性愛者・同性愛者などの性に関する自認），性的実践，性的欲望を含む包括的概念（中村（2014: 34））の概念と絡み合うため，このようなステレオタイプの声の認識が，ジェンダーやセクシュアリティの領域にどのような知見をもたらすのか興味深い問題となる．この分野の研究は比較的新しく，今後の研究の進展が期待される．この節では，声の男らしさ，女らしさやセクシュアリティの聴覚印象の関係を捉えた Munson（2007）の研究を紹介する．

4.1. 課題と仮説

　声にはセクシュアリティを示唆する何らかの特徴があり，聞き手は，読み上げ音声の声を聞いただけである程度セクシュアリティまで探知できるということが，先行研究で言われている．また男らしさや女らしさの知覚がゲイらしさやストレートらしさの知覚と相関しているという研究もある（Gaudio（1994）他）．しかしながら，先行研究では2つの質問（聞いた声が男らしいか，または女らしいか？という質問と，聞いた声がゲイっぽく聞こえるか，ストレートっぽいく聞こえるか？という質問）を同じ人たちに答えてもらったため，被験者の答えはもう一方の答えの記憶に影響を受ける可能性がある．マンスンの研究では，被験者を増やしつつ別々のグループの人たちに別々の質問を課すこ

とでこの問題を解決している．また，サンプル音声が文章だと話し方やリンキングなどの他の要素に紛れて音声特徴を特定することが難しくなるという問題があったが，今回の音声は単語を読んでもらうことで解決している．

Munson の研究では，以下をリサーチクエスチョンとしている．

(7) 課題と仮説
    a. セクシュアリティの判断は，男性らしさや女性らしさの判断と，どれほど関連があるのか？
    b. 仮説：男らしい声，女らしい声の聴覚印象と，同性愛者っぽい声の聴覚印象には相関がある

4.2. データ収集

独立変数は，声から知覚する男性らしさや女性らしさの判断スコアで，従属変数は同じ声から知覚するセクシュアリティの判断スコアである．

データはサンプル音声と，評価スコアの二種類なので以下に別のセクションで示してある．

4.2.1. サンプル音声収集

以下の四種類のグループの話し手（44 人）から録音音声をとった．

(8) サンプル音声
    a. ヘテロセクシュアル男性 11 人
    b. ヘテロセクシュアル女性 11 人
    c. ゲイ男性 11 人
    d. レズビアン・バイセクシュアル女性 11 人

刺激語を見せ読み上げタスクを課すことでサンプルとなる音声が収集された．刺激語に何を選択するかは悩ましいところであるが，ここでは性別による音響特徴の差をみたいため，先行研究で指摘されていることをもとに選択するのが良い．ピッチに関して言えば，男性で声が高めなら女っぽいとか，ゲイのように聞こえる，と思われるかもしれないが，それほど単純ではないという報告もある（Smith, Jacobs and Rogers（2003））．つまりピッチ以外のところにゲイらしい特徴があると考えてもおかしくない．では子音や母音の調音の仕方はどうだろう．Schwartz（1968）が行った無声摩擦音のみを切り取って性別を特

定させる知覚実験によると，チャンスレベルよりも高い可能性で話し手の性別が特定されたという結果が出ている．摩擦音のうち周波数平均がもっとも高いのが歯茎音 [s] であり，音響的には，このような粗擦音の周波数ピークは女性のほうが男性より高い（Jongman et al. (2000)）．また，母音についての性差の研究もある．より男らしくない声では，/ i / のフォルマント周波がより周辺に位置し（Avery and Liss (1996)），5 母音の母音スペースの比較では，GLB（ゲイ，レズビアン・バイセクシャル）の人たちの方が，母音スペースの広がりが大きい（Pierrehumbert et al. (2004)）との報告がある．このような観察から，刺激語は，[s] を含むか含まないか，前舌母音を含むか含まないかという，4 つの音声条件を組み合わせ，以下の 12 語とした．

(9) 刺激語
a. 前舌母音と粗擦音 [s] を含む 3 語（gas, said, same）
b. 前舌母音と非粗擦音を含む 3 語（bell, fade, path）
c. 後舌円唇母音と粗擦音 [s] を含む 3 語（loose, soap, soon）
d. 後舌円唇母音と非粗擦音を含む 3 語（hoop, note, tooth）

4.2.2. 評価データ収集

聞き手の評価は，10 人に参加してもらった．

サンプル音声データは性で別のブロックに分け，その中でサンプルをランダムに提示した．聞き手には，刺激音が男性の声の場合には「とても男性的に聞こえる」なら '1' を，いくらか男性的に聞こえるなら '3'，全く男性的に聞こえなければ '5' をつけてもらった．刺激音が女性の声の場合には「とても女性的に聞こえる」なら '1' を，いくらか女性的に聞こえるなら '3'，全く女性的に聞こえなければ '5' をつけてもらい，'2' and '4' はそれらの中間の値とした．

セクシュアリティの評価は Munson et al. (2005) ですでに収集済みである．そこでの参加者は 40 人の成人男性で，今回の実験とは関わりの無いグループの人たちであった．

それぞれの刺激語に対して，3 要因（前舌母音か後舌母音か，粗擦音ありかなしか，話者が同性愛者か否か）の ANOVA を行い，男性らしさや女性らしさの評価と比べた．この結果を，聞き手が知覚したセクシュアリティのスコア

や，話し手の音声の音響的な計測値と比較した．

4.3. 結果

左図がゲイ男性（黒）とヘテロ男性（グレー）の声がそれぞれどのように評価されたかを示し，右図が，ビアン・バイ女性（黒）とヘテロ女性（グレー）の声がそれぞれどのように評価されたかを示している．

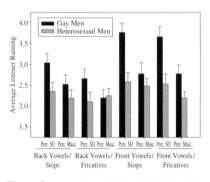 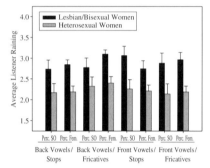

Figure 3　セクシュアリティと男らしさの評価スコア　　Figure 4　セクシュアリティと女らしさの評価スコア

X 軸には，Back Vowels/Stops（後舌母音と閉鎖子音），Back Vowels/Fricatives（後舌母音と摩擦子音），Front Vowels/Stops（前舌母音と閉鎖子音），Front Vowels/Fricatives（前舌母音と摩擦子音）の四種類の語が配置され各語におけるセクシュアリティの知覚と，男・女らしさの知覚が隣合わせに並んでいる．

　Y 軸は二種類の質問に対する評価スコアを表す．1) Perc. SO (Perceived Sexual Orientation)，つまり性的指向をどのように知覚したかに対するスコア（5＝GLB に確実に聞こえる，3＝どちらにも聞こえない，1＝ヘテロセクシュアルに確実に聞こえる）と 2) 左図においては Perc. Masc. (Perceived Masculinity)，つまり男性らしさをどの程度知覚したかに対するスコア（5＝全く男らしくないと聞こえる，3＝いくらか男らしいと聞こえる，1＝とても男らしいと聞こえる）である．同様に右図において，Perc. Fem. (Perceived Femininity)，つまり女性らしさをどの程度知覚したかに対するスコア（5＝全く女らしくないと聞こえる，3＝いくらか女らしいと聞こえる，1＝とても女らし

いと聞こえる）である.

スコアが高いほど，知覚した印象は生物学的性のステレオタイプから離れる事を示す. これらのグラフからわかることは，以下の通りである.

(10) グラフの解釈

a. セクシュアリティ：男性の声も，女性の声も，ヘテロの声と比べて，GLB の声は概ねスコアがより高い. つまり，聞き手は声から，セクシュアリティを知覚した.

b. 男らしさや女らしさ：ヘテロの声と比べて，GLB の声は概ねスコアが高い. つまり，聞き手は GLB の声から，あまり男らしくないとか女らしくない特徴を知覚した.

c. 音響特徴：聞き手はゲイ男性の前舌母音を聞いた時の方が，後舌母音を聞いた時に比べて，はるかにゲイらしく聞こえると評価した.（女性の声に関しては母音による評価の違いはない.）

4.4. 考察

あまり男らしくないとか女らしくないと評価された声は，ゲイらしいとか LB らしいと聞こえる声と相関があった. 回帰分析では，異なる音響特徴によってセクシュアリティと男性らしさや女性らしさの知覚を予測していたが，前舌母音で男性の方にだけゲイっぽさが知覚されたという結果は興味深い.

参考文献

Avery, Jack D. and Julie M. Liss (1996) "Acoustic Characteristics of Less-Masculine-Sounding Male Speech," *The Journal of the Acoustical Society of America* 99(6), 3738-3748.

Erickson, Donna, Toshiyuki Sadanobu, Chunyue Zhu, Kerrie Obert and Hayato Daikuhara (2018) "Exploratory Study in Ethnophonetics: Comparison of Cross-cultural Perceptions of Japanese Cake Seller Voices among Japanese, Chinese and American English Listeners," *Proceedings of the 9th International Conference on Speech Prosody 2018*, 393-397.

Fowler, Joy (1986) "The Social Stratification of (r) in New York City Department Stores, 24 Years after Labov," ms., New York University.

Gaudio, Rudolf P. (1994) "Sounding Gay: Pitch Properties in the Speech of Gay and Straight Men," *American Speech* 69(1), 30-57.

Guy, Gregory R. (2018) "Saks vs. Macys: (r-1) Marches on in New York City Department Stores," *University of Pennsylvania Working Papers in Linguistics*, Volume 24, Issue 2: Selected Papers from New Ways of Analyzing Variation (NWAV 46) https://repository.upenn.edu/pwpl/vol24/iss2/7/

Jongman, Allard, Ratree Wayland and Serena Wong (2000) "Acoustic Characteristics of English Fricatives," *The Journal of the Acoustical Society of America* 108(3), 1252-1263.

Lakoff, Robin (1973) "Language and Woman's Place," *Language in Society* 2(1), 45-79.

Labov, William (1966) *The Social Stratification of English in New York City*, Cambridge University Press, Cambridge.

Labov, William (1972) *Sociolinguistic Patterns*, University of Pennsylvania Press, Philadelphia.

Labov, William (1986) "The Social Stratification of (r) in New York City Department Stores," *Dialect and Language Variation*, 304-329, Academic Press.

Mather, Patrick-André (2012) "The Social Stratification of / r / in New York City: Labov's Department Store Study Revisited," *Journal of English Linguistics* 40, 338-356.

Munson, Benjamin (2007) "The Acoustic Correlates of Perceived Masculinity, Perceived Femininity, and Perceived Sexual Orientation," *Language and Speech* 50 (1), 125-142.

中村桃子 (2014)「ことばとセクシュアリティ：日本語研究への招待（特集 セクシュアリティ，権力，撹乱）」『ことばと社会：多言語社会研究』16, 32-56.

Ohala, John J. (1983) "Cross-language Use of Pitch: An Ethological View," *Phonetica* 40(1), 1-18.

Podesva, Robert J. and Sakiko Kajino (2014) "Sociophonetics, Gender, and Sexuality," *The Handbook of Language, Gender, and Sexuality* 103-122.

Sadanobu, Toshiyuki, Chunyue Zhu, Donna Erickson and Kerrie Obert (2016) "Japanese "Street Seller's Voice"," *Proceedings of Meetings on Acoustics 172ASA*, Vol. 29, No. 1, https://doi.org/10.1121/2.0000404

Sadanobu, Toshiyuki, Chunyue Zhu, Donnna Erickson and Kerrie Obert (2017) "Phonation by Japanese Cake-Sellers and Its Impressions: A Contrastive Viewpoint between Japanese and Chinese Listeners," Fall Meeting of Phonetic Society of Japan, 61-66.

Schwartz, Martin F. (1968) "Identification of Speaker Sex from Isolated, Voiceless Fricatives," *The Journal of the Acoustical Society of America* 43(5), 1178-1179.

Smyth, Ron, Greg Jacobs and Henry Rogers (2003) "Male Voices and Perceived Sexual Orientation: An Experimental and Theoretical Approach," *Language in Society* 32(3), 329-350.

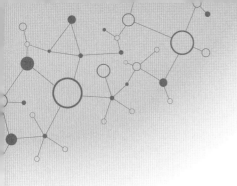

第III部

意味論

慣習的推意

——インターフェースの観点から——*

澤田　治

神戸大学

1.　はじめに

　本稿では，慣習的推意 (conventional implicature)（以下適宜，CI と呼ぶ）の性質について，インターフェースの観点から考察する．CI とは，概略，ある特定の語に慣習的に結びついている類の推意 (implicature) のことで，命題の真偽判定に関わらないという特徴を有している (Grice (1975))．近年，とりわけ，Potts (2005) の研究以降，CI についての理論的な研究が盛んになってきている．そこでの議論の中心は，CI の意味の自立性に関する形式意味論的な分析法であるが，CI とコンテクストの関係などインターフェースの観点からの研究も近年活発になってきている．

　本稿では，CI のインターフェースについて，様々な角度から考察し，CI は，コンテクスト以外にも，他の言語部門における様々なルールや概念と密接に関係していることを明らかにする．具体的には，スケール表現の二重使用現象，指小辞シフト，埋め込み環境における「もっと」，話題転換の「それより」に焦点を当て，CI の意味・使用の背後には，真理条件的意味におけるスケール性，音韻シフト，階層性，会話の公理，視点の一貫性等，様々な概念・規則と体系的な形で関わっていることを示す．また，最後に，理論言語学でしばしば問題となっている前提と CI の関係についても考察する．

---

　* 本研究は，JSPS 科研費（18K00531）の助成を受けている．

2. 慣習的推意 (CI) とは

　Grice (1975) は，推意には会話的推意 (conversational implicature) と慣習的推意 (conventional implicature) (CI) の2種類の推意があると主張した．Grice によれば，会話的推意は，協調の原理 (cooprative principle) および4つの公理（量の公理 (maxim of quantity)，質の公理 (maxim of quality)，関連性の公理 (maxim of relevance)，様態の公理 (maxim of manner)）によって生み出された言外の意味のことである．例えば，Grice (1975) は，関連性の公理（「関係したことを言え」）により生み出された会話的推意の例として，以下の例を挙げている．

(1)　A:　I am out of petrol.
　　　B:　There is a garage round the corner.

(Grice (1975: 51))

Bは，文字通りには，「角を曲がったところに，ガソリンスタンドがある」と言っているだけであるが，関連性の公理により，この発話から，「そこに行けば給油できる」といった言外の意味を読み取ることができる．ただしこの推意は，あくまで，協調の原理・会話の公理との関係で生み出されたコンテクスト的な意味であるため，取り消しが可能であることに注意されたい（例えば，Bは，「しかし今日はやっていない」と続けることで，この推意を取り消すことが可能である）．

　一方，慣習的推意 (CI) とは，会話の原理・公理から導き出されたものではなく，語に慣習的に結びついたものである．例えば，次の例について考えてみよう．

(2)　He is an Englishman; he is, *therefore*, brave.

(Grice (1975: 44)，斜体筆者)

斜体部の therefore という語の意味は，文の真理条件に関わっていない．Grice (1975) が言うように，たとえ therefore によって現れる因果関係（＝彼は英国人であるから勇敢である）が成り立たなかったとしても，そのことで，文全体の命題が偽になるということはない．Grice はこのような，語と慣習的に結びついた（したがって取り消し不可能な）推意を「慣習的推意」と呼んだ．

140 第 III 部 意味論

　Grice 自身は，慣習的推意については，therefore, but, moreover, on the
other hand などわずかの例しか扱っておらず，会話的推意が主な研究対象で
あったが（Grice（1975, 1987）），Potts（2005）は，新たな現象に基づいて，
CI 研究に新たな展開をもたらした．具体的には，Potts（2005）は，これまで
形式意味論の分野ではほとんど扱われてこなかった「罵り語」（＝(3a)），「話
者指向的副詞」（＝(3b)），「同格表現」（＝(3c)），「発話修飾副詞」（＝(3d)），
「敬語表現」（＝(3e, f)）等に焦点を当て，「多次元的意味論」（multidimen-
sional semantics）という新たな理論に基づき，これらの現象を分析している．

(3) a. That bastard Conner got promoted.

　　b. Fortunately, Tom survived.

　　c. Ames, a successful spy, is now behind bars.

　　d. Frankly, I am sick of your complaining.

　　e. 山田先生がお笑いになった．

　　f. 雨が降りました．

(Potts（2005）の例に基づく．下線筆者)

Potts（2005）の理論では，CI は，(4) のように定義されている．

(4) 　Potts（2005）による CI の定義

　　a. 慣習的推意とは語の慣習的な意味の一部である．

　　b. 慣習的推意は言質（commitment）であり，したがって，含意（en-
tailment）と関わっている．

　　c. それらの言質は発話における話し手によってなされたものである．

　　d. 慣習的推意は「言われたこと」から論理的にも合成的にも独立して
いる．すなわち，慣習的推意は当該の含意（at-issue entailment）
から独立している．

　(4) の定義で重要な点は，CI は当該の含意から合成的・論理的に自立し，
話者指向的な意味を持っているという点であり，Potts（2005）はこれらの特
性を多次元性の観点から捉えている点が特徴的である．本稿では多次元的意味
論のメカニズムを細かく説明するスペースはないが，スキーマ的に捉えれば，
(5) は，at-issue レベルの意味と CI レベルの意味の 2 つの次元に分けること
ができる．

(5)　At-issue: Conner got promoted. （コナーが昇進した）

CI: I have a negative feeling toward Conner.

（コナーに対して話者は否定的な感情を抱いている）

(3) の各 CI 表現の意味（下線部）が，狭義の意味論的な意味から独立しているということは，それらの意味が，(6) のような否定 (denial) の対象になりえないという点から確認することができる．

(6)　No, that's false. （いや，それはうそだ．）

例えば，(3a) の発話に対し (6) でもって否定した場合，その否定は，「Conner が昇進した」ということを否定しており，相手の否定的な態度は否定されていない．また，(3a) の文は過去時制を有しているが that bastard によって生み出された CI の意味が過去時制のスコープに入っていないという点も，その意味が独立したレベルにあるということを示している．

CI が常に話者指向的であるという点については，Potts (2005) は，たとえ CI が「x は…と信じている」という（話し手以外の人物 x の視点が関わる）環境に埋め込まれても，依然として話し手指向的であるということから説明している．

(7)　Sue believes that that bastard Kresge should be fired.

（that bastard ＝ 話者指向的）

埋め込み環境においても bastard (CI) の視点が Sue ではなく，話者に帰属されうるという点は，真理条件的意味のレベルから独立した意味であるということと深く結びついている．

このように，Potts (2005) は CI の自立性を前面に出した理論を打ち出し，その後も，様々な形式意味論的な研究が生み出されてきているが (McCready (2010)，Gutzmann (2012) など)，近年 CI とコンテクストの関係などインターフェースと関わる研究も増えつつある．例えば，罵り語の damn はコンテクストによっては，肯定的な意味としても解釈できるという点や (Potts (2007))（例えば，"Damn! I'm proud of you" における damn は肯定的に解釈されるだろう），(7) のような埋め込み環境における CI は文脈によっては「主語指向的」にもなる得ることが指摘されている (Harris and Potts (2009))．

本稿では，CI のインターフェースについて，新たな角度から考察し，CI はコンテクスト以外にも，意味論，音韻論，モダリティ，会話的推意等，様々な言語部門・表現と相互に相互作用し合っているという点を明らかにする.

3. スケール表現の二重使用現象：意味論と語用論の平行性

本節では，スケール表現の二重使用現象を通して，CI と真理条件的意味との間の関係について考察する. 自然言語のスケール表現は，しばしば意味論レベルでも，CI レベルでも使われる. 例えば，次の例における日本語の「何よりも」には，「個体読み」と「重要読み」の 2 つの読みがあるが，前者は意味論レベルの意味（命題内容の一部となっている意味）であるのに対し，後者は命題内容に関わらない語用論レベルの意味である（Sawada (2010, 2018)）.

(8)　何よりもテニスは楽しい.
　　a.　意味論的意味（個体読み）：テニスはいかなる事よりも楽しい.
　　b.　語用論的意味（重要読み)：「テニスは楽しい」という発話が最も重要な発話である.

また，下の (9a) における英語の *fully* は，「まっすぐさ」の度合いで最高レベルにあるという意味論的な意味を表している. それに対して，(9b) は，Brenda は絶対に私を蹴り飛ばすだろうというような意味で，ここでの *fully* は，当該の命題に対する話者のコミットメントの度合いを強調する語用論的（感情表出的）な意味を表している（McCready and Schwager (2009)）.

(9) a.　The pipe is *fully* straight.（意味論的用法）
　　b.　Brenda is *fully* going to fly kick me!（語用論的用法）

　　　　　　　　　　　　　　　　　　　　　（McCready and Schwager (2009)）

Sawada (2018) は，このようなスケール表現の二重使用現象は，比較文，最小化詞（minimizers），強調詞（intensifiers），反期待的（counter-expectational）スケール修飾語などをはじめとする様々なスケール表現に見られる現象であることを示し，意味論的なスケール的意味と語用論的なスケール的意味との間には平行性があり，両者は，「程度性」という概念を多次元的に捉えることで説明可能であると主張している. これまでの研究では，CI と狭義の意

味論の違いに焦点が当てられてきたが，スケールの二重現象は，両者の間には相違点のみならず，共通点もあることを示唆しており，意味論と語用論のインターフェースを考察する上で重要であると思われる．

4. 指小辞の音韻的特性と意味

本節では，CI と音声・音韻のインターフェースについて，日本語の指小辞（幼児語）の現象を基に考察する．以下の例で見られるように，日本語では，[s] の代わりに [ch] と発音することにより，幼児語（幼児らしく発語している）という意味が現れる．

(10) a. これは僕の本です． （通常の言葉）
     b. これは僕の本でちゅ． （幼児語）
(11) a. ジュース飲む？ （通常の言葉）
     b. ジューチュ飲む？ （幼児語）

このような，[s] から [ch] への指小シフトは，以下の表で見られるように，様々な語彙に現れることができ，極めて生産的な（規則的な）シフトである．（この音韻交替は，「大人」が幼児らしさの意味を出すために適応されるものである点に注意されたい．赤ちゃん自身も指小辞を使うことはあるが，音韻規則に基づいて通常の形から幼児語に変換しているわけではない．）

(12)

	通常の形	幼児語
名詞	ジュース (juusu)	ジューチュ (juuchu)
動詞	あそぶ (asobu)	あちょぶ (achobu)
形容詞	おいしい (oishii)	おいちい (oichii)
副詞	すこし (sukoshi)	ちゅこち (chukochi)
接続詞	そして (soshite)	ちょちて (chochite) そちて (sochite)
敬語	です (desu)	でちゅ (dechu)

Sawada (2013, 2014a) は，[s] から [ch] への音韻シフトは，CI レベルにおいて話者が自己の成熟度の度合いを（あえて）極端に下げて，当該の語を発語する機能を持っていると主張した．理論的には，日本語には，指小辞とし

て，[−cont] という音韻素性をもった素性的形態素 (featural morpheme)「diminutive (DIM)」があり，それがターゲットとなる語 X に付加されることで，話者が幼児らしく X を発語しているという CI が生み出されると提案している (Sawada (2013, 2014a) では，[+delay release] という素性を使っている).[1] この分析では，例えば，「おいちい」は，DIM という素性的形態素と「おいしい」からなる複合的な表現であり，「おいしい」を項にとることで，話者は赤ちゃんのように「おいしい」を発音している（＝話者の成熟度を極端に下げたコンテクストを構築し，そのコンテクストで話者が「おいしい」と発音している）いう CI を生み出していると捉えることができる.[2]

(13) a. 音韻部門

[−cont]   DIMINUTIVE
      |
oichii

b. 慣習的推意

[[DIM]](oishii) ＝話者は，「oishii」を幼児のように発語している.

(13b) における「 」は，メタ言語レベルの表示（発音の仕方）を示す．指小辞の意味を多次元的に捉えた場合，例えば (11b) は，以下のように分析可能となる.

(14) At-issue: ジュース飲む？

CI: 私は「ジュース」を幼児のように発音している.

ここで注意すべきは，指小辞シフト点は，(15) のように，一文の中で複数

---

[1] この考え方は，Mester and Itô (1989) の mimetic palatalization（擬態的硬口蓋化）についての自律文節的 (autosegmental) アプローチが土台になっている．Alderete and Kochetov (2017) は，幼児語における [s] から [ch] への音韻変化を expressive palatalizaiton と呼び，その音韻的特性を Optimality Theory の枠組みから分析している.

[2] 幼児語の例には，「ブーブ」(cf. 車) や「クック」(cf. 靴) などの例もあるが，これらは，規則的な音韻規則によって幼児語が形成されているわけではない．このような例は，理論的には「混合的内容語」(mixed content) と考えることができる．混合的内容語とは，意味論的な意味と CI 的意味を兼ね備えている語のことであるが (McCready (2010), Gutzmann (2011)) (例：Kraut (ドイツ人 [侮蔑語]))，例えば，「ブーブ」は，意味論レベルで「車」の意味を持ちつつ，CI レベルで幼児らしさを伝達していると分析することができる.

回行うことができるという点である。[3]

(15)　おいちいでちゅか？

　ここで興味深い点は，複数のシフトが行われていない場合，以下のように，適格性に関して非対称性が現れるという点である．

(16)　a.　おいしいでちゅか？
　　　b.??おいちいですか？
　　　c.　おいちいでちゅか？

(16a)では，指小辞シフトが「です」でのみ起こっているが，文全体としては自然な発話である．それに対して，(16b)では「おいしい」でのみ指小辞のシフトが起きているが，全体としては不自然な発話に響く．なぜこのような非対称性が見られるのであろうか．Sawada (2014a) は，この問題について，スコープの観点から説明している．すなわち，「でちゅ」(＝DIM＋です）は，(17)のように命題全体を項に取るため，「でちゅ」の意味は，文全体をスコープにとり，自然な幼児語の発話と感じられる．それに対し，(16b)の場合，DIMは「おいしい」をスコープにとることができるが，命題全体をスコープにとることはできない．そのため，(16b)では，「おいちい」と「です」の間で発話モードの不一致が起こり，不自然に感じられるのである．

(17)
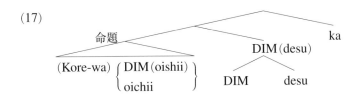

　以上本節では，指小辞の意味を合成性の観点から考察したが，指小辞の意味はコンテクストとも深く関わっているという点にも注意されたい．すなわち，指小辞の語用論的効果（言語行為）は聞き手が誰であるかにより異なる．例えば，大人の聞き手に対して指小辞（＝(12)）を使った場合，「聞き手への甘え」という感情を表出するのに対し，(12)の聞き手が赤ちゃんの場合，その発話

---

[3] また，(12)のリストの「ちゅこち」のように，語中で複数現れることも可能である．

からは「聞き手との共感性」という感情が表出するであろう.

5. 埋め込み環境における CI 表現の解釈

次に,埋め込み環境における CI 表現の解釈に焦点を当てて,CI のインターフェースが関わる問題点について考察してみよう.第一節の例 (2) で見たように,Potts (2005) は,罵り語 *bastard* (＝CI 表現) は,たとえ埋め込み環境に生起したとしても常に「話し手指向的」である (＝話し手の視点) と主張したが,実際には,コンテクストを整えれば,「主語指向的」にもなりえる (＝主語の視点) ということが,コーパスおよび実験データから明らかになった (Amaral et al. (2007), Potts (2007), Sauerland (2007), Harris and Potts (2009)).例えば,Amaral et al. (2007) は,以下の例を基に,埋め込み文中の感情表出表現の friggin' (いまいましい) は,主語指向的となりえると主張している.

(18) (Context: We know that Bob loves to do yard work and is very proud of his lawn, but also that he has a son Monty who hates to do yard chores. So Bob could say (perhaps in response to his partner's suggestion that Monty be asked to mow the lawn while he is away on business)):
Well, in fact Monty said to me this very morning that he hates to mow the friggin' lawn.

(Amaral et al. (2007: 736))

Harris and Potts (2009) は,コーパス,実験の結果から,埋め込み環境における英語の感情表出表現および同格表現は,基本的に話者指向的であるが,コンテクストを整えれば主語指向的になりえると主張している.

それに対し,Sawada (2017) は,埋め込み環境における日本語の否定用法の「もっと」や「かえって」のデータを基に,CI の中には,主節に話者指向的な表現がなければ,主節まで投射できない (＝話者指向的にならない) ものがあることを示している.否定の「もっと」は,概略,「期待値は現実の程度よりもはるかに高い」という CI を持ち,この現実と期待値の乖離から現状に対

する不満の意味が現れると考えることができる (Sawada (2014b)).[4,5]

(19) (自分は) もっとまじめに勉強しなければならない.
　　　CI: 期待されたまじめさの程度は現状よりもはるかに高い.

　否定の「もっと」が興味深い点は，態度動詞の補文に埋め込まれた場合，(20a) のような単純な埋め込み文では，主語指向的な意味しか持てないが，もし (20b) のように，主節に話し手指向的なモダリティ「べきだ」が挿入されると，埋め込み文内の「もっと」は話し手指向的にも，主語指向的にもなり得るという点である.

(20) a.　太郎は [もっとまじめに勉強しなければならない] と思っている.
　　　　　(不満の「もっと」=「主語指向的」)
　　　b.　太郎は [もっとまじめに勉強しなければならない] と思うべきだ.
　　　　　(不満の「もっと」=「主語指向的」/「話し手指向的」)

Sawada (2017) は，「もっと」の視点の取り方は，文内の他の要素 (判断表現) に影響されるということを，「判断依存性」(judge dependency) の概念を用いて理論的に説明しているが，もしこの考え方が正しいとすると，英語の damn などと異なり，日本語の「もっと」の埋め込み環境での解釈は，完全に文脈によって解釈されているのではなく，主節との意味的な整合性が関わっていることになり，この現象は，CI のインターフェースの問題を考える上でも重要な現象となる.

---

[4] 渡辺 (1985)，佐野 (2002) は，否定用法の「もっと」は，「(¬A ではなく) もっと A」という対比的な意味を持っているとしているが，Sawada (2014b) では，上のように否定用法の「もっと」を比較の副詞の一種として分析している.「もっと」には，「さらにずっと」といった高程度の意味を持った用法もあり，「もっと」にストレスが置かれると，「もっと」は，高程度の程度用法として解釈される.
[5] 否定の「もっと」の意味が CI であることは，以下の例のように，命令文，疑問文，条件文のスコープに入っていないという点からも確認できる.
　(i) a.　君，もっとまじめに授業を受けなさい！
　　　b.　もっとまじめにやってくれる？
　　　c.　もっとまじめにやらないと，試験に落ちるよ.

148 第 III 部 意味論

6. 話題転換の「それより」と会話の公理

最後に，本節では，CI と一般的な会話の原理との接点について，日本語の「それより」に焦点を当てる．「それより」は，(21) のように，空間指示詞で指示された個体・事物を基準に，意味論レベルで比較の意味を表すことができる．

(21) この本の方がそれより（も）ずっと面白い．

しかしながら，「それより（も）」は，文修飾副詞（発話修飾詞）として，発話と発話を CI レベルで比較することもできる．（その意味で，第 3 節でみた二重使用現象の例であると考えることができる）．CI 用法の「それよりも」の興味深い点は，その語用論的な機能が多機能的であるという点である．下の (22) の「それよりも」は，前発話の発話内容よりも当該の発話内容の方が好ましい・適切であると言っているだけであるが，(23) の「それよりも」は，それに加え，話題を変換する役割も果たしている．[6]

(22) メアリーさんってどんな人ですか？
    A: とても賢い人です．
    B: いや，それよりもまずとてもやさしい人です．
(23) A: 今からテニスしよう．
    B: それよりも，昨日のテストどうだった？

Sawada (2013) は，(22) と (23) の発話修飾的な「それよりも」は，「前発話よりも当該発話の方が好ましい」という CI を表しており，「それよりも」を伴った文が話題を転換しているか否かは，前発話との関係性によって決まると主張している．すなわち，もし前発話と当該の発話の間に関連性があれば，話題の転換はされず，両者の間に関連性がなければ，話題（会話のゴール）が変換される．第 2 節で，会話的推意について考察した際，関連性の公理（「関係したことを言え」）について触れたが，(23) の「それよりも」による話題転換

---

[6] 川端 (2002) は，「X．それよりも Y」は，適切さのスケールにおいて，「相対的に下位の X を排除して上位の Y を提示する」という話し手の言語行為を表すとし，「それより」はこのような意味拡張のプロセスを経て，前話題を話の主路線から排除する話題転換機能を獲得したと主張している．

は，わざと関連性の公理を破った例と考えることができる．（わざと話題を変えることで，「テニスはできない」という推意（会話的推意）を暗に伝達していると捉えることができる).[7] この分析が正しければ，CIと会話の公理（会話的推意）は密接に関係し，両者は排他的な関係ではないということを示唆しており，この現象は，CIにおけるインターフェースの問題を考える上でも，重要な現象であると言えよう．

7. 結論および今後の課題

本稿では，CIのインターフェースについて，スケール表現の二重基準現象，指小辞の形式と意味，埋め込み環境におけるCI表現の解釈，話題の転換を示す「それより」等の現象を基に考察した．これらの現象からわかることは，以下の図のように，CIは，独自の意味的なステータスを持ちつつも，意味論的意味，音韻変化，会話の公理，視点，言語行為，階層性，視点等，様々なルール，概念と相互に密接に関わっているということである．

(24)

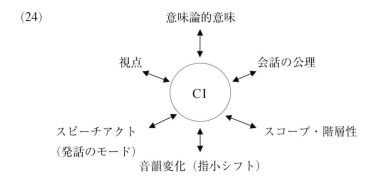

今後も，CIの意味・機能については，統語論，歴史言語学，言語獲得，談話構造等，様々な観点から考察される必要があろう．

最後に，近年理論言語学の中で問題となっている，前提（presupposition）とCIの関係について簡単に触れたい．前提とは，概略，発話の前段階において，当然真であると捉えられている事柄（命題）のことであるが，よく知られ

---

[7] 川端（2002）は，話題転換の「それより」は，「さて」，「では」，「ところで」等と異なり，話し手側に話の全体像や進行プランがあるとは考えにくいと主張している．

ているように，前提も CI と同様に，否定，疑問文，条件文等の論理的な演算子のスコープに入らないという投射的（projective）な特性を持っている．例えば，英語の定冠詞の the を伴った（25a）には，「フランスには現在女王がいる」という（実際には偽である）存在前提があるが，その前提は，（25b–d）においても保持される．

(25) a. The present queen of France lives in Ithaca.

  b. It is not the case that the present queen of France lives in Ithaca.

  c. Does the present queen of France live in Ithaca?

  d. If the present queen of France lives in Ithaca, she has probably met Nelly.

(Chierchia and McConnell-Ginet (1990: 23))

このように，前提にも投射的な特性があるが，CI と前提は，少なくとも定義，概念のレベルにおいては，両者の間に違いがある．前提には，大きく分けて，意味論的前提（Strawson (1950)）と語用論的前提（Stalnaker (1974)）の2種類がある．意味論的前提の場合，前提部分が真でない場合は，文の命題の真偽性を判定することができないと考えられているが，このような性質は CI にはない．例えば，もし（25b)–(25d）の前提が偽である場合，文全体の真偽値は判定できないであろう（Strawson (1950)）．このような依存的関係性は，CI には見られない．例えば，以下の文では，「何よりも」によって生み出された CI の意味がたとえ偽だったとしても，文の命題の真偽性を判定することは可能である．

(26) 何よりも，テニスは健康によい．
  語用論的意味（CI)：「テニスは健康によい」という発話が最も重要な発話である．

また，語用論的前提の立場から前提を考えた場合でも CI と前提の間には違いが見られる．語用論的前提では，前提は，話者と聞き手の間で共有されている知識と捉えられる．例えば，（25）の前提（「フランスには現在女王がいる」）は，話者と聞き手が共有している知識ということになる（もし仮に，聞き手がその情報を共有していなかった場合，聞き手は，適応（accommodation）により，その情報を自ら受け入れると考えられている（Lewis (1979)）．それに対

し，CI は，判断主体，聞き手との知識共有を必要としない．

このように，CI と前提は，共に，文の中核的な意味ではなく，論理的な演算子のスコープに入らないという点で似ているが，少なくとも，意味の性質においては，両者の間には大きな違いがあると思われる．両者を区別するための新たなテストや，両者を統一的に捉えるための理論の可能性に関しては，今後も様々な角度から両者の共通点と相違点について考察する必要がある．

参考文献

Alderete, John and Alexei Kochetov (2017) "Integrating Sound Symbolism with Core Grammar: The Case of Expressive Palatalization," *Language* 93(4), 731-766.

Amaral, Patricia, Craige Roberts, and Allyn Smith (2007) "Review of the Logic of Conventional Implicatures by Chris Potts," *Linguistics and Philosophy* 30, 707-749.

Chierchia, Gennaro and Sally McConnell-Ginet (1990) *Meaning and Grammar: An Introduction to Semantics*, MIT Press, Cambridge, MA.

Grice, H Paul (1975) "Logic and Conversation," *Syntax and Semantics* 3: *Speech Acts*, ed. by Peter Cole and Jerry Morgan, 43-58, Academic Press, New York.

Grice, H Paul (1989) *Studies in the Way of Words*, Harvard University Press, Cambridge, MA.

Gutzmann, Daniel (2012) *Use-Conditional Meaning: Studies in Multidimensional Semantics*, Doctoral dissertation, University of Frankfurt.

Gutzmann, Daniel (2011) "Expressive Modifiers & Mixed Expressives," *Empirical Issues in Syntax and Semantics 8*, ed. by O. Bonami and C. Hofherr, P., 123-141.

Harris, Jesee A. and Christopher Potts (2009) "Perspective-Shifting with Appositives and Expressive," *Linguistics and Philosophy* 32(6), 523-552.

川端元子 (2002)「「離脱」から「転換」へ——話題転換機能を獲得した「それより」について」『国語学』第 53 巻 3 号，48-62.

Lewis, David (1979) "Scorekeeping in a Language Game," *Semantics from a Different Point of View*, ed. by Rainer Baüerle, Urs Egli and Arnim von Stechow, 172-187, Springer, Berlin.

McCready, E (2010) "Varieties of Conventional Implicature," *Semantics & Pragmatics* 3, 1-57.

McCready, E and Magdalena Schwager (2009) "Intensifiers," Paper Presented at the Workshop on Expressives and Other Kinds of Non-Truth-Conditional Meaning.

Mester, Armin R. and Junko Itô(1989) "Feature Predictability and Underspecification:

Palatal Prosody in Japanese Mimetics," *Language* 65, 258-29.

Potts, Christopher (2007) "The Expressive Dimension," *Theoretical Linguistics* 33(2), 165-197.

Potts, Christopher (2005) *The Logic of Conventional Implicatures*, Oxford University Press, Oxford.

佐野由紀子 (2004)「「もっと」の否定的用法について」『日本語科学』15, 5-21.

Sawada, Osamu (2010) *Pragmatic Aspects of Scalar Modifiers*, Doctoral dissertation, University of Chicago.

Sawada, Osamu (2013) "The Meanings of Diminutive Shifts in Japanese," *Proceedings of the 42nd Meeting of the North East Linguistic Society*, 505-518, GLSA Publications, Amherst, MA.

Sawada, Osamu (2014a) "On the Context-Dependent Pragmatic Strategies of Japanese Self-Diminutive Shift," *Proceedings of Sinn und Bedeutung* 18, 377-395.

Sawada, Osamu (2014b) "An Utterance Situation-Based Comparison," *Linguistics and Philosophy* 37(3), 205-248.

Sawada, Osamu (2017) "The Projection of Non-at-Issue Meaning via Modal Support: The Meaning and Use of the Japanese Counter-expectational Adverb," *New Frontiers in Artificial Intelligence* 10091, 122-137.

Sawada, Osamu (2018) *Pragmatic Aspects of Scalar Modifiers: The Semantics-Pragmatics Interface*, Oxford University Press, Oxford.

Stalnaker, Robert (1974) "Pragmatic presuppositions," *Semantics and Philosophy*, ed. by Milton Munitz and Peter Unger, 197-214, New York University Press.

Strawson, Peter F. (1950) "On referring," *Mind* 59, 320-344.

渡辺実 (1985)「比較の副詞:「もっと」を中心に」『学習院大学言語共同研究所紀要』8, 65-74.

意味論と第一言語獲得のインターフェイス
—Exhaustification の観点から—*

菅原彩加・宮本陽一

早稲田大学・大阪大学

1. はじめに

　ヒトはなぜ明示的な指示や意識的な努力をすることなく，生まれてから数年という驚異的なスピードで大人とほぼ同等の母語に関する文法知識を獲得することができるのだろうか？　身の回りの 3 〜 4 歳の子どもが大人顔負けの発話をするのを聞き，驚いたことがある人は少なくないだろう．もし，3 〜 4 歳の子どもが立派な「文」を発することに疑問を感じない人がいたとしたら，以下のような思考実験をしていただきたい．あなたはこれから今まで全く知識のなかったある言語を学ぶところだ．4 年後，その言語を母語話者並みの流暢さで話せるようになるには，どれくらいの努力が必要だろうか？　… 多くの大学では入学時に学び始める「第二外国語」があるが，卒業時にどれくらいの学生がその言語に精通しているかを考えると，たゆまぬ努力をした学生，学年に 1 〜 2 名といったところかもしれない．何百分の一，いや何千分の一の成功率である．しかし，母語獲得（第一言語獲得）について考えてみると，言語能力や知能に異常のない子どもの場合ほぼ 100% が 4 年後には流暢な母語話者としての文法知識を持ち合わせる．これは驚きの事実であり，なぜこのようなことが可能であるのかを説明することが言語学研究の動機の一つである．また，この事実が不思議なことであり，研究に値するという点を社会に周知することも言語学者の仕事の 1 つであろう．

　行動主義と呼ばれる学説においては，「言語獲得はすべて模倣・学習を通し

---

　* 本研究は JSPS 科研費（若手研究（B）（菅原彩加）16K16856）ならびに大阪大学国際共同研究促進プログラム（タイプ A（宮本陽一）J161213001）の助成を受けたものである．

てである」といった仮説が提案されたが（Skinner（1957）），これでは限定的な知識や時間で，インプットから得られる情報量以上の文法知識を幼児が持ちうることが説明できず，また，認知能力が幼児よりも高い大人が幼児よりも言語獲得の効率が悪い点も説明できない．そこで，生成文法と呼ばれる理論において「文法規則は生得的な概念である」と提案されたことを受け（Chomsky（1986）），第一言語獲得の分野においては「何が生得的で何が学習か」という議論が盛んに行われるようになった．[1]

「何が生得的で何が学習か」に答えをだすためには，科学的手法を取り，仮説を立てることが必要である．仮説を立てるには，理論が必要である．したがって，第一言語獲得の研究には理論言語学において提案された仮説の検証といった役割があり，お互いに成果を還元しあう関係にある．

2. 第一言語獲得とのインターフェイスを考えるための背景知識

本章では特に，意味論と第一言語獲得のインターフェイスに焦点を当て，どのような研究がなされているかを紹介する．具体例として意味論における Exhaustification という概念を解説する．この節で理論的な背景を説明し，次節，次々節で実験の紹介および考察を行う．

2.1. Exhaustivity 演算子

適切な文脈下で，以下のような文が発せられたとする．

（1）　太郎はリンゴを食べた．

一般的に，このような文を聞いた話者は，現在の文脈の中で「リンゴを食べた」ことが当てはまるのは太郎にのみであり，「太郎が食べたもの」はリンゴだけであろう，と推論する（van Rooij and Schulz（2017））．また，選択的接続詞「か」を含む次の文についてはどうだろう．

---

[1] 必ずしも行動主義を支持するものではないが，生得的な文法知識を前提としない説明として，ベイズ理論に基づく統計的な言語獲得モデルの提案もある．その他，インプットにおける例外の頻度に着目し「公差の原理（Tolerance Principle）」に基づくモデルを提案した Yang（2016）なども参照されたい．

意味論と第一言語獲得のインターフェイス　　155

(2)　太郎は次郎か三郎を花子に紹介した.

この文を聞いた話者は,「太郎が花子に紹介したのは次郎か三郎のどちらかで,両方ではない」といった推論を行う（スカラー含意（Scalar Implicature）と呼ばれる推論）.これらの推論を導き出すのに関わっていると考えられるのがExhaustivity (Exh) 演算子である.[2,3]

Exh 演算子は以下のように一般的に定義される（以下において,Alt (φ) はφ の代替集合（alternative set）を表す）.つまり,Exh 演算子がある場合には,その作用域内にある φ 自体が真であり,かつ φ の部分集合であるような ψ はその代替集合内に存在しない,ということになる.

(3)　$[\![\text{Exh }(\varphi)]\!](w) = 1$ iff
　　　$[\![\varphi]\!](w) = 1 \wedge \forall \psi \in \text{Alt }(\varphi)[[\![\psi]\!] \subset [\![\varphi]\!] \rightarrow [\![\psi]\!] = 0]$

(2) の例文に当てはめて考えてみよう.「次か三を花に紹介した」という命題を $(J \vee S)$ と書くことにすると,その代替集合は $\{J, S, J \wedge S\}$ となるが,$J \wedge S$ は $J \vee S$ の部分集合に含まれる（論理的に強い）代替候補であるため,$[\![\text{Exh (2)}]\!](w)$ が真となるためには $J \wedge S$ の候補が偽とならなくてはいけない.

(4)　$[\![\text{Exh (2)}]\!](w) = 1$ iff
　　　$[\![太が次か三を花に紹介した]\!](w) = 1 \wedge$
　　　$[\![太が次と三を花に紹介した]\!](w) = 0$

以上により,Exh 演算子があることで先述したような「太郎が花子に紹介したのは次郎か三郎のどちらかで,両方ではない」といったスカラー含意を導き出すことができる.

---

[2] Exhaustivity 演算子は一般に広く認められた訳語が存在しないため,本章では正確を期すために英語のまま残し議論する.
[3] グライス（Grice (1989)）が提案した会話における協調原理（グライスの格率（Gricean Maxims)）から導き出される会話的含意によってもほぼ同等の範囲の現象を説明することができる.しかし,グライスの格率の適用によりすべての推論（上記のような,文中の話題（Topic) や焦点（Focus）における Exhaustivity やスカラー含意など）が計算できるとすると,それらの計算はすべて語用論のレベルで行うことができると予測し,統語論のレベルで計算しなくてはいけないと思われる例（if 節の中のみを認可するような例など）を説明することができない.

156 　　　　　　　　第 III 部　意味論

2.2.　**Exhaustivity 演算子と only との関係**

Exh 演算子の働きは副詞 only と似ており，以下の文を比較すると同様の効果があることがわかる．例文（5a）では Exh 演算子を使わないと仮定しているため，スカラー含意を取り消すような発言を続けることが可能である．しかし（5b）や（5c）で同様の継続発話は矛盾となる．

(5) a.　Some of the students came to the party; in fact, all of them did.

　　b.　Exh [some of the students came to the party.]

　　c.　Only [some of the students came to the party.]

Only は，焦点と共起する演算子（focus-sensitive operator）であり，その作用域内に焦点（focus）を持たなくてはならない．[4]（6a）のように，どの構成素に焦点を置くかにより解釈が変わる場合がある．[5]

(6) a.　Jane only introduced Sue to Bill.

　　b.　Jane only introduced $[Sue]_F$ to Bill. (Not Mary to Bill)

　　c.　Jane only introduced Sue to $[Bill]_F$. (Not Sue to David)

また，主語に only が付いている（7a）はそれ以外の要素（例えば目的語）に焦点を置くことはできない．

(7) a.　Only Jane brought salad at the potluck.

　　b.　Only $[Jane]_F$ brought salad at the potluck.

　　c. *Only Jane brought $[salad]_F$ at the potluck.

このため，正しく焦点を見つけることは only 文の解釈において重要である．これは Exh 演算子の作用域をどのように設定するか，という問題に言い換えることができる．

2.3.　**日本語の主語に係る Exhaustivity 演算子**

作用域の設定について主語位置の Exh 演算子で見てみよう．Exh 演算子は

---

[4] 焦点解釈を受ける構成素を特に associate と呼ぶ．しかし以下では，only と関連付けられる要素のことを一般的な用語である焦点と呼び解説する．

[5] 以下，角カッコと下付き F により only の焦点を表す．

信念演算子 K (Doxastic Operator) よりも広い作用域をとることができる (Meyer (2013)). たとえば, (8a) の例文では (8b) と (8c) の解釈が可能である.

(8) a. Jane came.
    b. Exh [[Jane]$_F$ came]
    c. Exh [K [Jane came]]

(8b) は Jane だけが来たという意味を表し, (8c) は Jane は来たが, 他の人については分からないという意味になる.

　日本語における対照主題 (Contrastive Topic) ならびに総記の「が」格主語の場合にも焦点化の場合と同じ分析が当てはまるかについては意見が分かれるところであるが, たとえば, (9a) に対する答えにあたる (9b) と (9c) に解釈の違いがあることは事実である.[6]

(9) a. 誰が来たの.
    b. 太郎は来た (よ).
    c. 太郎が来た (よ).

Bade et al. (2019) では, この解釈の違いは (10a) と (10b) のように表されると提案している.

(10) a. Exh [太郎は [K 来た]]　　(= (9b))
     b. K [Exh [太郎が 来た]]　　(= (9c))

(10a) では話者にとって太郎が来たことは確かだが, 他の人については確信がない. また, (10b) では太郎しか来なかったことは確かだという意味になり, 正しい解釈が導かれる.

　では, 子どもは only や Exh 演算子に関する正しい知識を獲得しているのであろうか. 3節では only, そして4節では Exh 演算子に関する言語獲得の実験を見ていくことにする.

---

[6] Heycock (2008), Kuroda (2005), Tomioka (2010) 等を参照されたい.

3. Only に関する実験

3.1. Crain et al. に残された課題

幼児における only 文の理解に関しては，Crain et al. (1994) により英語話者幼児について興味深い観察が行われている．彼らは，3 歳から 6 歳までの英語母語話者の幼児に対して，(11) のような絵を見せた．このような絵の状況を把握した上で，実験者が操るパペットが (12) のような例文を発話し，幼児はパペットが合っているか間違っているかを判断する．

(11) 絵 [ガチョウが旗と風船を持ち，ネコが旗を持ち，カエルが風船を持っている]
(12) Only the cat is holding a flag.

大人であれば，パペットは "Wrong" であると判断ができる．しかし，幼児は半数以上 (Crain らのこの問題においては 38 人中 21 人) が "Correct/Right" と答えてしまう．正答が "Correct" の場合やほかの状況（例えば，ガチョウが風船を持ち，ネコが旗と風船をもち，カエルが風船を持っているような場合は (12) は "Correct" となる）も調べた結果，どうやら幼児の多数は (12) における only の焦点を「旗」だと考えてしまっているらしい，ということが示された．

(13) 正しい解釈：Only [the cat]$_F$ is holding a flag.
　　　幼児の解釈：Only the cat is holding [a flag]$_F$.

また，only が動詞句レベルに表れる場合には，幼児は正しく目的語を焦点とする割合が多いことも示された．

(14) 正しい解釈：The cat is only holding [a flag]$_F$.
　　　幼児の解釈：The cat is only holding [a flag]$_F$.

幼児における only 文の解釈について，「主語に only が付いている場合に目的語を焦点としてしまいがちであり，動詞句レベルまたは目的語に only が付いている場合には焦点の選び間違いが減少する」といった理解の不均衡は，Crain らの実験の後も系統の違う言語で一貫して観察されている（英語，中国

語，ドイツ語，日本語等）．[7] また，この現象は6歳（時にはそれ以上も）という，他の文法事項の多くはすでに獲得している年齢でも顕著にみられる．

幼児における only 文の理解を調べることにより，幼児の文法において Exh 演算子の知識がどのようであるかを考察することができる．「幼児は only について何を知っているのか，また何をヒントに大人と同様の知識にたどり着くのか」といった疑問に取り組んだ実験の例を 3.3 節において紹介する．次節ではまず前提知識である「質問・回答の整合性」という原理について解説する．

3.2. 質問・回答の整合性

Hackl et al. (2015) では，Crain らが指摘した課題の一因は刺激文が語用論的に「質問・回答の整合性（Question-Answer Congruence, Rooth (1992), Roberts (1996/2012), Beaver and Clark (2008)）」を満たしていないことにあるのではないかと考え，実験を行った．質問・回答の整合性とは，「質問において疑問詞で表される構成素が回答において焦点となるべきである」という原則である．以下の質問・回答のペアを参照されたい．(15) では，質問における疑問詞が主語を尋ねる疑問詞であり，回答においては主語が焦点となることが整合性を保つ条件となる．同様に (16) では，質問の疑問詞が目的語を尋ねているため，回答において目的語が焦点とならなくてはいけない．[8]

(15) Q: Who ate apples?
　　　A1: [Mary]_F ate apples.
　　　A2: #Mary ate [apples]_F.

---

[7] 英語については Crain et al. (1994) の後にも Philip and Lynch (2000), Notley et al. (2009), Hackl et al. (2015), Sugawara (2016) 等で不均衡が再現されている．中国語話者幼児の実験は Notley et al. (2009), Zhou and Crain (2010) を，ドイツ語話者幼児の実験は Müller et al. (2011), 日本語話者幼児の実験は Endo (2004) を参照されたい．不均衡が逆の方向で見られる（only の焦点を主語と解釈しがち）との傾向がハンガリー語話者幼児においてみられるとの報告もある（Pintér (2015)）．ハンガリー語は文の焦点が語順で決まる言語であるため，文の情報構造と only 文理解の関連についての大きなヒントとなると考えられる．

[8] 質問に対する回答における焦点（Focus）は，多くの言語の場合，韻律上の高いピッチや強勢が観察されることが多く，ここでは焦点を，強勢を伴って読んだものとする．つまり，(15) の質問に対して，"apples" の部分に強勢を置いて回答することは容認度がたいへん低い，ということになる．日本語の焦点と韻律の詳しい関係については Ishihara (2003) その他の音韻論の文献を参照されたい．

160　　　　　　　　　　第 III 部　意味論

(16)　Q:　　What did Mary eat?
　　　　A1:　#[Mary]$_F$ ate apples.
　　　　A2:　Mary ate [apples]$_F$.

　ここで質問・回答の整合性の only との関連性について考える．先述したように only はその作用域内のみで焦点を持てることを考慮すると，主語-only の文は主語を尋ねる疑問文とペアになることで質問・回答の整合性を満たし，VP-only の文は目的語または動詞句を尋ねる疑問文と整合性を満たすことがわかる．

(17)　Q:　　Who ate apples?
　　　　A1:　Only [Mary]$_F$ ate apples.
　　　　A2:　#Mary only ate [apples]$_F$.
(18)　Q:　　What did Mary eat?
　　　　A1:　#Only [Mary]$_F$ ate apples.
　　　　A2:　Mary only ate [apples]$_F$.

　これに対し，Crain et al.（1994）をはじめとした先行文献では，刺激文（回答）を誘導する文脈（質問）は存在しないか，"What happened?" や "What's happening?" のような回答文全体が焦点となる質問を使用しており，焦点を含む文の解釈であるにもかかわらず質問・回答の整合性が満たされていないことが明らかとなった．

3.3.　幼児における only 文の知識

　Hackl et al.（2015）は上記の問題点を指摘し，幼児の only 文の理解度が低いことについて，only に関する文法知識を獲得していないことによるのか，または質問・回答の整合性が満たされていないことによるのかを調査した．実験では真偽値判断課題（Crain and Thornton（1998））という手法を用いた．アニメーションを使用したパワーポイントスライドで動物たちがおやつをもらう，というストーリーを幼児に見てもらい，ストーリーの最後に実験者がパペットに質問をし，パペットは主語-only または VP-only の文で回答する．被験者である幼児は，パペットが合っているかどうかを判断する．[9]

---

　[9]　主語-only の刺激文は，その文を VP-only として解釈してしまうと不正解となるよう（同

(19) Q: *Puppet*, can you tell me what happened?

A1:   Only the cat got ice cream.（主語-only）

A2:   The cat only got ice cream.（VP-only）

(20) Q: *Puppet*, can you tell me who got ice cream?

A1:   Only the cat got ice cream.（主語-only, 整合）

A2:   The cat only got ice cream.（VP-only, 不整合）

(21) Q: *Puppet*, can you tell me what the cat got?

A1:   Only the cat got ice cream.（主語-only, 不整合）

A2:   The cat only got ice cream.（VP-only, 整合）

結果，先行研究を模した（19）では主語-only の正答率が 29.6%，VP-only
の正答率が 79.6% であり有意差が観察され，先行研究と同様の傾向がみられ
た．それに対し，（20）のように質問・回答の整合性を満たした条件の場合，
主語-only の正答率は 72.9% にまで上昇し，VP-only（整合性が保たれない）
の正答率は 31.3% であった．パペットが発話した刺激文自体は（19）と（20）
で全く同じであることから，この結果の違いは質問・回答の整合性に起因する
といえる．この結果から導き出されることは，幼児は質問・回答の整合性に敏
感であるという点と，質問・回答の整合性を満たした文脈であれば（主語
-only であっても）正しく only の意味解釈ができるという点，さらには先行
研究では理解度が高いとされてきた VP-only も，質問と回答が不整合である
場合には正答率が下がる（ベースラインである（19）における主語-only の正
答率並みになる）という点である．ここから以下のようなことが示唆される．
大人は質問・回答の整合性が多少満たされていなくても語用論的な経験により
文脈を補完することができ，only 文における統語的な制約を優先し焦点を正
しく見つけることができる．一方幼児は，整合性が満たされていない場合，
only 文における統語的な制約よりも質問文中の疑問詞に対応した焦点を only
の焦点として優先してしまう．整合性が満たされていれば高い理解度を示すこ
とから，only が持っている Exh 演算子同様の意味は初期段階で獲得している

時に，VP-only の刺激文は，主語-only として解釈すると不正解になるよう）デザインされた．
正答が真のもの偽のものどちらも用意し，正答率はその平均により計算された．報告している
実験結果に関しては，（19）の実験は 4 歳 0 カ月から 6 歳 9 カ月（平均年齢 5 歳 2 カ月）の幼
児 38 人，（20）-（21）は 4 歳 0 カ月から 6 歳 11 カ月（平均年齢 5 歳 0 カ月）の幼児 24 人から
得られたデータに基づく．

ことがわかる．成長過程で学習が必要なものは焦点の関連付けについての統語論的な制約と，語用論的な文脈補完の能力であると示唆される．以上のような詳細な考察は，意味論・語用論における理論と第一言語獲得のインターフェイスに注目することによりもたらされた．

　また，(21) に関しては，整合性の保たれていない主語-only の正答率はわずか 6.3% にとどまり，整合性の保たれている VP-only の正答率は 95.8% であった．整合性が保たれている (20) の主語-only と (21) の VP-only の正答率を比較すると，やはり主語-only のほうが低い理解度を示しており，不均衡が観察された．質問・回答の整合性が満たされているという点では両者は同質であることを考えると，なにか他の要因がこの不均衡に寄与していることも明らかである．文全体の情報構造（一般的に文の後半，主語よりも目的語に新情報が置かれる傾向にあることで焦点をひきつけやすい，等）を考慮した研究などが今後期待される．

4.　Or と「か」に関する実験

　この節では，まず幼児における目的語にある選択的接続詞の or と「か」に関する先行研究，次に主語にある「か」に関する先行研究を概観する．最後にこの 2 つの先行研究から，幼児は主語に係る Exh 演算子を用いて主語位置の「か」を解釈しているのではないかと示唆する．

4.1.　目的語の or と「か」

　まず，(22) を見てみよう．

　(22)　くまさんがさるさんかぞうさんに会った．

くまさんがさるさんとぞうさんの二人に会った状況で，大人はこの文を不自然に感じる．大人はどちらか一方に会った状況でしか，通常，この文は使わないのである．これは 2.1 節で紹介した Exh 演算子を仮定することで説明できる．ただ，「か」を伴った文が常に同様に解釈されるかというとそうでもない．(23) の文においては，さるさんとぞうさんの両方が来てもパーティは始まる．

　(23)　さるさんかぞうさんが来たら，パーティを始めよう．

一般に（22）の解釈は排他的解釈（exclusive reading），（23）の解釈は包含的解釈（inclusive reading）と呼ばれている．大人は「か」が使われる環境に応じて，この二つの解釈を使い分けているのである．

　幼児に目を移すと，英語を母語として獲得している幼児は，少年がリンゴかバナナのどちらかを持っている場合，（24）の文を容認しないという実験結果を Singh et al.（2016）が報告している.[10]

(24)　The boy is holding an apple or a banana.

(Singh et al.（2016: 22)）

つまり，大人と異なり，幼児は排他的解釈を容認しないのである．幼児がこの文を容認するのはリンゴとバナナの両方を少年が持っている場合であり，この文を（25）の文のように解釈するのである．

(25)　The boy is holding an apple and a banana.

　これは英語を獲得する場合に限られるわけではない．Tieu et al.（2017）は日本語の場合も 5 歳児が（22）のような文を等位接続の文であるかのごとく解釈すると報告している．いわゆる排他的解釈は英語でも日本語でも幼児には容認されないのである．

　では，幼児はなぜ（24）の文を（25）のように解釈してしまうのであろうか．幼児は，選択的接続詞の or や「か」を解釈する際，大人とは異なる代替集合を持つためであると Singh et al. は主張する．大人は代替集合に the boy is holding an apple and a banana が含まれるため，両方は持っていないという含意が得られる．これに対して幼児は，この文を代替集合に持たないため，大人と同じ含意を許さないのである．具体的に，幼児はどのような含意の「計算」をするのであろうか．Singh et al. によれば，幼児は代替集合として（26a, b）を持ち，そこから含意を計算する．

(26)　a.　The boy is holding only an apple
　　　b.　The boy is holding only a banana.

この 2 文の含意は（27）になるので，最終的に（25）の解釈にたどり着くので

---

[10] 3 歳 9 カ月から 6 歳 4 カ月までの幼児 56 名（平均年齢 4 歳 11 カ月）が被験者であった．

ある.

(27) The boy is not holding only an apple.

＋

The boy is not holding only a banana.

　幼児は含意の「計算」は正しくできるものの，その計算をする「材料（＝代替集合）」が大人とは異なるのである．このたった1つの違いが，一見，まったく関係がないように見える大人と幼児の解釈の違いを導き出すのである．これは第一言語獲得と意味論・語用論のインターフェイスに注目するからこそ導かれる結論である．

4.2. 主語の「か」

　主語位置の「か」の解釈については Shimada (2014) が (28) のような刺激文を用い，非常に興味深い実験結果を報告している．

(28)　ゾウかブタがリンゴを食べなかった．

目的語の場合と異なり，大人同様，5歳児は 85% の正答率で排他的解釈を容認するということである．Shimada は，この実験結果を日本語の主語が構造的に否定辞よりも高い位置（TP 指定部）にあるため，否定辞よりも広い作用域をとる解釈，つまり排他的解釈を容認すると説明する．

　しかしながら，4.1 節で挙げた (22) のようなテスト文が否定文でないことから，なぜ肯定文において大人と異なる解釈を容認するのかが課題として残る．これに対して，2.3 節で挙げた Exh 演算子が (28) の場合には関与するという立場をとると，4.1 節で紹介した目的語の解釈に関する分析を維持したまま，主語については別の説明が可能になる.[11]

　まず，登場する動物がゾウとブタに限られていたシナリオにおいては，(28) のようなテスト文の主語は総記の「が」格主語として幼児が解釈している可能性がある．これが正しいとすると，(28) の主語には Exh 演算子が付随していることになり，前節で紹介した含意の計算方法から得られる (29) を否定するものが含意になる．

---

[11] Otani, Yatsushiro, Nicolae, Asano and Miyamoto (in progress) を参照されたい.

意味論と第一言語獲得のインターフェイス　　　165

(29)　ゾウとブタ（の両方）がリンゴを食べなかった

つまり，(30) である．

(30)　ゾウとブタ（の両方）がリンゴを食べなかったわけではない．

よって，主語の場合は5歳児も大人と同じ排他的解釈を容認すると考えることができる．幼児が (28) のような文を大人のように解釈したとしても，これが主語の統語位置に起因するとは必ずしも結論付けることはできないのである．一方，主語位置と目的語位置における排他的解釈の可否に関する対比を見る限り，5歳児は総記の「が」について Exh 演算子を用い，代替集合は異なるものの，正しい「計算」を行い，大人と同じ解釈にたどり着くと考えられる．

　この節では，言語理論，特に意味論と語用論の観点から幼児の「か」の解釈を見ることで，幼児がどのような点で大人と異なるのか明確にできる可能性があることを見た．

5.　まとめ

　本章では，理論言語学と第一言語獲得研究が密接に結びついている分野であることを，意味論・語用論と第一言語獲得研究に焦点をあてて概説した．具体例として Exh 演算子についての知識が関係する only や選択的接続詞の「か」を含む文の幼児による解釈について調べた実験を紹介した．どちらのトピックについても，子どもの「大人と違う」ふるまいを説明するのに理論に基づいた仮説を立てることで，科学的に「どの部分までが大人と同じ知識なのか」「どの部分が大人と違う解釈であり，学習されなければいけないと考えられるか」を論じられることを示した．このような第一言語獲得研究からの示唆は，翻って言語理論のさらなる発展につながる．ある言語において子どもと大人で同じ知識を持つと考えられる現象は，他の言語ではどうだろうか？　大人と子どもで異なる解釈をする現象は，そうでない現象に比べて統語的により複雑なのではないか？　もしくは，その文の処理にかかる負荷が（大人ではわからないほど微妙に）より大きいのではないか？　… 等々の検証すべきトピックを理論分野にもたらしてくれる．このような視点から，言語理論と第一言語獲得研究のインターフェイスについて，今後より読者の興味が得られることになれば幸い

である.

参考文献

Bade, Nadine, Ryota Nakanishi, Frank Sode, Yasuhiro Iida, Shun Ihara, Mika Ebara, Hajime Ono, Yoichi Miyamoto and Uli Sauerland (2019) "Japanese Particles WA and GA as Scope Markers of EXH," *WAFL* 14, 21–28.

Beaver, David and Brady Clark (2008) *Sense and Sensitivity: How Focus Determines Meaning*, Blackwell, Oxford.

Chomsky, Noam (1986) *Knowledge of Language: Its Nature, Origin, and Use*, Praeger, New York.

Crain, Stephen, Weijia Ni and Laura Conway (1994) "Learning, Parsing, and Modularity," *Perspectives on Sentence Processing,* ed. by Charles Clifton, Jr., Lyn Frazier and Keith Rayner, 443–467, Lawrence Erlbaum Associates, Hillsdale, NJ.

Crain, Stephen and Rosalind Thornton (1998) *Investigations in Universal Grammar: A Guide to Research on the Acquisition of Syntax and Semantics*, MIT Press, Cambridge, MA.

Endo, Mika (2004) "Developmental Issues on the Interpretation of Focus Particles by Japanese Children," *BUCLD 28*, 141–152.

Grice, Paul (1989) *Studies in the Way of Words*, Harvard University Press, Cambridge, MA.

Hackl, Martin, Ayaka Sugawara and Ken Wexler (2015) "Question-Answer (In)Congruence in the Acquisition of *Only*," *BUCLD 39*, 204–217.

Heycock, Caroline (2008) "Japanese -*wa*, -*ga*, and Information Structure," *The Oxford Handbook of Japanese Linguistics*, ed. by Shigeru Miyagawa and Mamoru Saito, 54–83, Oxford University Press, Oxford.

Ishihara, Shinichiro (2003) *Intonation and Interface Conditions*, Doctoral dissertation, MIT.

Kuroda, S.-Y. (2005) "Focusing on the Matter of Topic: A Study of *Wa* and *Ga* in Japanese," *Journal of East Asian Linguistics* 14, 1–58.

Meyer, Marie-Christine (2013) *Ignorance and Grammar*, Doctoral dissertation, MIT.

Müller, Anja, Petra Schulz and Barbara Höhle (2011) "How the Understanding of Focus Particles Develops: Evidence from Child German," *GALANA 4*, 163–171.

Notley, Anna, Peng Zhou, Stephen Crain, and Rosalind Thornton (2009) "Children's Interpretation of Focus Expressions in English and Mandarin," *Language Acquisition* 16, 240–282.

Otani, Shuki, Kazuko Yatsushiro, Andreea Nicolae, Mana Asano and Yoichi Miyamoto (in progress) "Connectives in Subject Position in the Grammar of Japanese Children," Osaka University and Leibniz-ZAS.

Philip, William, and Emily Lynch (2000) "Felicity, Relevance, and Acquisition of the Grammar of *Every* and *Only*," *BUCLD* 24, 583-596.

Pintér, Lilla (2015) Preschoolers' Interpretation of the Focus Particle Cask 'only' in Hungarian," *ConSOLE* XXIII, 1-20.

Roberts, Craige (1996/2012) "Information Structure in Discourse: Towards an Integrated Formal Theory of Pragmatics," *Semantics and Pragmatics* 5, 1-69.

Rooij, Robert van, and Katrin Schulz (2017) "Topic, Focus, and Exhaustive Interpretation,"*Contrastiveness in Information Structure, Alternatives and Scalar Implicatures*, ed. by Chungmin Lee, Ferenc Kiefer and Manfred Krifka, 63-82, Springer, Cham.

Rooth, Mats (1992) "A Theory of Focus Interpretation," *Natural Language Semantics,* 75-116.

Shimada, Hiroyuki (2014) "Children's Interpretation of Japanese Disjunctive "ka": Subject-Object Asymmetry," *GALANA* 5, 90-98.

Singh, Raj, Ken Wexler, Andrea Astle-Rahim, Deepthi Kamawar and Danny Fox. (2016) "Children Interpret Disjunction as Conjunction: Consequences for Theories of Implicature and Child Development," *Natural Language Semantics* 24, 305-352.

Skinner, Burrhus Frederic (1957) *Verbal Behavior*, Appleton-Century-Crofts, New York.

Sugawara, Ayaka (2016) *The Role of Question-Answer Congruence (QAC) in Child Language and Adult Sentence Processing*, Doctoral dissertation, MIT.

Tieu, Lyn, Kazuko Yatsushiro, Alexandre Cremers, Jacopo Romoli, Uli Sauerland and Emmanuel Chemla (2017) "On the Role of Alternatives in the Acquisition of Simple and Complex Disjunctions in French and Japanese," *Journal of Semantics* 34, 127-152.

Tomioka, Satoshi (2010) "Contrastive Topics Operate on Speech Acts," *Information Structure from Theoretical, Typological and Experimental Perspectives*, ed. by Malte Zimmermann and Caroline Féry, 115-138, Oxford University Press, Oxford.

Yang, Charles (2016) *The Price of Linguistic Productivity: How Children Learn to Break the Rules of Language*, MIT Press, Cambridge, MA.

Zhou, Peng, and Stephen Crain (2010) "Focus Identification in Child Mandarin," *Journal of Child Language* 37, 965-1005.

ワインテイスティングにおける言語表現
—特定のテキストを分析することから見えるもの—

吉成祐子

岐阜大学

1. はじめに

　飲んだワインの特徴を記録する「テイスティングノート」には，ワインの味や香り，ワインに対する評価などが記されている．単に「おいしい・まずい」という主観的な感想ではなく，「甘い・苦い」のような具体的な味覚や，「重い・軽い」のような比喩的な表現でワインの特徴が語られる．記録のためだけでなく，本や雑誌に掲載されているものは，ワインの特徴を読み手にわかりやすく伝える必要がある．そのために書き手は自身の知覚を通して得たワインの特徴をどのように描写しているのだろうか．テイスティングノートでは比喩表現が多用されているが，比喩的な表現は書き手と読み手との間で共有される認識があってこそ伝わるものである．読み手にとってどのような表現が共感できるものとなっているのだろうか.

　本稿では，ワインテイスティングにおける言語表現を取り上げ，ワインの味や香りなどをどのように描写しているのかを検証する．対象とするのは，味覚・嗅覚に直接作用すると考えられる酸やミネラルといったワインの含有成分に関わる用語や表現である．これらの成分は他の飲食物にも含まれるものだが，ワイン描写特有の表現傾向があるのかを，2つのコーパスを比較し検証する．そして，テイスティングノートという特定のテキストを分析することにより，人が知覚の描写において比喩表現を用いる動機・意義などを考える.

168

2. ワインの特徴を描写する言語表現

2.1. 味覚・嗅覚の言語表現

　食べたもの，飲んだものなどの味わいや香りを表現することは，目の前で起こる出来事を描写するより難しい．なぜなら，味などの感覚は個人的な経験によるものであり，表現したところで共感が得られるかどうかはわからない．また味覚や嗅覚といった感覚を表す固有の形容語の数はそもそも多くない．そのため，味覚に「柔らかい味」のような触覚の形容語を用いたり，嗅覚に「おいしい香り」のような味覚の形容語が用いられたりする．このように，他の感覚から表現が転用されることを「共感覚的比喩」「共感覚表現」と呼ぶが，日本語に限らず，このような表現が多用されていることや，その転用の方向性を明らかにする研究が数多くなされてきた（楠見（1988，2004），瀬戸他（2005），Lakoff and Johnson（1980），Ullmann（1959），Williams（1976））．

　共感覚に基づく比喩表現だけでなく，味覚・嗅覚を表すのに，「熟したりんごのような味わい」といった直喩，「食欲をそそる匂い」といった隠喩などが用いられることも多い．つまり，比喩的な表現が用いられる味覚・嗅覚の描写には，伝える側・伝えられる側との共有知識が欠かせないものであり，個人的な知覚が伝わるかどうかも含め，表出・理解共に難しさがあると考えられる．

　実際にどのような表現が用いられるのかを研究する手法として，用例を集めたコーパスデータが利用されることが多い．ワインの特徴を記したテイスティングノートを対象としたコーパスを作成し，味覚や嗅覚の言語表現を分析する研究が行われているが（Brochet and Dubourdieu（2001），Caballero（2007），López-Arroyo and Roberts（2014）），日本語を対象とし，ワインを描写する際の言語表現を体系的に分析した研究はほとんどない．

2.2. テイスティングノートとは

　テイスティングノートとは，ワインの専門家であるソムリエや一般のワイン愛好家が，飲んだワインの特徴を記録するものである．そこで語られる内容は，ワインの基本情報（ワイン名，種類，生産地，ブドウの品種等）のほか，そのワインの外観，香り，味わいといった特徴である．ワインの特徴を表すテイスティングコメントは，「清涼感漂う香りに香草のニュアンスが追随する」「ビロードのような渋味」のような，非常に特徴的な言い回しや比喩表現が多

く用いられたりすることで知られている.

テイスティングノートの言語表現を分析した研究の多くは,英語での表現を対象としている.実験的手法を用いて,ワインの専門家と初心者の表現の違いに注目して分析するもの（Hughson and Boakes (2002)）や,話し言葉や書き言葉といった描写方法に注目して,ワイン愛好家のテイスティングコメントを分析するもの（Lehrer (2009)）などがある.しかし研究方法としては,テイスティングコメントをコーパスデータとして収集し,分析されることが多い.

Caballero (2007) では,12,000のテイスティングノートからなるコーパスを作成し,ワインの特徴を表す比喩的な表現,特に動詞の種類（様態移動動詞）に注目し,それらの動詞が用いられる理由を分析している.Brochet and Dubourdieu (2001) では数種類のテイスティングノートのコーパスを比較することにより,典型的な表現が共通して用いられることや,各コーパスの個別性などを明らかにしている.また,英語に加え,スペイン語のコーパスを作成し,比較研究しているものもある（Wislocka Breit (2014),Caballero and Ibarretxe-Antuñano (2015)）.

日本語については,日本酒コーパスと共にワインコーパスを作成・分析した福島・田中 (2016) がある.彼らの関心は音象徴語（例：しっかり,ほんのり,たっぷり）と関わる表現で,音象徴語と共起しやすいのは,味わいに関する表現であるが,「若いレモンの香り」のような具体的なものではなく,「味,風味,複雑性」といったカテゴリとして抽象度の高い,一般的で複合的な表現であることを明らかにしている (p. 7).ただし,この研究は音象徴語との共起を主眼においた分析であるため,ワインの特徴を記す際の比喩表現を広く分析しているものではない.その他に,日本語で記されたワインテイスティングにおける味覚・嗅覚に関わる表現に特化してコーパスデータを作成・検証しているものは,管見の限り見当たらない.

2.3. テイスティングノートにおける表現

ワインの特徴を表すために,テイスティングノートではどのような表現が用いられているのか,用例を見てみよう.航空会社の機内サービスで提供される数種類のワインを紹介したリスト (1) (2),書籍 (3) (4),雑誌 (5) (6) から

の用例である．[1]

(1) マンゴー，メロン，スイカズラの香りが力強く立ち上がり爽やかな印
象．空気に触れるとトロピカルなニュアンスが色濃く現れます．乳酸
系の柔らかな酸味とやや強めのアルコール感がしっかり融合し，なめ
らかな味わいを引き出しています．

(2) ブラックカラントやプラムのみずみずしい香り．熱感が甘さに変換さ
れてタンニンと相乗し，やや甘苦い味わいを造り出しています．アフ
ターフレーバーには溶けたチョコレートのようなしなやかで上品な
ニュアンスがほのかに漂います．

(3) 最初に白い花を思わせるアロマティックな香りが飛び込み，オレン
ピール，レモンドロップ，グレープフルーツなどの果実味が口腔いっ
ぱいに広がる．余韻まで柑橘の皮的なほろ苦さが残り，後味に海風が
運んだ塩味を感じる．全体的にはすっきりとした味わい．

(4) グラスの奥底からはフローラルなアロマが立ち上ってくる．香りと抜
けのいい酸が一体となり，タンニンと一緒に気泡が踊る．香りも味わ
いも酸味も果実味に溢れ，すべてがフレッシュで生き生きとした，快
活な印象．

(5) ミネラルのツヤ感が一層出てきた．ともかくこれは07年として，こ
のACとして，見事な香りだ．液体は極めて正統派で，濃くもなけ
れば薄くもなく，例年（というか良年）の良い意味でのここの黒い風
味は少なくてフルーツが純粋だ．質の高いタンニンが骨格と構造を作
り，その肉となる果実味も万全．これもとても良く出来ている．

(6) 先制攻撃はピシッとした酸味．果実味も頼り気な雰囲気だし，このま
まスッパさだけが独走するのかと思いきや，すぐにまとまりの良い味
わいになったのには驚いた．さすがはロック，このクラスでも一筋縄
じゃ終わらせない．味わい自体はシンプルで複雑さはない，けれども
構造に複雑さがあって，弱いながらも色々な味わいがチラッチラッ顔

---

[1] ワインリストは，日本の航空会社の国際便において提供されたもので，日本語・英語それ
ぞれで説明がなされているものであった．書籍は，中川原まゆみ（2012）『はじめてのイタリ
アワイン』柴田書店，雑誌は『Real Wine Guide（リアルワインガイド）』2010年3月号，
2005年7月号より抜粋したものである．

を出し，そのタイミングが実に絶妙なのだ．きのこ味も旨みもちゃんとあり，小さいながらもロック味を楽しめる．

　これらの例を見てみると，下線で示したように，香り（アロマ）が「立ち上がる」(1)(4)，「飛び込む」(3)，気泡が「踊る」(4)，スッパさが「独走する」(6)，味わいが「顔を出す」(6)といった，ワインの香りや味などを人（生きているもの）のように捉え，その動く様子を表現しているという特徴が見られる．ワインの成分であるタンニンやミネラルのようなものも同様である（「タンニンと一緒に踊る」(4)，「ミネラルのツヤ感が一層出てきた」(5)）．また，「なめらかな味わいを引き出す」(1)，「やや甘苦い味わいを造り出す」(2)のような，ワインの成分要素が使役者であることを示す表現（他動詞）も見られる．さらには「質の高いタンニンが骨格と構造を作り，その肉となる果実味も万全」(5)のように，ワインを身体そのものに見立てた表現も用いられている．

　そもそも，日本語では無生物を主語とする文の使用範囲は狭い．上記の例のように，ワインの香りや成分などを擬人化して主語とする表現が用いられるのを見ると，これがワインテイスティングというテキストにおける特有の表現に思われる．ワインの描写において，このような比喩表現が多く使用されることは，すでに英語でのコーパスデータの分析から指摘されているが（Caballero (2007)，Solomon (1997) ほか），日本語も同様であるといっていいだろうか．その検証のためにはワインに特化したコーパスデータの分析が必要であろう．

3. コーパスデータを用いた分析

3.1. 分析対象とする表現

　テイスティングノートでは，ワインの特徴として味わいや香りが語られる．その表現の1つとして，ワインに含まれるミネラル，ポリフェノールといった成分をどれほど有しているのか，それらがどのように味や香りに影響を与えているのかが描写される．「確かに香りはミネラルにあふれて複雑性も凄い」「ミネラルのほろ苦さがワインに良いアクセントを与えている」など，ワインの味や香りの元として，これらの成分の働きが引き合いに出されることが多い．

　そこで本稿では，テイスティングノートで使用される表現のうち，特に，ワインに含まれる成分（酸，ミネラル，タンニン）がどのように描写されている

のかに注目する.[2] これらの成分は実際に人の知覚によって確認できるものではないが,ワインの中に確かに存在するものであり,味や香りを構成するものとなっている.例えば,酸は酸味,ミネラルは塩味,タンニンは渋み・苦味などの味や香りの元になるものである.2.3 節の例でも見たように,これらの成分の存在をどのように描写するのかは味覚や嗅覚の表現に大きく関わっている.

また,ワインテイスティングにおける表現の特徴を明らかにするため,これらの成分が一般的に用いられるコロケーションのパターンと比較する.日本語の母語話者コーパスの代表的なものである『現代日本語書き言葉均衡コーパス』(Balanced Corpus of Contemporary Written Japanese: BCCWJ) を利用し,ワインに限らず,様々な飲食物に含まれる「酸,ミネラル,タンニン」の成分がどのように描写されているのかを確認する.このコーパスは書籍・雑誌・新聞・広報誌・ブログ等の媒体から広くデータを収集しているもので,そこで使用されているデータと,ワインテイスティングで使用されるデータを比較することにより,ワインを描写する際の特徴を探る.

3.2. 日本語ワインコーパスデータについて

ワインテイスティングに使用される表現は,『Real Wine Guide (リアルワインガイド)』というワイン雑誌からデータを収集した.この雑誌では,読者が「買うとき」「飲むとき」の参考となる情報提供を目的として,テイスティングレビューを紹介している.対象としているワインは赤・白などの種類にこだわらず,安くて美味しいものを取り上げて紹介しているのが特徴である.

ワインレビューの書き手は本雑誌編集者や酒販店主,個人愛好家などで,彼らが選び試飲したワインについて,一定の基準で採点した評価点や試飲時の値段等の情報とともに,コメントを寄せている.コメントは 150 ～ 300 字程度の長さで,そのワインの特徴を品種や成分,味,香りの点から紹介している.試飲時の状態や歴史,価格についても言及している場合もある.

現在,ワインコーパスデータを作成途中であるが,本稿で対象とするのは,過去数年分のテイスティングレビューのうち,無作為に選んだ 1,010 のコメン

---

[2] タンニンはブドウに含まれているポリフェノールの一種で,一般的にタンニンを多く含むワインは渋みを強く感じる.タンニンは白ワインよりも赤ワインに多く含まれているため,赤ワインのテイスティングノートに登場することが多い.また,ワインを熟成させる際に使用する樽からタンニンが生成され,ワインに含まれることもある.

トである.[3] 十数名の執筆者からなるもので，すべて同一雑誌からの出典となっているものの，単一ではない表現が得られると考えている．このようにして得たデータをまとめたものを RWGC（Real Wine Guide Corpus）と名づける.

3.3. ワインの成分に関わる表現の分析

3.3.1. BCCWJ における結果

まず，BCCWJ を用いて，ワインだけではない飲食物（例：お茶，コーヒー，肉，果物など）の含有成分としての，酸，ミネラル，タンニンの用例を観察する．BCCWJ において，これらの用語を検索したところ，酸 2,174，ミネラル 732，タンニン 78 の例があった．この中から，それぞれが飲食物の含有成分として使用されているものかどうかを確認し，該当する用例において，コロケーションを元に，各成分に関わる語を抽出した．例えば，タンニンの用例に「栗の皮には大量のタンニンが含まれています.」（白田昭著『微生物に学ぶ』，2001, 465）という文があるが，この場合，タンニンのコロケーションとして「大量の」と「含む」の語を抽出する．そのようにして得た語数が，酸 94 語，ミネラル 113 語，タンニン 35 語であった．それぞれで用いられた語とその数を表 1 にまとめている.

表 1 では成分毎に，上段には成分の特徴を説明している語（主に形容詞や名詞）を，下段には成分の働きを説明している語（主に動詞）をまとめている．また，それぞれの語がどのような意味・働きを持っているのかによっても分類している．成分の特徴を説明している上段の語は，『分類語彙表』（国立国語研究所編 2004 年増補改訂版）を参照し，〔力，量，材質，素材，評価，味，特徴〕の 7 つに意味分類している．また，下段については，文中でどのような働きをする動詞なのかという観点から分類している．動詞が表すのは，当該成分が存在するかどうか（〈存在〉），当該成分やそれを含む飲食物がどのような状態であるのか（〈状態〉），どのように変化するのか（〈状態変化〉），その成分がどのように作用するのか（〈使役〉），逆に各成分がどのような作用を受けるのか（〈被使役〉），そして知覚者がどのように感じるのか（〈主観〉）に分けられると考え，まとめている．なお，「強い」「力強い」のような意味が同じと判断さ

---

[3] 『Real Wine Guide』2005 年 7 月号〜 2019 年 12 月号までの数冊を無作為に選んだ中から得たデータとなっている．ワインの種類，生産地等も様々である.

	意味分類：用語（数）
酸	〔力〕：強い／力強い（16），弱い（13），〔量〕：多い（8），十分な，〔材質〕：硬い（2），やわらかい，〔その他〕：関わりが深い，吸収率が高い，体にいい，
	〈存在〉：ある（2），含む（16）， 〈状態〉：入る，目立つ 〈状態変化〉：反応する（7），増える（2），蓄積する，付着する，出る，失う 〈使役〉：中和する（2），役立つ，抑制する，すっきりさせる， 〈被使役〉：使う／使用する（2），出す（2），形成する（2），添加する（2），する 〈主観〉：感じる（2），認める
ミネラル	〔量〕：豊富だ（16），多い／たっぷり（7），少ない，〔素材〕：天然，〔評価〕：重要
	〈存在〉：ある（2），ない，含む（32），持つ，抱え込む 〈状態〉：不足する／足りない（4），富む（2），閉じ込める，関係する，欠如する，混じる，生きる，強調する，溶解する，濃縮する，異なる，当たる 〈状態変化〉：減る／減少する（3），増加する（2），溶け出す（2）， 〈使役〉：整える，相殺する，放出する， 〈被使役〉：とる／摂取する（10），補給する（7），取り込む／取り入れる（3），ためる，配合する，加える，確保する 〈主観〉：注目する／目を向ける（2），感じる
タンニン	〔味〕：渋い／渋み（3），〔力〕：強い（2），〔量〕：少ない，大量，〔特徴〕：特有，〔材質〕：なめらか，スムース
	〈存在〉：ある，ない，含む（10）， 〈状態〉：沈殿する，溶出する， 〈使役〉：結合する（3），抑える（2），阻害する，与える，洗い流す，中和する，効く 〈主観〉：感じる，調べる，

表1　BCCWJ から抽出した成分に関わる語の意味分類

れるものは同じ種類の語として語数を数え，「強い／力強い」のように記している．[4]

　各成分に関わる語の使用傾向を成分間で比較すると，相違点もあれば共通点もあることがわかった．上段の成分の特徴を説明する語（名詞・形容詞）を見

---

[4] 表1の上段の形容詞・名詞の意味分類は〔　〕で，下段の動詞の分類は〈　〉で示している．

ると，酸では〔力〕，ミネラルでは〔量〕を意味する語が多く使用されている．タンニンは使用頻度が少ないので大きな差はないが，〔味〕の用語が用いられていることが他の2つとは異なる点である．一方，下段の動詞のコロケーションを見ると，どの成分でも〈存在〉を意味する「含む」の使用が多いという点で共通している．しかし，動詞の分類別使用割合を計算すると，〈存在〉の次に使用が多いのは，酸は〈状態変化〉26.5%，ミネラルは〈被使役〉24.1%，タンニンは〈使役〉38.5%と違いがあった．つまり，どのような成分であれ，その飲食物に存在している事実が述べられることが最も多いものの，酸では飲食物に存在する中での変化を，ミネラルは当該飲食物に存在するまでの過程を，タンニンは飲食物への作用を示すという，異なった傾向があることがわかった．

3.3.2. RWGC における結果

　次に，RWGC から抽出した語を見ていこう．BCCWJ と同様に，テイスティングノートのコメント 1,010 例より，「酸，ミネラル，タンニン」の語を含むコメントを抽出したところ，酸 275，ミネラル 199，タンニン 136 のコメントがあった．この中から，コロケーションを検証し，各成分に関わる語を抽出すると，酸 319 語，ミネラル 260 語，タンニン 190 語であった．それぞれで用いられた語とその数を表2にまとめている．表1と同様の形式でまとめているが，抽出された語の種類が多いため，1 例しか使用のなかった語は除外し，2 例以上ある語（酸 55，ミネラル 39，タンニン 31）のみを対象としている．また，成分の特徴を説明している上段の語は，種類も増え，表1の7つに，〔様相，形，程度，活動，気分，心，人柄，満足，評価〕の9つが加わった意味分類となっている．逆に，下段では表1にあった〈被使役〉の分類に該当するものがなかったため，5つに分類されている．

　RWGC から，ワインに特化した酸，ミネラル，タンニンという含有成分に関わる語を観察したところ（表2），BCCWJ の結果（表1）同様，成分間に共通点・相違点が見られた．成分の特徴を説明する語（上段）を見ると，共通して，「美しい」「きめ細かい」といった〔様相〕を表す語，また「柔らかい」「硬い」といった〔材質〕の語が成分の描写として多く使用されている．実際には各成分の外観が確認できるわけではなく，各成分に質感があるわけでもない．他の語を見ても，「イキイキとした」酸，「円い」タンニン，「ツヤツヤの」ミネ

	意味分類：用語（数）
酸	〔様相〕：美しい（14），きれい（5），キュート（2），〔形〕：丸い／丸みがある／丸みを帯びた（8），シャープ（2），〔程度〕：適度（4），〔量〕：厚め／分厚い（2），〔質〕：質の高い（2），上質（2），〔材質〕：柔らかい（3），硬め／硬質（2），〔力〕：強い／強め／力強い（5），〔味〕：おいしい（2），〔活動〕：イキイキとした（3），元気（3），〔気分〕：心地良い（3），〔心〕爽やか（2），〔人柄〕：控えめ（2），〔満足〕：豊か（2），〔評価〕：いい（4）
	〈存在〉：ある（23），存在する（5）
	〈状態〉：しっかりする（12），残る（3），馴染む（2），まとまる（2）
	〈状態変化〉：伸びる（18），出る（13），広がる（4），立つ（3），顔を出す（2），染み入ってくる（2），引き締まる（2）
	〈使役〉：効く（29），引き締める（6），バランスをとる（5），絡む（4），支える（4），続く（4），与える（3），加える（3），締める（3），まとめる（2）
	〈主観〉：感じる（9）
ミネラル	〔様相〕：ツヤツヤ（7），美しい（2），ガッチリした（2），〔量〕：多量／たっぷり（6），豊富（4），〔材質〕硬い（3），〔力〕：強い（2），〔満足〕：心地良い（2），〔評価〕：すごい（2）
	〈存在〉：ある（22），存在する（6），ない（2），含む（2）
	〈状態〉：漂う（4），包む（4），あふれる（3），隠れる（2），詰まっている（2），秀でる（2），潜んでいる（2），表現する（2），混じりあう（2），まとまる（2）
	〈状態変化〉：香る（7），来る（4），加わる（4），出てくる（4），湧き上がってくる（3），入る（2），漏れ出てくる（2）
	〈使役〉：与える（9），絡む（4），加える（2），引き締める（2）
	〈主観〉：感じる（12）
タンニン	〔様相〕：きめ細かい／細かい／細やか（9），目立つ（2），〔形〕：円い（2），〔量〕：多い／多め／多量／大量／膨大（13），豊富（2），余韻が長い（2），〔質〕：高質な／質が高い（4），〔材質〕：滑らか（2），硬質／硬さがある（2），粗め（2），〔力〕：強い／強め／屈強（4），〔味〕：甘い／甘みがある（3）
	〈存在〉：ある（8），存在する（1），ない（9）
	〈状態〉：こなれる（3），浮く（2），馴染む（2），まとまる（2）
	〈状態変化〉：熟す（12），立つ（7），溶け込む（6），引き締まる（5），出てくる（4），完熟する（3），顔を出す（2）
	〈使役〉：与える（4），作る（2），効く（2）
	〈主観〉：感じる（6）

表2　RWGC から抽出した成分に関わる語の意味分類

ラルなど，実際に確認することができない比喩表現が多く観察される．ただし，それぞれの成分に用いられる具体的な語は，各成分の特徴に合わせて異なっている．例えば，すっぱさ（酸味）の元になる酸がワインには含まれているが，その酸味をイメージするような「シャープな」「さわやかな」「元気」といった語が酸を表す表現として用いられる．一方，ミネラルにのみ「ツヤ」という語が多用されているが，これは美肌の1つの特徴である「ツヤ」，そして美肌の元となるミネラルという栄養素の働きを関連させた比喩表現といえる．

　表2の各成分の下段において，動詞とのコロケーションをまとめているが，動詞の分類別使用割合を計算すると，使用される動詞は成分によって種類が異なることが分かった．酸では〈使役〉38.7%，ミネラルでは〈存在〉29.2%，タンニンでは〈状態変化〉48.8% の動詞の使用が多かった．具体的な語を見ると，各成分で最も使用頻度の高い語は，酸では「効く」，ミネラルでは「ある」，タンニンでは「熟す」であった．これらの動詞は成分を主語として用いられる一般的な表現になるが，その他の語の多くは，成分を擬人化した動詞となっていることに注目したい．例えば，タンニンの〈状態変化〉の語を見ると，「立つ，出てくる，顔を出す」といった，人の行動に用いられる表現が，酸の〈使役〉の語では「引き締める，バランスをとる，与える」などが用いられている．つまり，各成分によって使用割合の高い動詞の種類は異なるものの，具体的な語の中には比喩的な表現，特に成分を擬人化した表現が多いという共通点が指摘できる．

4.　コーパスデータの比較による考察

　2つのコーパスデータを比較し，ワインテイスティングにおける表現の特徴を考察する．本稿で注目したのは，飲食物に含まれる成分（酸，ミネラル，タンニン）がどのように表現されるのかである．各成分とのコロケーションのうち，成分の特徴を説明する語（名詞・形容詞）と，成分の働きを説明する語（動詞）の使用という2つの点からその特徴を考えていく．

　まず，各成分要素を説明するのに用いられる形容詞・名詞について，2つのコーパスデータの結果を比較する．注目すべき違いは，BCCWJ では量の多さ，豊富さ（〔量〕）や強さ・弱さ（〔力〕）に関わる語が多く使用されていたが，RWGC では〔様相〕の語が多く用いられていたことである．実際には目に見

えない酸やミネラルといったワインの成分が「美しい，きれいな，キュートな」という語を用いて説明されていた．これは視覚の形容語の転用であり，外観の良さを意味するものとなっている．このような語を使用する背景には，成分の量や力といった具体的な情報を説明する以上に，読み手にイメージを与えたいという意図が感じられる．他にも，実際には確認できない「丸い，シャープな」といった〔形〕の描写や，触覚の形容語である「滑らかな，硬い」といった〔材質〕の描写がなされていたが，このような視覚・触覚で確認される形容語がワインの描写に用いられていても，現実的ではなく，感覚で理解するしかない説明といえるだろう．BCCWJ では具体的な量の多さや渋い味などの描写はあったが，イメージを与えるような語の使用はほとんど見られなかったことを考えると，ワインの描写では「読み手にイメージを与える」という動機から，成分を説明する語が使用されており，これがワインテイスティングにおける表現の特徴の 1 つだと結論づけられる．

　次に，動詞について，2 つのコーパスデータを比較すると，〈被使役〉〈使役〉を表す動詞の使用割合の違いが注目される．〈被使役〉の動詞は BCCWJ では使用されていたが，RWGC でその使用はなく，逆に，〈使役〉の動詞は RWGC のほうが多かった．これは，ワインに含まれる成分要素が文の主語になるのか，目的語になるのかという違いに関わる．〈被使役〉の文では，「ミネラルを補給する」「酸を添加したもの」のように，それぞれの成分が目的語として用いられることになるが，その使用がなかった RWGC のデータでは，各成分は文の主語として用いられていたことを意味する．また，BCCWJ では使用が少なかった〈使役〉の動詞は，RWGC では使用が多く，特に酸の描写では最も使用率が高かったが，この場合も，成分が文の主語となる．つまり，テイスティングノートでは，ワインの成分の描写において，無生物主語の文が用いられる傾向があるといえる．

　3.3.2 節で指摘したように，「酸が（ワインに）立体感を与える」といった擬人法に関わる無生物主語の使用が多々見られたが，「酸がよく効いている」のような成分の働きを示すための無生物主語の使用も多い．これはワインテイスティングにおいて，比喩的表現の使用が多いというだけでなく，成分が文の主語として用いられることが多いことにも関わってくる．このような無生物主語文使用の背景には，成分がどのように味，香り，そしてワイン全体に影響を与えているのかという，成分の働きに焦点を当てるという動機が見てとれる．も

ちろん,「酸がジュワっと出てくる」〈状態変化〉や「シュッと引き締まったタンニン」〈状態〉のように,擬人法を用いた比喩的な表現を多用する傾向は確かにあり,それがワインテイスティングにおける言語表現の特徴であることは間違いないが,無生物主語文の使用は,成分の働きを強調したいための表現使用の傾向でもあると考えられる.

5. おわりに

　本稿では,ワインテイスティングという特定のジャンルにおける味覚・嗅覚に関わる日本語の表現に注目し,テキストの特殊性と言語表現の関わり,また,味覚・嗅覚に関わる比喩表現使用の傾向・動機について考えてきた.ワインテイスティングの用語や言い回しについては,比喩的表現の使用に多く目が向けられるが,その背景には,イメージを優先して伝える動機や,ワインの味や香りがどのように形成されるのかに注目する意図があることを指摘した.RWGC の結果において,「感じる」といった〈主観〉の表現がよく用いられていたが,これは執筆者自身の,ワインの試飲という実体験を通して得たコメントであり,主観的な印象を伝える表現である.さらに,コメント内容の臨場感を与える効果を持つものでもある.この結果も含め,テイスティングノートにおけるワインの特徴を伝えるための描写には,的確なワインの情報を伝えること以上に,伝えるべき内容が盛り込まれているように思われる.

　ワインテイスティングにおける言語表現という特定のテキストを取り上げ,分析してきたが,単に比喩表現が多いテキストという観点からだけでなく,用いられる語の意味や使用頻度の分析から,なぜそのような表現が用いられるかといった背景や動機まで考察してきた.このようなアプローチは,語の意味を考える研究だけでなく,語用論の研究にも関わることである.さらに,本稿では詳しく触れられなかったが,特定のテキストを分析することでわかったことから,一般的な規則性(共感覚表現の使用,無生物主語を用いる動機など)を考察することもできるだろう.この点も含め,特定のテキストを分析することの必要性や重要性を強調しておきたい.

参考文献

Brochet, Frédéric and Denis Dubourdieu (2001) "Wine Descriptive Language Supports Cognitive Specificity of Chemical Senses," *Brain and Language* 77, 187-196.

Caballero, Rosario (2007) "Manner-of-motion Verbs in Wine Description," *Journal of Pragmatics* 39, 2095-2114.

Caballero, Rosario and Iraide Ibarretxe-Antuñano (2015) "From Physical to Metaphorical Motion: A Cross-genre Approach," *Proceedings of the NetWordS Final Conference*, 155-157.

福島宙輝・田中茂範 (2016)「味覚表現における音象徴語の使用原理」『人工知能学会論文誌』第 31 巻 6 号, 1-8.

Hughson, Angus and Robert Boakes (2002) "The Knowing Nose: The Role of Knowledge in Wine Expertise," *Food Quality and Preference* 13, 463-472.

楠見孝 (1988)「共感覚に基づく形容表現の理解過程について：感覚形容語の通様相的修飾」『心理学研究』第 58 巻 3 号, 373-380.

楠見孝 (2004)「味覚のメタファー表現への認知的アプローチ」『日本言語学会第 127 回予稿集』, 9-14.

Lakoff, George and Mark Johnson (1980) *Metaphors We Live By*, University of Chicago Press, Chicago and London.

Lehrer, Adrienne (2009) *Wine and Conversation*, Oxford University Press, New York.

López-Arroyo, Belén and Roda P. Roberts (2014) "English and Spanish Descriptors in Wine Tasting Terminology," *Terminology. International Journal of Theoretical and Applied Issues in Specialized Communication*, 20(1), 25-49.

瀬戸賢一・楠見孝・辻本智子・山本隆・沢井繁男 (2005)『味ことばの世界』海鳴社, 東京.

Solomon, Gregg (1997) "Conceptual Change and Wine Expertise," *The Journal of the Learning Sciences* 6, 41-60.

Ullmann, Stephen (1959) *The Principles of Semantics*, 2nd ed., Blackwell, Oxford.

Williams, Joseph M. (1976) "Synaesthetic Adjectives: A Possible Law of Semantic Change," *Language* 52, 461-478.

Wislocka Breit, Bozena (2014). "Appraisal Theory Applied to the Wine Tasting Sheet in English and Spanish," *Iberica* 27, 97-120.

英語受益者受動構文をめぐる構文文法と歴史言語学の交差*

米倉よう子
奈良教育大学

1. はじめに

　言語変化研究は，言語の何が変わったのかを示した上で，その変化要因を突き止めることが究極の目的である．言語変化の要因は多種多様だが，少なくとも部分的には，認知言語学の知見が有効な説明力を持つことが示されつつある．[1] その中でも，通時的構文文法 (Diachronic Construction Grammar) (Barðdal et al. (2015)) は，ごく最近注目を浴び始めた言語変化へのアプローチ法である．Goldberg (2006) の以下の引用からも明らかなように，構文文法は，言語をあらかじめ固定された統語構造の集合体とは見なさない．「構文」とは「形式と意味のペアリング (form-meaning pairing)」と定義されるが，構文はたがいに干渉したり，結びついたりする．これは言語の創造的側面といえよう．

(1)　… it is clear that language is not the set of sentences that can be fixed in advance. Allowing constructions to combine feely as long as there are no conflicts, allows for the infinitely creative potential of language.　　　　　　　　　　　　　　　(Goldberg (2006: 22))

また，形式と意味のペアである構文は，時間の経過とともに様々な要因で変化していく潜在性を有している．構文の持つ柔軟性が言語変化にどのように関わ

---

　* 本研究は科学研究費補助金（基盤 (C)，研究課題番号 18K00649）の援助を受けている．
　[1] たとえば Hopper and Traugott (2003) による文法化 (grammaticalization) 研究を参照のこと．

英語受益者受動構文をめぐる構文文法と歴史言語学の交差　　　183

るのかという問題は興味が尽きない.

　本稿では,英語受益者受動構文 (recipient passive, 以下 REC 受動) の発達
を確認しながら,構文と言語変化の関係について考察する.本稿の考察対象で
ある REC 受動とは,次例 (2b) が例示するように,二重目的語構文 (double
object construction, 以下 DOC) の受動態文のうち,受益者項 (recipient や
goal 等の意味役割を担う項,以下 REC 項) が主格主語になるものを指す.[2]

　(2)　John gave Mary the book.
　　　a.??The book was given Mary by John.
　　　b.　Mary was given the book by John.

(安藤 (2005: 354-355) に基づく)

REC 受動に対して,(2a) のように,移動物項 (theme, 以下 TH 項) が受動
態の主語となるものを TH 受動 (theme passive) と呼ぶことにしよう.また,
TH 受動と REC 受動をまとめて DOC 受動 (double object passive), DOC
に現れる動詞を DOC 動詞と呼ぶことにする.

　TH 受動は現在の英語 (特に米語) では嫌われる傾向にあるが,歴史的に見
れば,古くから英語に存在していたのは REC 受動ではなく,TH 受動である.
(3) は 17 世紀に書かれた個人書簡コーパス PCEEC (the Parsed Corpus of
Early English Correspondence) に現れた TH 受動の例である.

　(3)　My dear Children , Girls and Boys , Ever since my jubily, I have
　　　long'd for opportunity to convay thes little things wear given me
　　　then;　　　　　　　　　　　　　　　　　　　　　(Tixall 1670s, PCEEC)

後期近代英語コーパスである CLMET3.0 (the Corpus of Late Modern Eng-
lish Texts, version 3.0) の 1710 年-1780 年パートで調べても,DOC に典型
的に現れる動詞 give の DOC 受動は約 99.5% (218 例) が TH 受動として現
れており,REC 受動はわずか 0.5% (1 例) を占めるにすぎない (Yonekura

---

　[2] 本稿で言う「REC 受動」には,特に断りのない限り,(i) (あるいは例 (10d) (13a) も参
照) に示すような節的 TH 項をとるもの (節的 TH 付き REC 受動,本稿 3 節を参照) は含ま
れない.なお,本稿の例文内の強調は基本的にすべて筆者によるものである.
　　(i)　I am promised that the Ginneeyeh shall come through the wall.
　　　　　　　　(L. D. Gordon, Letters from Egypt (1866-9), CLMET3.0, File 3.192)

(2018: 8)).

　本稿では，TH 受動から REC 受動へのシフトという通時的過程の構文文法的側面を考察するわけだが，具体的な考察に入る前に，REC 受動の拡大は構文的要因のみで説明されるものではないことを断っておかねばならない．それでも，構文文法の知見を用いた分析法をとることによって，我々は言語変化のメカニズムの一端を解明する手がかりを得られるだろうし，また逆に，言語の歴史的発達を見ることで，言語と認知の関係についても理解を深めることができよう．

　本稿の構成は以下のとおりである．まず第 2 節で，中位構文が形成する構文ネットワーク表示としての「意味地図」の意義を考え，それが通時的研究にどのように関係しうるのかを述べる．続く第 3 節では，Yonekura (2018) および米倉（近刊）に基づき，近代英語期以降の REC 受動の拡大を概観する．第 4 節では，動詞タイプごとに REC 受動感受性クラインの要因となった事項を考える．第 5 節はごく手短な結語である．

2.　中位構文 (meso-construction) と意味地図 (semantic map)

　Goldberg (1995) は，結果構文 (resultative construction) や DOC に例示されるように，抽象度の高いスキーマ的文法機能と動詞等の述部の意味的関係を結びつける「形式と意味のペアリング」を「項構造構文 (Argument Structure Construction)」と呼んだ．項構造構文内スロットの中でも，動詞スロットは特に重要である (Hoffmann (2018)).[3] 動詞はイベント型を指定するからである．たとえば [SBJ-V-OBJ₁-OBJ₂] という DOC の動詞スロット V に動詞 give が入ると，具現化される結果構文は giving-event を表すものだと我々は認識する．さらに我々は，giving という行為には「与える人 (giver)」と「与えられるモノ (give.object)」および「受領する人 (givee)」という 3 つの参与体が関わることを経験的に知っている．DOC の中心的意味 ('agent success-

---

[3] Goldberg (2006: 5) では，「構文」と見なされる要素には，拘束形態素や語，複合語，イディオム的表現など，あらゆる文法の単位が含まれるとされている．この定義に従うと，たとえば DOC の V スロットに動詞 give が入る例も，構文どうしが結合する事例ということになるが，本稿では説明の簡潔さの要請上，具体的な意味を持つ個々の動詞と，よりスキーマ度の高い統語的構造を区別し，「構文」という用語は後者を指すものとして使用する．

fully causes recipient to receive theme')（Goldberg（1995: 38））中の項役割
（argument role）である Recipient は，動詞 give の参与体役割（participant
role）である「与えられたものの受け取り手（givee）」と意味的に両立するの
で，両役割は問題なく結びつく．

　同じように DOC 構文に現れるように見える動詞でも，send の場合と give
の場合では参与体役割が異なっている．

(4) a. My aunt gave my brother some money for new skis.
　　b. Lewis sent Sam a bicycle.

（4a）と（4b）はどちらも同じ DOC の単なる具体例に見える．しかし実際に
はそうではない．以下の例を見てみよう．

(5) a. #My aunt gave my brother some money for new skis, but he never
　　　 got it.
　　b. Lewis sent Sam a bicycle, but it never arrived.

（Rappaport Hovav and Levin（2008: 146））

(6) a. To whom/*Where did you give the ball?
　　b. To whom/Where did you send the package?

（Rappaport Hovav and Levin（2008: 143））

例（5）が示すように，send は give と違い，DOC においてですら，その REC
項で表されるものが首尾よく theme の「新所有者」になったことを必ずしも
含意しない．一方，例（6）が示すように，give は send と違い，前置詞与格構
文で現れる場合でも，空間的ゴール（goal）を表す項（spatial goal argument）
をとるわけではない．

　このような差異は，一見，同一の上位スキーマ構文に現れるようにみえる動
詞であっても，それぞれが同じような意味の他の動詞とともに，微妙に異なる
中位構文（meso-construction）スキーマを形成しうることを強く示唆する（cf.
Traugott and Trousdale（2013））．send は throw や bring 等とともに「DOC
の REC 項が goal という意味役割を担う動詞タイプ」として 1 つの中位 DOC
スキーマを形成し，give は hand, lend 等とともに「DOC の REC 項が re-
cipient という意味役割を担う動詞タイプ」としてまた別の中位 DOC スキー
マを形成する（cf. Rappaport Hovav and Levin（2008））というわけである．

複数の中位構文が集まると，より大きな構文ネットワークが形成される．言語研究では，構文ネットワークはしばしば，「意味地図（semantic map）」の形で提示されてきた．たとえば，様々な言語の DOC や前置詞与格構文（あるいはそれに相当する構文）を調べた Malchukov et al. (2007: 51) は，REC 項の担いうる意味に基づいた意味地図を提案している．Malchukov et al. (2007: 53-54) は，意味地図は通時的言語研究にも有益だと主張しており，実際，意味地図を意識した通時的言語研究もある．[4]

　意味地図内では，同じような振る舞いを見せる動詞が集まり，中位構文を形成すると同時に，振る舞いの似ている動詞タイプどうしは近接位置に置かれるという点が肝心である．意味地図のこの基本的な考え方は，REC 受動の発達を考える際にも有効であるように思われる．本稿は，受動態構文と DOC という 2 つの構文を組み合わせた意味地図を提示するところまで行うわけではないが，そのための足がかりになる議論を展開したい．

3.　近代英語以降の REC 受動の発達

　本節では筆者が米倉（近刊）および Yonekura (2018) で行った DOC 受動分布のコーパス調査の結果を概観する．ただし紙幅の制約上，詳しい調査手法や調査結果は本稿には再録しないので，詳細なデータについては，それぞれ上掲の拙論を参照されたい．

　Allen (1995: 393) によると，英語で純然たる REC 受動例の出現が最初に確認できるのは 1375 年である．しかし初例出現後も REC 受動は英語において長らく不人気であった（Allen (1995: 394-395)，Ando (1976: 177-179) 等を参照）．とりわけ for 前置詞与格に相当すると思しき DOC の REC 受動（たとえば *She was bought a dress.*）は，1995 年のインターネット上の調査でも，インフォーマントの約 3 分の 1 が「容認不可」とするなど，ごく最近まで英語で嫌われていた（https://linguistlist.org/issues/6/6-230.html）．

　Wolk et al. (2013) によれば，1650 年以降の英語における与格交替構文で，頻度の高い動詞は give, tell, bring, send, pay である．そこで筆者は Yonekura (2018) において，この 5 つの動詞を軸に，Colleman and De Clerck

---

[4] たとえば北ゲルマン語における DOC 構文の通時的研究を行った Barðdal (2007) を参照．

(2011: Appendix A) の後期近代英語 DOC 動詞リストを参考にして，20 の動詞 (assign, award, bring, deliver, deny, give, grant, hand, lend, obtain, offer, pay, permit, procure, promise, reimburse, repay, teach, tell, show) を選び，その DOC 受動分布の推移をコーパスで調べた．使用コーパスは後期近代英語期の英語を対象とした CLMET3.0 である．

次に米倉（近刊）では，CLMET3.0 の調査で比較的早い時期から TH 受動に比して REC 受動の使用率が高かった 7 つの動詞 (offer, deny, permit, promise, show, teach, tell) に焦点を当て，それらについて，初期近代英語コーパスである PCEEC と LC (the Lampeter Corpus of Early Modern English Tracts) での DOC 受動の分布調査を行った．7 つの動詞のうち，offer 以外の 6 つは TELL タイプに属する．

まず，CLMET3.0 に基づく 20 の動詞の DOC 受動分布調査結果 (Yonekura (2018)) について述べると，自身のコーパス調査と Jespersen (1961) や Emonds (1976) 等の先行研究における REC 受動の記述を総合し，各動詞の意味的・統語的特徴に基づいて以下の 5 つの動詞タイプに分け，それぞれが REC 受動の受け入れに関して，中位構文を形成しているという暫定結論を出した．

(7)　A.　GIVE タイプ：assign, award, give, grant, hand, lend, offer
　　　　　基本的に 3 項動詞で，授与行為を第一義的に表す動詞．

　　　B.　TELL タイプ：deny, permit, promise, show, teach, tell
　　　　　本質的にコミュニケーション行為を表す動詞．

　　　C.　BRING タイプ：bring, deliver
　　　　　TH の空間的位置を変化させることを第一義的に表す動詞．

　　　D.　PAY タイプ：pay, repay, reimburse
　　　　　典型的には金銭のやり取りを表す動詞．

　　　E.　GET タイプ：obtain, procure
　　　　　何かを獲得することを第一義的に表す動詞．

そして，REC 受動は英語において概略，(8) のような「REC 受動受容性クライン」を有していると提案した (Yonekura (2018: 12))．

(8)　TELL > PAY > GIVE > BRING ≧ GET・作成動詞 (build, bake 等)

(8) では，左側に来るタイプほど，REC 受動導入に対する抵抗が弱い．(8) は同時に，「英語 REC 受動の意味地図」の根幹を成すクラインでもあると考えられる．なお，このクラインは必ずしも，「英語の史的テキストで REC 受動初例が確認された年代の早さ順」ではないことに注意されたい．[5]

　さらに米倉（近刊）では，前期近代英語コーパス PCEEC と LC における 7 つの動詞の調査結果に基づき，下記の結論を出した (cf. Trips et al. (2016))．

(9)　初期近代英語で TH 受動よりも REC 受動を好む動詞は概ね

　　a.　(teach のような例外はあるが) フランス語起源のものが多い．

　　b.　(offer のような例外はあるが) TELL タイプで，なおかつ (deny のような例外はあるが) DOC 受動に TH が節構造によく現れるもの (形式主語が現れている例を含む) が多い．

PCEEC で採取された具体例を以下にあげておく．

(10)　a.　I presume you were shewed ye fine things y^r father brought me:

(Hatton (1666), PCEEC) [REC 受動]

　　b.　Whereto my Lorde Chauncelor aunswered that he thowght I geste trouthe, for I shoulde see theim and so thei were shewed me and thei were but twayne.

(More (1535), PCEEC) [TH 受動]

---

　[5] ここで「初例の現れた年代順」にこだわらないのは，古テキスト中での例数の少なさと当該例の文法の適切度を考慮するためである．たとえば Allen (1995: 391) は，動詞 do の初期の REC 受動例として，13 世紀のテキストである *Ancrene Wisse* から以下をあげる．

(ii)　oðer ȝef me　is iluuet mare þen　an oþer, mare
　　or　if　one is loved more than an other more
　　iolhnet　mare idon　god　oðer menske.
　　caressed more done good or　honor
　　'or if one is loved more than another, more caressed, benefited or honored'

(AW 93.26; Allen (1995: 391))

しかしながら，この例が，do の REC 受動がこの時期に確立したことを明らかにしているかというと，そうでもないのである．Allen (1995: 392) は，(ii) のような例は，文体上の要請で，当時の文法規則を曲げて無理に REC 受動にしたのではないかと述べている．そこで筆者の一連の REC 受動研究 (Yonekura (2018), 米倉（近刊）) では，この手の問題点を避けるために，各動詞の REC 受動の初例年代ではなく，REC 受動と TH 受動の比率を比較することで，REC 受動の定着ぶりを測っている．

c. In the other ther was written that it sholde be shewed me how he was resolved that duringe his life I sholde not have to do with either of those manors, Langham & Combes;

(Bacon (1572), PCEEC) ［節的 TH 付き TH 受動，形式主語］

d. so I humblye praye you to continewe your honorable favour in suche sort towardes him as he maye not bee forbidden , but permitted still to vittall the souldiers as hee hath done;

(Leycest (1586), PCEEC) ［節的 TH 付き REC 受動］

4. 分析

本節では，英語 REC 受動の動詞タイプごとの受容クライン (8) に影響した要因を考える。[6] REC 受動を受け入れやすかった動詞タイプには，TH 項を差し置いて，REC 項を受け身の主語としやすい何らかの理由があることを見る．

4.1. TELL タイプ

(8) で最も左端に位置する TELL タイプには，promise, deny, tell, show, teach のようなコミュニケーション動詞が含まれる．このタイプは give と異なり，必ずしも 3 項動詞ではないものの (Pinker (1989: 110f))，導管メタファー (Reddy (1979)) に基づき，(TH 項で表される) メッセージ内容が REC 項に伝達される (与えられる) という意味で，DOC と相性がよい．特に動詞 tell は，CLMET3.0(1710 年–1780 年パート) において，動詞 give に次いで DOC (能動態用法も含むとする) に頻繁に現れる動詞となっており (Colleman and De Clerck (2011: Appendix A))，DOC との相性の良さがうかがえる．

3 節で述べた通り，初期近代英語の時点で TH が節構造 (節的 TH) で現れることができた動詞は，REC 受動受容性が高い傾向がある．promise や permit 等のフランス語起源の DOC 動詞に節的 TH 付き REC 受動が多いのは，Trips et al. (2016) が指摘する通り，アングロ・ノルマン語 (AN) における

---

[6] 本節の議論は Yonekura (2018) および米倉 (近刊) を発展させたものである．

節的 TH 付き REC 受動の影響を受けたためである。[7] 節的 TH をとることが多い動詞から REC 受動が始まったのは，節構造の TH 項を主語として扱うことに違和感があり，そのため TH 項よりも REC 項を主語に選んだためである（cf. Allen（1995: 405-406））。この点において，TELL タイプ DOC の REC 項は，「Agent 項が削除される受け身文において，唯一，主語名詞句として機能できそうな項」という存在意義を与えられやすい状況にあり，その意味で，「DOC があらわす事態に必要不可欠な参与体を表す要素」と解釈されやすかったと考えられる。

4.2. PAY タイプ

PAY タイプは TELL タイプに次いで REC 受動を受け入れやすかったことがコーパス調査から分かっている（Yonekura（2018））。CLMET3.0（1710 年-1780 年パート）における動詞 pay の REC 受動と TH 受動の比率は 25 例：9 例であるが，同コーパスの 1850 年-1920 年パートでは 6 例：12 例と，例数が全体に少ないながらも逆転している。もっとも調査対象動詞のうち，repay と reimburse は CLMET3.0 における DOC 受動の生起頻度が非常に低く，数量的にある程度まとまったデータが得られたのは，pay だけであった。

pay はもともと，'to satisfy' や 'to meet a claim'，'to reward' を意味する monotransitive verb で，DOC 動詞としての用法は後から発達した。van der Gaaf（1929: 10）によると，'to make payment to' を意味する monotransitive verb としての受動態例は，14 世紀終わりの英語テキストに頻繁に見られるという。（11）もその例の 1 つだが，「受け取り手（payee，ここでは ȝe 'you' として言語化されている）」が受動態文の主格主語になっていることが分かる。

(11) and ȝe xall be payyd aȝen of þe obligacion þat my moder hathe,

(Paston（1461），PCEEC)

本稿では，このような例にみられる〈受け取り手＋be＋paid〉というチャンク（Bybee（2006））が，pay の REC 受動定着に貢献したと考える。なお，後期

---

[7] まずはフランス語起源の DOC 動詞で REC 受動を受け入れ初め，それ後，tell や show 等のゲルマン語由来のコミュニケーション動詞（TELL タイプ動詞）へと広まったことは，PCEEC に基づくコーパス調査でも確認できる（米倉（近刊）参照）。

中英語および初期近代英語の pay の受動態文では，TH 項の前に of が現れている例が頻繁に見られる（van der Gaaf（1929: 66））．この of は 'with regard to' 程度の意味だが，pay 以外にも，deny や teach にも同様の用法があった（van der Gaaf（1929: 10, 66-67））．いずれの動詞のケースでも，〈主格標示の受け取り手（あるいは受け取りを拒否される者）＋be＋過去分詞〉というチャンクが形成されることになり，このチャンクを通して，DOC 受動において TH 項よりも REC 項が主格主語に据えられる構造〈主格標示 REC＋be＋過去分詞＋TH〉が定着する環境を整えるのに役立った可能性がある．

4.3. GIVE タイプ

　3 項動詞である GIVE タイプのメンバーは，REC 項が「（動詞の表す）事態に必要不可欠な参与体」を表すと見なされやすい．動詞の語彙的意味に必ず要求される項として，GIVE タイプの REC 項は，「文の主語」という，統語的に重要な位置を占めてもおかしくない．このように考えると，この動詞タイプの REC 受動受容性は決して低くないはずである．しかし実際には GIVE タイプでは，TELL タイプや PAY タイプよりも REC 受動定着に時間がかった．

　その理由の一つは，TELL タイプや PAY タイプと異なり，TH 項ではなく REC 項に主格を与え，主語位置におく構造が発達する要因（すなわち節的 TH 付き構造や monotransitive 用法）が GIVE タイプ動詞になかったためである．[8]「3 項動詞」であることは，REC 項だけでなく，TH 項もまた「動詞が意味する事態に必要不可欠な参与体」を表す項である点に注意されたい．

　さて，GIVE タイプの中で異彩を放つのは offer である．offer は GIVE タイプの中でも比較的早くから REC 受動を受け入れているからである．CL-MET 3.0 の 1710-1780 年パートでは，give の REC 受動がわずか 1 例（全 DOC 受動 219 例中）にとどまるのに対し，offer の REC 受動例（12）は 17 例（全 DOC 受動 58 例中）にも上る（Yonekura（2018: 8））．

---

[8] *I desire shee might bee **given to understand** that what mony shee shall want I will send her up*, （Oxinde（1641），PCEEC）のような例では一見，give が節的 TH 付き REC 受動に現れているように見える．しかし to 不定詞として現れうる動詞の種類が非常に限られていることから（understand, believe, know 等に限定），イディオム性が高いと目され，節的 TH 付き REC 受動とはまた別の扱いが必要と本稿では考える．

(12) He utterly denied having assaulted any of the watchmen, and sol-
emnly declared that he was offered his liberty at the price of half a
crown.   (H. Fielding, *Amelia* (1751), CLMET3.0.1.24)

offer はラテン語 offerre に由来し，'to offer to God' の意味で古英語期にす
でに英語に導入されていた．ノルマン征服後に仏語 offrir を介して，より宗教
色の薄い 'to give, present' という，GIVE タイプに属する意味が入ってきた
(OED s.v. *offer* v.)．一方で，この動詞は英語では「将来の所有を表す動詞
(verbs of future having)」としての用法があり，その意味では promise に近
い (Rappaport Hovav and Levin (2008: 246))．promise は，初期近代英語
コーパス (PCEEC および LC) に基づく調査でも，節的 TH 付き DOC 受動
が数多くみられ，REC が主格主語になる節的 TH 付き REC 受動も PCEEC
において 13 例見つかる（例 (13a) 参照）．また，REC 受動も 7 例見つかる
（例 (13b) 参照）．なお，同コーパスにおける TH 受動の生起回数は 8 例，TH
が形式主語のものは 1 例であった．

(13) a. I am promised that this my letter shall com to the by saterday
night.   (Pastonk (1626), PCEEC)
  b. he is promised ayd of men and gallyes from the pope and the
dukes of Savoy and Florence,   (Leycest (1585), PCCEEC)

一方，offer の節的 TH 付き DOC 受動は，初期近代英語コーパス PCEEC お
よび LC では例が見当たらず，CLMET3.0 においてもほとんど見当たらない．
offer は TELL タイプではなく，GIVE タイプとして分類したが，この動詞は
基本的には GIVE タイプに属しながらも，上述のように動詞 promise と意味
的特徴を共有している面があり，そのために promise の REC 受動環境を模
倣したといえるかもしれない．もっとも，この点はさらに大規模なコーパス調
査等を行う必要があるので，暫定結論としておきたい．

4.4. BRING タイプ

英語における BRING タイプ動詞の REC 受動の受け入れは，概して遅かっ
た．CLMET3.0 を使ったコーパス調査 (Yonekura (2018)) では，動詞 bring
と deliver の TH 受動は見つかっても（例 (14) 参照），REC 受動は 1 例も見

つからなかったし，Jespersen（1961: 306，執筆は 1927 年頃）にも，*He was sent a note.* のような REC 受動を見つけるのは困難だと記述があるくらいである．

(14) there was a knock at the door, and a telegram was brought me, announcing the sudden death of a dear friend.

(Lewis Carroll, *Sylvie and Bruno* (1889): CLMET3.0.3.226)

本稿 2 節でみたように，BRING タイプが DOC に現れると，その REC 項は goal という参与体役割を担う．「所有の移行（transfer of possession）」を表す動詞と「使役的移動（caused motion）」を表す動詞が異なる振る舞いを見せることは，通言語的にもよくある（Mulchukov et al. (2007: 48)，Rappaport Hovav and Levin (2008)）．この動詞タイプ間の差が，BRING タイプが GIVE タイプよりも強力に REC 受動受け入れに抵抗を示した要因になった可能性がある．

英語以外の言語に目を転じてみるとはたして，'send' や，（本稿のコーパス調査対象動詞ではないが）'throw' に相当する動詞が DOC そのものから締め出されるケースは珍しくない．たとえば中国語では 'send' と 'throw' は DOC では使えない（Malchukov et al. (2007: 49)）．とりわけ 'throw' のような弾道的動き（ballistic motion）を表す動詞は DOC との相性が悪く，アイスランド語やスウェーデン語でも DOC には基本的に使えない（Barðdal (2007: 16)）．英語でも，動詞 pull のように，DOC が嫌うものもある（cf. *?pulled him a chair*）（Malchukov et al. (2007: 48)）．[9] このような，DOC と BRING タイプ動詞の相性の悪さが，(8) に示した英語 REC 受動感受性クラインにも反映されたと考えられる．

4.5. GET タイプ・作成動詞

GET タイプやその他 bake や write などの作成動詞（verb of creation）は，歴史的には REC 受動と大変相性が悪く，かなり最近まで REC 受動に抵抗し

---

[9] 逆に，通言語的に見て DOC と相性がよい動詞は 'give' と 'show' である．たとえばオーストロネシア系言語のマナム語（Manam）では，DOC に現れうる動詞は 'give' と 'show' しかない（Malchukov et al. (2007: 49)）．

ていた（本稿第3節を参照）.[10]

　英語では，GET タイプ・作成動詞の DOC は，TH の REC の所有域への
移行を必ずしも意味的に保障しない（下記（15）を参照）. この点で，GET タ
イプ・作成動詞の DOC は，BRING タイプの DOC に似ている.

(15) a.　I baked him a cake, but he refused it.
　　 b.　?I gave him a book, but he refused it.　　　　（van Trijp (2017: 7)）

　また，GET タイプ・作成動詞は3項動詞ではないので（(16) を参照），REC
項は必ずしも「動詞が表す事態（event）に必要不可欠な参与体」を表すわけで
はなく，付随的な要素にすぎない（cf. 中村 (2003: 245)）. 一方，3項動詞で
ある GIVE タイプでは，REC 項は「事態に必要不可欠な参与体」を表すもの
となる. 両動詞タイプの REC 項の性質の差が，(16) と (17) の容認度の差
を生み出す.

(16)　I baked a cake.
(17)　*Paul handed a letter.　　　　　　　　　　（Goldberg (1995: 53)）

そしてこの REC 項の「必要不可欠度の差」が，REC 受動の受け入れ易さの差
にもつながったと本稿では考える. それには受動態そのものの歴史も絡んでい
ることを，4節の締めくくりとして以下 4.6 節で述べたい.

4.6.　英語受動態の発達

　英語受動態は結果状態受動が起源である. それが時を経るにつれ，動的受動
(dynamic passive) や，非対称的エネルギー授受を必ずしも前提としない〈動
詞＋前置詞〉受動 (prepositional passive) 等まで容認するように拡大していっ
たと考えられている（cf. 寺澤 (2002), Denison (1993), Toyota (2008)）.
それぞれの受動態の例を以下にあげておく.[11]

(18) a.　he saved his life, although he was often wounded

---

[10] このタイプの動詞も，BRING タイプ動詞と同じように，DOC との相性が悪い言語があ
るようだ. たとえば現代アイスランド語では，作成動詞や獲得動詞 (verb of obtaining, すな
わち GET タイプ）の DOC への生起は非常に制限される（Barðdal (2007: 9)）.
[11] 紙幅の都合上，(18a) と (18b) の古・中英語表記は省略した.

(HC OE2 cochroa2; Toyota (2008: 31)) [結果状態受動]

b. he gave his last breath with a great sweetness of smile and so he was buried there

(HC ME3 cmpolych; Toyota (2008: 21)) [動的受動]

c. The bridge has been walked under by generations of lovers.

(久野・高見 (2005: 82)) [〈動詞＋前置詞〉受動]

一連の受動態の発達は，端的に言えば，「受け身文の主語となりうるものの条件緩和」である．結果状態受動 (18a) では，受け身の主語になるものは「何らかの状態変化を経た項」でなければならない．しかし動的受動 (18b) では，結果状態そのものよりもむしろ，それにつながる行為の部分に焦点があてられている．さらに (18c) では，非対称的なエネルギーの授受が前提とされていないという点で，他動性が低い動詞句が受動態の述部となっている．[12]

ここで (18a) および (18b) の受け身主語は，動詞が意味する事態が要求する必要不可欠な参与体を表す項とみてよい．述部動詞はそれぞれ他動詞であり，能動文においてその目的語に当たるものが，受け身文の主語になっているからである．一方，(18c) の述語動詞 walk は自動詞である（久野・高見 (2005: 78)）．(18c) 中の「橋（の下）（‘(under) the bridge’）」は，動詞 walk の目的語ではなく，事態が起こる場所を表す句の一部にすぎないはずだ．(18c) が容認可能である事実は，動詞が意味する事態にとって必要不可欠な参与体とはいいがたい，単なる場所をあらわす統語的要素までが受け身の主語として容認されるように，英語受動態構文が変化してきた証である．

このように考えると，GET タイプや作成動詞で，REC 受動の受け入れが遅れた理由が見えてくる．同じように REC 受動受け入れに消極的だった BRING タイプはともかくとして，他の動詞タイプには，DOC の REC 項が受け身主語になる何らかの条件（すなわち REC 項が唯一，主語名詞句として機能できそうな項であったこと (4.1 節参照)，〈受け取り手＋be＋過去分詞動詞〉というチャンクが形成されやすかったこと (4.2 節参照)，3 項動詞であること (4.3 節参照)）があった．しかし GET タイプ・作成動詞にはそれらの条件がなかった．受動態構文の主語条件が徐々に緩和されて初めて，(16c) のよ

---

[12] (18c) の受け身主語の適格性を担保するのは，「非対称的エネルギーの受け手を表す項」という条件ではなく，「主語性格づけ」という条件である（久野・高見 (2005: 82-84)）.

うな受動態が英語で容認可能になったのと同じように（cf. Goh（2000）），付随的な参与体を表す REC 項を持つ動詞タイプの REC 受動は，受動態の主語条件そのものが緩和されたことで，次第に受け入れられてきたと考えられる．

5. 終わりに

　本稿では，英語 REC 受動の定着を左右した要因を見てきた．更に詳細なコーパスデータによる補足が必要な部分も残されているが，英語 REC 受動発達のさらなる解明は，言語変化のメカニズム解明に大いに貢献すると考えている．

参考文献

Allen, Cynthia L. (1995) *Case Marking and Reanalysis: Grammatical Relations from Old to Early Modern English*, Oxford University Press, Oxford.

Ando, Sadao (1976) *A Descriptive Syntax of Christopher Marlowe's Language*, University of Tokyo Press, Tokyo.

安藤貞雄（2005）『現代英文法講義』開拓社，東京．

Barðdal, Jóhanna (2007) "The Semantic and Lexical Range of the Ditransitive Construction in the History of (North) Germanic," *Functions of Language* 14(1), 9–30.

Barðdal, Jóhanna, Elena Smirnova, Lotte Sommerer and Spike Gildea, eds. (2015) *Diachronic Construction Grammar*, John Benjamins, Amsterdam/Philadelphia.

Bybee, Joan (2006) "From Usage to Grammar: The Mind's Response to Repetition," *Language* 82(4), 711–733.

Colleman, Timothy and Bernard De Clerck (2011) "Constructional Semantics on the Move: On Semantic Specialization in the English Double Object Construction," *Cognitive Linguistics* 22(1), 183–209.

Denison, David (1993) *English Historical Syntax: Verbal Constructions*, Longman, London.

Emonds, Joseph (1976) *A Transformational Approach to English Syntax*, Academic Press, New York.

Gaaf, William van der (1929) "The Conversion of the Indirect Personal Object into the Subject of a Passive Construction," *English Studies* 9, 1–11, 58–67.

Goh, Gwang-Yoon (2000) *The Synchrony and Diachrony of the English Prepositional*

Passive: Form, Meaning and Function, Doctoral dissertation, Ohio State University. Distributed by Ohio State Dissertations in Linguistics.

Goldberg, Adele E. (1995) *Constructions: A Construction Grammar Approach to Argument Structure,* University of Chicago Press, Chicago.

Goldberg, Adele E. (2006) *Constructions at Work: The Nature of Generalization in Language*, Oxford University Press, Oxford.

Hoffmann, Thomas (2018) "Creativity and Construction Grammar Cognitive and Psychological Issues," *Zeitschrift für Anglistik und Amerikanistik* 66(3), 259-276.

Hopper, Paul J. and Elizabeth C. Traugott (2003) *Grammaticalization*, 2nd ed., Cambridge University Press, Cambridge.

Jespersen, Otto (1961) *A Modern English Grammar on Historical Principles,* Part III, Syntax (Second Volume), Reprint, George Allen & Unwin, London.

久野暲・高見健一 (2005)『謎解きの英文法：文の意味』くろしお出版，東京.

Malchukov, Andrej, Martin Haspelmath and Bernard Comrie (2007) "Ditransitive Constructions: A Typological Overview. First Draft," available at: https://www.keel.ut.ee/sites/default/files/www_ut/4-ditransitiveoverview.pdf.

中村芳久 (2003)「与格の意味地図」『言語学からの眺望2003』，福岡言語学会（編），243-257，九州大学出版会，福岡.

Pinker, Steven (1989) *Learnability and Cognition: The Acquisition of Argument Structure*, MIT Press, Cambridge, MA.

Rappaport Hovav, Malka and Beth Levin (2008) "The English Dative Alternation: The Case for Verb Sensitivity," *Journal of Linguistics* 44, 129-167.

Reddy, Michael (1979) "The Conduit Metaphor," *Metaphor and Thought 2*, ed. by Andrew Ostony, 164-201, Cambridge University Press, Cambridge.

寺澤盾 (2002)「英語受動文：通時的視点から」『認知言語学I：事象構造』，西村義樹（編），87-108，東京大学出版会，東京.

Toyota, Junichi (2008) *Diachronic Change in the English Passive*, Palgrave Macmillan, Hampshire.

Traugott, Elizabeth C. and Graeme Trousdale (2013) *Constructionalization and Constructional Changes*, Oxford University Press, Oxford.

Trips, Carola, Achim Stein and Richard Ingham (2016) "The Role of French in the Rise of the Recipient Passive in Middle English: Can Structural Case be Borrowed?" Paper Presented at the 18th Diachronic Generative Syntax Conference (DiGS), Ghent, June 2016.

van Trijp, Remi (2017) *The Evolution of Case Grammar,* Language Science Press, Berlin.

Wolk, C., J. Bresnan, A. Rosenbach and B. Szmrecsanyi (2013) "Dative and Genitive Variability in Late Modern English," *Diachronica* 30(3), 382-419.

Yonekura, Yoko（2018）"Accounting for Lexical Variation in the Acceptance of the Recipient Passive in Late Modern English: A Semantic-Cognitive Approach," *Studies in Modern English* 34, 1–26.

米倉よう子（近刊）「新しい構文の芽生え：初期近代英語期における英語受益者受動」『英語学の深まり，英語学からの広がり』（新・阪大英文学会叢書 2），英宝社，東京．

コーパス・辞書

De Smet, Hendrik, compiled（2013）*The Corpus of Late Modern English Texts*, version 3.0. [CLMET3.0]

Nevalainen, Terttu Helena Raumolin-Brunberg, Jukka Keränen, Minna Nevala, Arja Nurmi, and Minna Palander-Collin, compiled（2006）*The Parsed Corpus of Early English Correspondence*, text version. [PCEEC]

Schmied, Joseph, Claudia Claridge and Rainer Siemund, compiled（1999）*The Lampeter Corpus of Early Modern English Tracts*. [LC]

Simpson, John A. and Edmund S. C. Weiner, prepared（1989）*The Oxford English Dictionary*, Second Edition on CD-ROM Version 4.0（2009）, Clarendon Press, Oxford. [OED]

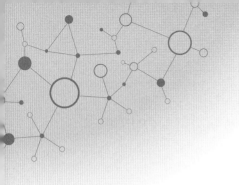

第IV部

形態論

ハンガリー語の名詞抱合と動詞句内の語順[*]

江口清子

宮崎大学

1. はじめに

　本稿は，ハンガリー語の動詞句内部の構造を探ることを目的とし、名詞抱合（noun incorporation）を受けると考えられる無冠詞名詞句について考察するものである.

　ハンガリー語の動詞句内の構造に関しては，従来，É. Kiss（1987）で提唱された非階層的な（non-configurational）構造を仮定する É. Kiss の一連の研究（É. Kiss（1992, 1994, 1998）など）が広く支持されてきた．それはハンガリー語の語順の自由度の高さに起因する．例えば，*Erika*「エリカが」，*Mari-t*「マリを」，*vár-ja*「待っている」という3つの構成素からは論理的可能性の数，すなわち6通りの語順が可能である．この6通りの文は，文法関係において異なる意味を持つものではないが，等価ではない．つまり，ハンガリー語の語順は文法関係ではなく，トピック（topic）やフォーカス（focus）といった情報構造（information structure）が大きく関与する．

　語順に関しては，OV 語順を仮定する Marácz（1990）や VO 語順を仮定する Horvath（1986, 1995）によって階層的（configurational）な構造が提案され，以降，さまざまな議論が展開されている（Puskás（2000），É. Kiss（2002）など）.

　ハンガリー語の無冠詞名詞句は，形態・統語的には動詞の項としてのふるまいを見せるが，意味的にはいかなる個体も指示せず，動詞と結びつき，一個の

---

[*] 本稿は 2007 年に神戸大学に提出された博士論文の一部に，大幅に加筆修正を行ったものである.

概念を表す．（1a, b）では日本語訳からわかるとおり，特定の本や学校に言及しているのではなく，「読書」「通学」という事象を描写している．

(1) a. *Erika   könyv-et   olvas.*[1]
       エリカ.NOM   本-ACC   読む.3SG
       「エリカは本を読んでいる（＝読書している）．」

   b. *Erika   iskolá-ba jár.*
       エリカ.NOM   学校-ILL   通う.3SG
       「エリカは学校に通っている（＝通学している）．」

　この要素は先行研究において，意味的にだけでなく，形式的にも動詞と結びつくことが指摘されており，'verb(al) modifier'[2]（以下「動詞補充要素」と訳出）と呼ばれるものに属する．その特徴としては，中立文では動詞に前置され，語に固有のアクセントを失うほか，1）フォーカス要素を含む文，および否定文では動詞に後置される，2）動詞をともなわず単独で諾否疑問文の答えになりうる，3）助動詞と共起する場合，助動詞に前置される，などが挙げられる．しかし，（1a, b）で挙げたような名詞句の場合，格接辞をともなうため，形態統語的統合ではない．本稿では，このように，構造と意味とにギャップが見られる無冠詞名詞句を，名詞抱合を受ける要素と捉え，その考察に基づき，ハンガリー語の動詞句内部の構造を探る．

　本稿の構成は以下のとおりである．まず，第2節でハンガリー語の音韻，形態・統語的特徴のうち，本稿の議論に関連する事項について概説し，第3節では動詞補充要素の特徴についてまとめる．第4節では助動詞文における動詞補充要素のふるまいについての先行研究での分析を紹介し，その問題点を指摘し，第5節で，代替案を提示する．

---

[1] 本稿の例文のグロスで使用する略号は以下の通り．ACC: accusative, DEF: definitive, ILL: illative, INF: infinitive, NEG: negative, NOM: nominative, PL: plural, PST: past tense, SG: singular, SUB: sublative

[2] ハンガリー語では 'igemódosító'（「動詞を修飾するもの」の意）．Ackerman (1987), Farkas and Sadock (1989) などでは動詞接頭辞 'prefixal preverb' に対して，'argumental preverb' と呼ばれる．

202　　　　　　　　　第 IV 部　形態論

2.　ハンガリー語の文法的特徴

2.1.　情報構造と語順

　ハンガリー語は典型的に膠着語としての特徴を持ち，文法関係は語順ではなく，格接辞によって表示される．基本的に主要部が補部に後続する主要部後置（head-final）型の言語である．語順にはトピックやフォーカスといった情報構造が大きく関与する．[3] トピック要素は文頭に置かれ，直後にイントネーションの区切れ目が存在する．(2a) では *Erika*，(2b) では *Eriká-t* がトピック要素として解釈される．また，フォーカス要素は動詞の直前に，その他の要素は動詞に後置される．(2a) では *Mari-t*，(2b) では *Mari* がフォーカス要素として解釈される．

(2) a. *Erika*　　　*Mari-t*　　*vár-ja.*
　　　エリカ.NOM　マリ-ACC　待つ-DEF.3SG
　　　「エリカはマリを待っている.」

　　b. *Eriká-t*　　*Mari*　　*vár-ja.*
　　　エリカ-ACC　マリ.NOM　待つ-DEF.3SG
　　　「エリカのことはマリが待っている.」

2.2.　否定と語順

　ハンガリー語の語順の決定に大きく関与するもう 1 つの要因は，否定語である．動詞句全体を否定する場合，否定語は動詞に前置される．

(3) *Erika*　　**nem** *vár-ja*　　　*Mari-t.*
　　エリカ.NOM　NEG　待つ-DEF.3SG　マリ-ACC
　　「エリカはマリを待っているのではない.」

　ただし，(3) における否定語 *nem* の作用域（scope）は，動詞句全体に及ぶ場合 (4a) と，動詞のみの場合 (4b) の 2 通りが考えられる．

---

　　[3] 本稿においてトピックとは，その文で述べたい内容の範囲を定めるものであるとし，また，フォーカスとは，Vallduví(1992) などの定義する，聞き手が要求する新情報で，かつ Szabolcsi (1981) などで定義されるように，総記性 (exhaustiveness) を見せる演算子を指す．

(4) a. *Erika* [_{NegP} ***nem*** *vár-ja*　　　　*Mari-t*].
　　 エリカ.NOM　NEG　待っている-DEF.3SG　マリ-ACC
　　 「エリカはマリを待っているのではない.
　　 （＝エリカはマリを待つということをしているのではない.）」

(4) b. *Erika* [_{NegP} ***nem*** *vár-ja*]　　　　　*Mari-t*.
　　 エリカ.NOM　NEG　待っている-DEF.3SG　マリ-ACC
　　 「エリカはマリを待っているのではない.
　　 （＝エリカがマリに対してしているのは待つことではない.）」

また，フォーカス要素が存在する場合は，フォーカス要素が否定語 *nem* に先行する.（5）では *Mari-t* がフォーカス要素として解釈される.

(5) *Erika*　　　　***nem** Mari-t*　　　*vár-ja*.
　　 エリカ.NOM　NEG　マリ-ACC　待っている-DEF.3SG
　　 「エリカはマリを待たない.（＝エリカが待たないのはマリだ.）」

2.3. 定・不定と特定・不特定

動詞は主語の人称と数に呼応し，6 通りの形態が存在する. 他動詞の場合，さらに目的語の定性（definiteness）にも呼応するため，計 12 通りの形態を有することになる. ハンガリー語の名詞句の定性（definiteness）については，冠詞の種類および有無により以下の 3 通りに分けられる.

(6) a. 名詞句が定（definite）かつ特定（specific）な場合
　　 b. 不定（indefinite）かつ特定（specific）な場合
　　 c. 不定（indefinite）かつ不特定（non-specific）な場合

定かつ特定な場合には定冠詞（definite article）*a*（母音始まりの名詞につく場合には *az*）をともなう. 不定かつ特定な場合には単数形名詞に不定冠詞（indefinite article）*egy* をともなうか，複数形名詞が無冠詞で用いられるが，不定かつ不特定の場合には単数形名詞が無冠詞で用いられる.

3. 動詞補充要素の特徴

上述のとおり，無冠詞名詞句は動詞補充要素の下位に分類される. 動詞補充

要素とは，本節で述べる統語的ふるまいの同一性による分類である．典型的には動詞接頭辞，および無冠詞の名詞句が含まれるが，その他に，形容詞句 *kék-re fest*「青く塗る」，*boldog-gá tesz*「幸せにする」や副詞 *jól megy*「うまくいく」，*otthon lak-ik*「自宅暮らしする」でも動詞補充要素と考えられるものがある．先行研究における動詞補充要素に対する定義は，外延的で曖昧なものが多く，実際に何を動詞補充要素とするかには研究によってばらつきが見られるが，本稿では，Farkas and de Swart (2003, 2004) の機能的な定義に従う．そこでは，これらの要素が個体を指示しない表現であること，また意味的に動詞と結びつき，ひとまとまりの概念を表すことを指摘し，Dayal (1999) のヒンディー語の観察に基づき，動詞への意味的抱合 (semantic incorporation)[4] を受けた要素であるとしている．ただし，名詞句は格接辞をともなうため，形態統語論的統合ではない．

3.1. 音韻的特徴

　動詞補充要素は，フォーカス要素のない文で動詞の直前に位置し，意味的，形式的に動詞とひとまとまりをなすものである．(1a) では *könyv-et*「本を」，(1b) では *iskolá-ba*「学校に」がそれに相当し，それぞれ動詞と結びつき，新たな動詞概念として解釈される．

　ハンガリー語は強弱アクセントの言語であり，アクセントはつねに第 1 音節に置かれるが，*könyv-et olvas*「本を読む」や *iskolá-ba jár*「学校に通う」の場合，*könyv-et*「本を」と *olvas*「読む」，*iskolá-ba*「学校に」と *jár*「通う」がそれぞれアクセントをもつわけではない．*könyv-et* および *iskolá-ba* のみがアクセントをもち，動詞はアクセントをもたないため，*könyv-et olvas* や *iskolá-ba jár* で形式的に語のようなまとまりをなすといえる．

3.2. 統語的特徴

　動詞補充要素は，通常は動詞に前置されるが，特定の条件下で動詞から離れて，単独でふるまうことがある．本節ではその特定条件下でのふるまいについてそれぞれの現象を紹介する．[5]

---

[4] Dayal (2003a, 2003b) では "pseudo incorporation"（擬似的抱合）と呼ばれる．

[5] ここで紹介する現象の他に，動詞をともなわず単独で諾否疑問文の答えになりうるという

3.2.1. フォーカス要素および否定語との共起

フォーカス要素は動詞の直前に置かれることについては 2.1. 節で述べたが，動詞補充要素をともなう場合，(7b) のような例が見られる．(7b) は「誰が通学しているのか」という疑問文に対する答えになりうる文で，Erika がフォーカス要素として解釈されるが，動詞の直前のスロットが競合し，動詞補充要素である *iskolá-ba* は動詞に後置される．

(7) a. *Erika   iskolá-ba   jár.* (= (1b))
エリカ.NOM   学校-ILL   通う.3SG
「エリカは学校に通っている（＝通学している）.」

b. *Erika   jár   iskolá-ba.*
エリカ.NOM   通う.3SG   学校-ILL
「エリカが学校に通っている（＝通学している）.」

また，否定文では否定語 *nem* が動詞の直前の位置に置かれるが，動詞補充要素をともなう文では，その要素は動詞に後置される．

(8) *Erika   **nem** jár   iskolá-ba.*
エリカ.NOM   NEG   通う.3SG   学校-ILL
「エリカは学校に通っていない.」

ただし，否定語 nem をともないながら，動詞補充要素が動詞に前置される (9) のような文も存在する．

(9) *Erika   **nem** iskolá-ba   jár.*
エリカ.NOM   NEG   学校-ILL   通う.3SG
「エリカは学校に通っているのではない.」

3.2.2. 助動詞文と動詞補充要素

動詞補充要素は助動詞と共起する場合，動詞から離れて，助動詞に前置される．(10) は，動詞補充要素 *iskolá-ba* が動詞 *jár* から離れて，助動詞 *akar*「～たがる」に前置されることを示す例である．

特徴もあるが，紙幅の都合で割愛する．詳細は江口 (2007: 332–333) を参照されたい．

(10) Erika   iskolá-ba akar   jár-ni.
     エリカ.NOM   学校-ILL   〜たがる.3SG   通う-INF
     「エリカは学校に通いたがっている.」

動詞接頭辞と共起してこのようなふるまいを見せる動詞には，他に，*fog*「〜だろう」，*kell*「〜なければならない」，*szokott*「よく〜する」，*tetszik*「気に入る」，*tud*「〜できる」，*kezd*「〜始める」*kíván*「願う」，*mer*「あえて〜する」，*óhajt*「望む」，*próbál*「〜てみる」などがある（Kálman et al.（1989））.これらは，PRO を主語にもつ補文を従え，主語が PRO の制御子（controller），つまり PRO の先行詞になる主語制御動詞（subject-control verb）である.

3.3. 動詞補充要素と項構造

既述のとおり，動詞補充要素と考えられるものにはいくつかの種類があるが，項構造との関わりで見ると，無冠詞名詞句は動詞の項である場合が多く，また，動詞接頭辞に関しては，動詞の項構造を変更する場合がある.

3.3.1. 無冠詞名詞句と項構造

無冠詞名詞句の中には *ceruzá-val ír*「鉛筆で書く」のように動詞の項ではないものもあるが，多くの場合，無冠詞名詞句は他動詞の内項である.[6]（11a, b）ともに，外項は *Erika*「エリカ」であるが，（11a）では，内項は定冠詞をともない，意味的抱合を受けない解釈がなされる.一方，（11b）では，無冠詞の動詞補充要素が内項である.

(11) a. Erika   a   level-et   ír-ja.
        エリカ.NOM   the   手紙-ACC   書く-DEF.3SG
        「エリカはその手紙を書いている.」
     b. Erika   level-et   ír.
        エリカ.NOM   手紙-ACC   書く-DEF.3SG
        「エリカは手紙を書いている.」

---

[6] これに並行する事実として，Marácz（1990）では，動詞由来の名詞における名詞抱合に関する考察において，抱合される名詞句は他動詞の内項に限られ，非対格動詞の内項は抱合を受けないとしている.第5節で詳しく述べる.

江口（2015）は，他動性という観点からの考察で，動詞補充要素が対格接尾辞をともなう形である場合，統語的には他動詞の目的語としてのふるまいを見せるが，個別化された行為の対象としての意味は担っていないため，被動作性（動作が対象に及ぶ影響）にも関わらないとしている．つまり，この場合，限りなく自動詞に近いものではあるが，統語構造上は他動詞の構造を保っている．

3.3.2. 動詞接頭辞と項構造

副詞や無冠詞名詞句は不可能だが，動詞接頭辞の中には，動詞の項構造（argument structure）に変更を加える機能をもつものがある（江口（2015））．(12a) の動詞 *pihen*「休む」は自動詞であり，目的語は取らないが，(12b) では，out を意味する動詞接頭辞が付加され，対格接辞が付与された目的語名詞句を取る他動詞としてふるまう．

(12) a. *Erika*　　　(*ki-)*pihen-t.*　　　　　　（江口 (2015: 396)）
　　　Erika.NOM　out-rest-PST.3SG
　　　「エリカは休んだ.」
　　b. *Erika*　　　*(ki-) *pihen-te*　　　*magá-t.*
　　　Erika.NOM　out-rest-PST.DEF.3SG　oneself-ACC
　　　「エリカは（元気を回復するまで）休んだ.」

つまり，動詞接頭辞が基体動詞と結びつくことで，新たな動詞概念を作り出し，それによって，基体動詞とは異なる項構造を要求すると考えられる．

4. 先行研究における分析

3.3.2. 節で見たような現象を説明するために，Farkas and Sadock (1989) が，動詞接頭辞上昇（preverb climbing; PVC）とする分析が提案されて以来，多くの先行研究でさまざまな分析が試みられている（É.Kiss (1992, 1998, 2002)，Koopman and Szabolcsi (2000)，Akema (2004) 他）．ここでは，これらの分析を紹介し，それぞれの問題点について指摘する．

4.1. Farkas and Sadock (1989)

Farkas and Sadock (1989) は，助動詞文において動詞接頭辞が基体動詞から離れて助動詞に前置される現象 (13) を，ロマンス諸語に見られる接語上昇 (clitic climbing) との類似性から，動詞接頭辞上昇 (preverb climbing; PVC) と呼び，自律語彙統語論 (autolexical syntax) の枠組みにおいて分析している．

(13) akar próbál-ni ki-men-ni az utcá-ra
   ～たがる ～てみる-INF out-行く-INF the 道-SUB
   「道に出てみたがる」

自律語彙統語論では，統語的表示と形態的表示はそれぞれ独立しているとされ，(14) のような構造が仮定されており，そこでは助動詞は形態的には複合的な動詞を形成すると考えられる．

(14)

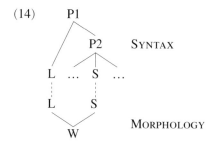

これによって，[AUX] 素性を語彙的に持っていない動詞の場合は (15a) の構造，[AUX] 素性を語彙的に持っている助動詞の場合は (15b) の構造であると仮定され最後に統語構造と語の構造を連結する表示として，語彙的意味 (lexicosemantics) が与えられる (Farkas and Sadock (1989: 331-332))．

(15)

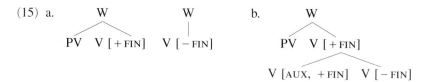

この分析の最大の問題点は，文中にフォーカス要素を含む場合，否定文の場合，そして命令文の場合には，動詞接頭辞の「上昇」がなぜ阻止されるのかに対する説明がなされていない点である．また，動詞接頭辞を中心に扱ってお

ハンガリー語の名詞抱合と動詞句内の語順   209

り，動詞補充要素すべてに統一的な説明が与えられるとは考えにくい.

4.2.2. É. Kiss (2002)，Koopman and Szabolcsi (2000)

　É. Kiss の一連の研究（É. Kiss（1992, 1998a, 1998b, 2002））や Koopman and Szabolcsi（2000）などでは，動詞接頭辞を副詞句として分析し，動詞接頭辞付加を統語部門における操作とし，特定の投射への移動が仮定されている．これらの分析では，動詞接頭辞が語彙的な要求によって「上昇する」と捉えられている点は，前節の Farkas and Sadock（1989）の分析と共通する.

　まず，É. Kiss の一連の研究では，アスペクトを担うアスペクト句（Aspect Phrase; AspP）を想定する．この分析は，1）一般に活動動詞に動詞接頭辞を付加することによって達成動詞がもたらされる，2）動詞接頭辞をともなう達成動詞が動詞接頭辞を後置する語順で用いられ，進行相の解釈が得られる，という観察に動機づけられている.

(16)　a.　*János　a　vers-ei-t　　　　olvas-ta.*
　　　　　J.NOM　the　詩-POSS.3SG.PL-ACC　読む-PAST.3SG.DEF
　　　　　「ヤーノシュは詩を読んだ.」

　　　b.　*János　fel-olvas-ta　　　　　a　vers-ei-t.*
　　　　　J.NOM　up-読む-PAST.3SG.DEF　the　詩-POSS.3SG.PL-ACC
　　　　　「ヤーノシュは詩を読み上げた.」

　　　c.　*János　olvas-ta　　　　　fel　a　vers-ei-t.*
　　　　　J.NOM　読む-PAST.3SG.DEF　up　the　詩-POSS.3SG.PL-ACC
　　　　　「ヤーノシュは詩を読み上げていた.」

　この分析では，(16b, c) の構造を (17a, b) のように仮定している．つまり，動詞句内部で主要部である動詞が先頭である (17b) の構造が基底にあると考えられており，その場合，進行相の解釈が得られる．一方，事象の完了の表現では，動詞接頭辞はアスペクトを担う AspP の指定部に義務的に移動するものとされている.

(17)　a.　[$_{AspP}$ *fel$_i$* [*olvas-ta$_j$* [$_{VP}$ *t$_j$ t$_i$ János a vers-ei-t*]]]

　　　b.　[$_{VP}$ *olvasta fel János a vers-ei-t*]

これにより，助動詞を含む文 (18a) には，(18b) のような構造が仮定される.

(18) a. *János fel fog akar-ni próbál-ni*
J.NOM up ～だろう ～たがる-INF ～てみる-INF
olvas-ni a vers-ei-t.
読む-INF the 詩-POSS.3SG.PL-ACC
「ヤーノシュは詩を読んでみたがるだろう.」

b. [$_{AspP}$ *fel$_i$* [*fog* [$_{VP1}$ *t$_i$* [$_{VP2}$ *akar-ni* [$_{VP3}$ *próbál-ni*
[$_{VP4}$ *olvas-ni a vers-ei-t*]]]]]]

この分析では，否定やフォーカスを含む文では動詞のアスペクトは中和
(neutralize) されるとされる．(19a) では主語の János がフォーカス要素であ
るため，AspP は想定されず，(19b) のような構造が仮定される．

(19) a. *János fog akar-ni próbál-ni*
J.NOM ～だろう ～たがる-INF ～てみる-INF
fel-olvas-ni a vers-ei-t.
up- 読む-INF the 詩-POSS.3SG.PL-ACC
「ヤーノシュが詩を読んでみたがるだろう.」

b. [$_{FocP}$ *János* [*fog* [$_{VP1}$ *t$_i$* [$_{VP2}$ *akar-ni* [$_{VP3}$ *próbál-ni*
[$_{VP4}$ *fel-olvas-ni a vers-ei-t*]]]]]]

また，Koopman and Szabolcsi (2000) は，複数の不定詞句を含む文におけ
る動詞接頭辞のふるまいに対し，ドイツ語やオランダ語などのゲルマン諸語と
の対照により，通言語的な説明を与えることを目標としたものである．そのた
め，非常に複雑な理論が仮定されている．この分析では，ハンガリー語の文に
は，否定詞句（NegP）やフォーカス句（FocP）を含まない中立文と，これら
を含む非中立文があるとしている．ただし，NeutP という投射が想定され，
これは NegP や FocP と共起しないと仮定されている点，動詞補充要素がそ
の語彙的な要求によって，動詞の後ろの位置から移動し，動詞に前置されると
考える点において，基本的に É. Kiss (2002) と同様の分析と考えられる．

しかしこれらの分析は，動詞の直前の位置において，動詞補充要素が否定，
フォーカスと共起しないという観察を場当たり的に説明したにすぎない．ま
た，無冠詞名詞句など，動詞接頭辞以外の動詞補充要素はアスペクトと関わら
ないため，AspP という投射を一律に想定することには無理がある．

4.2.3. Ackema (2004)

Ackema (2004) では，ハンガリー語の動詞接頭辞に類似するオランダ語の不変化詞（particle）の構造との対照によって動詞句内を OV 語順であると仮定することで，動詞接頭辞上昇ではなく，(20) のような動詞繰り上げ（verb raising; VR）として分析することを提案している．

(20)

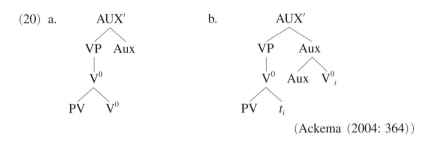

(Ackema (2004: 364))

この分析では，助動詞が動詞接頭辞をともなう場合，もともと先頭にある VP が外置という操作を経て，助動詞に後置される語順が得られる構造を仮定しているが，外置される条件が明らかでない．また，動詞句内部の語順が矛盾しており，OV 語順であるはずの構造から，どのようにして VO 語順が得られるのか，その経緯も明らかではない．さらに，Farkas and Sadock (1989) と同様，動詞接頭辞を中心に扱っており，動詞補充要素すべてに統一的な説明が与えられるとは考えにくい．

5. 本稿で仮定する構造

まず，本稿では，ハンガリー語動詞句内においても階層構造を仮定する．一般に階層的な構造を持つと考えられている英語や日本語と同様に，目的語は，動詞によって構成素統御（c-command）され，かつ主題役割（θ-role）が付与されるもので，主語は動詞と目的語からなる複合体によって構成素統御され，かつ主題役割が付与されるものと考えることができるからである．文の主語は動詞句内に生成されるとする動詞句内主語仮説（VP-internal hypothesis）を採用し，構造格である主格と目的格は動詞によって与えられるものと考える．また，一致と時制は，指定部を要求しない IP の主要部 I が担うものと仮定する．

動詞句内の語順については，OV 語順を仮定する．その根拠としては，他の

語彙範疇と同様に主要部後置型と想定する合理性の他，Marácz（1990）の，動詞由来の名詞における名詞抱合に関する考察がある．そこでは，*könyv olvasás*「本読み」のように，抱合を受ける名詞に動詞が後続した OV 語順の構造が名詞化している．これはそのまま無冠詞名詞句が動詞に抱合される際の構造 *könyv-et olvas*「本読み（＝読書）する」であり，無冠詞名詞句が動詞の直前の位置で基底生成される証拠だと考えられる．

(21) [$_{V'}$ [$_{NP}$ *könyv-et* [$_{V^0}$ *olvas*]]]

　動詞接頭辞に関しては，3.3.2. 節で概観したように，項構造に変更を加えることができる点からも，動詞接頭辞が付加された形で基底生成されると考えられる．

(22) [$_{V'}$ [$_{DP}$ *a vers-ei-t* [$_{V^0}$ [PREV *fel* [$_{V^0}$ *olvas*]]]]]

　このように，否定や情報構造上の関与は IP より上位の投射[7]であり，表層の語順に影響を与えるが，無冠詞名詞句をともなう動詞の構造と，動詞接頭辞をともなう動詞の構造は，基底では異なるといえる．

6.　まとめ

　語順の自由度の高さから，動詞句内の構造については従来，さまざまな議論がなされてきた．本稿では，構造と意味とにギャップがあり，名詞抱合を受けると考えられている無冠詞名詞句の考察から，ハンガリー語の動詞句内部の構造を探った．結論として，動詞句内は OV 語順の階層構造を持つと仮定し，その根拠とともに妥当性を示した．

　なお，統語操作の詳細については紙幅の都合上割愛したため，稿を改めて論じたい．

---

　[7] 本研究では，IP の上位に 2 つの NegP に挟まれる形で，演算子移動を受けたフォーカス要素が移動する FP，量化表現が移動する DistP，およびトピック要素のための機能投射 TopP を含む (i) のような構造を仮定している．

　(i)　[$_{TopP}$ [$_{DistP}$ [$_{Dist'}$ [$_{NegP}$ NEG [$_{FP}$ [$_{F'}$ F [$_{NegP}$ NEG [$_{IP}$ [$_{VP}$ …]]]]]]]]]]

参考文献

Ackema, Peter (2004) "Do Preverbs Climb?" *Verb Clusters: A Study of Hungarian, German and Dutch*, ed. by Katalin É. Kiss and van Riemsdijk, Henk, 359-393, John Benjamins, Amsterdam.

Ackerman, Farrell (1987) *Miscreant Morphemes: Phrasal Predicates in Ugric*, Doctoral dissertation, University of California.

Dayal, Veneeta (1999) "Bare NP's, Reference to Kinds, and Incorporation," *Proceedings of SALT*, Vol. IX.

Dayal, Veneeta (2003a) "Bare Nominals: Non-specific and Contrastive Readings under Scrambling," *Word Order and Scrambling*, ed. by Simin Karimi, Blackwell.

Dayal, Veneeta (2003b) "A Semantics for Pseudo-Incorporation," Rutgers University.

江口清子 (2007)『ハンガリー語動詞接頭辞と語構成』博士論文, 神戸大学.

江口清子 (2015)「ハンガリー語の自他動詞と項構造」『有対動詞の通言語的研究―日本語と諸言語の対照から見えてくるもの』, パルデシ＝プラシャント・桐生和幸・ハイコ＝ナロック (編), 358-399, くろしお出版, 東京.

É. Kiss, Katalin (1987) *Configurationality in Hungarian*, D. Reidel, Dordrecht and Boston.

É. Kiss, Katalin (1992) "Az Egyszerű Mondat Szerkezete," *Mondattan*, *Structuális Magyar Nyelvtan* 1, ed. by Ferenc Kiefer, 79-178, Akadémiai Kiadó, Budapest.

É. Kiss, Katalin (1994) "Sentence Structure and Word Order," *The Syntactic Structure of Hungarian*, *Syntax and Semantics* 27, ed. by Ferenc Kiefer and Katalin É. Kiss, 1-90, Academic Press, Budapest.

É. Kiss, Katalin (1998a) "Mondattan," *Új Magyar Nyelvtan*, ed. by Katalin É. Kiss, Ferenc Kiefer and Péter Siptár, 17-71, Osiris, Budapest.

É. Kiss, Katalin (1998b) "Verbal Prefix or Postpositions? Postpositional Aspectualizers in Hungarian," *Approaches to Hungarian* 6, ed. by István Kenesei, 125-148, JATE, Szeged.

É. Kiss, Katalin (2002) *The Syntax of Hungarian*, Cambridge University Press, Cambridge.

Farkas, Donka F. and Henriëtte de Swart (2003) *The Semantics of Incorporation: From Argument Structure to Discourse Transparency*, CSLI Publications, Stanford.

Farkas, Donka F. and Henriëtte de Swart (2004) "Incorporation, Plurality, and the Incorporation of Plurals: A Dynamic Approach," *Catalan Journal of Linguistics* 3, 4-73.

Farkas, Donka F. and Jerrold M. Sadock (1989) "Preverb Climbing in Hungarian,"

214　　　　　　　　　　第 IV 部　形態論

Language 65(2), 318-338.

Horvath, Julia (1986) "Remarks on the Configurationality-Issue," *Topic, Focus, and Configurationarity*, Werner Abraham and Sjaak de Meij, 65-87, John Benjamins, Amsterdam.

Horvath, Julia (1995) "Structural Focus, Structural Case and the Notion of Feature Assignment," *Discourse Configurational Languages*, ed. by Katalin É. Kiss, 28-64, Oxford University Press, Oxford.

Kálman, György C., László Kálmán, Ádám Nádasdy and Gábor Prószéky (1989) "A Magyar Segédigék Rendszere," *Általános Nyelvészeti Tanulmányok* 17, 49-103.

Koopman, Hilda and Anna Szabolcsi (2000) *Verbal Complexes*, MIT Press, Cambridge, MA.

Marácz, László K. (1990) "V-movement in Hungarian: A Case of Minimality," *Approaches to Hungarian*, Vol. 3, ed. by István Kenesei, 1-27, JATE, Szeged.

Puskás, Genoveva (2000) *Word Order in Hungarian: The Syntax of Ā-positions*, John Benjamins, Amsterdam.

Szabolcsi, Anna (1981) "Compositionality in Focus," *Folia Linguistica* 15, 141-162.

Vallduví, Enric (1992) *The Informational Component*, Garland, New York.

九州方言文末詞「バイ」と「タイ」の統語と形態について*

長野明子・島田雅晴

東北大学・筑波大学

1. はじめに

　文末詞が文に関する何らかの統語的素性を具現したものであるとすれば，文末詞は，統語論と形態論のインターフェイスについて考える格好の材料といえる．本章では，日本語九州方言の中から肥筑方言の文末詞「バイ」と「タイ」をとりあげ，その生起について言語理論に基づく考察を行い，インターフェイス研究の材料として提示する．

　バイとタイは肥筑方言を代表する平叙文の文末詞である．（1）がそれらの生起例である．

　　(1) a.　太郎は学生 {ばい／たい}.
　　　　b.　太郎は優秀 {ばい／たい}.
　　　　c.　太郎は賢か {ばい／たい}.
　　　　d.　太郎はりんごを食べた {ばい／たい}.

（1a）では「学生」，（1b）では「優秀」にバイかタイが付加している．標準語では，「学生だ」，「優秀だ」のように，それぞれコピュラの「ダ」をともった名詞述語あるいは形容動詞となるところである．（1c）は形容詞の「賢か」，（1d）は動詞「食べる」の過去形に隣接した例である．

　日本語方言の文末詞に関する大家，藤原与一（1986: 61）は「九州方言の文

---

　* 本研究は JSPS 科研費（16H03428）の援助を受けている．また，九州方言の現地調査を福岡市，北九州市，大牟田市，八代市のシルバー人材センターの協力のもとに行うことができた．調査に参加された方々から様々なデータや洞察力に富むコメントをいただいたばかりか，温かい励ましの言葉を多くいただいた．ここに記して心から感謝の意を表すものである．

215

末詞といえば，まず，「タイ」文末詞と「バイ」文末詞の相関がとりたてられる」と述べている．今日でも，インターネットの質問サイトでバイとタイの使い分けについて質問が出たりしており，筆者たちが福岡市，大牟田市，八代市で行った現地調査でも，頻度の違いはあれ，バイとタイは今も使われていることがわかっている．[1]

『日本方言大辞典』（Japan Knowledge Lib.）では，バイとタイはそれぞれ次のように記述されている．

> (2)　ばい〔助詞〕
> 　　文末にあって，感情を添えたり，軽く念を押したりする意を表す．よ．だぞ．ですよ．長崎※ 126／久留米※ 127／筑後柳川※ 129／肥後※ 131／新潟県中蒲原郡 347／福岡県 038「せんとばい（決してしない）」877883／佐賀県「こうりゃ，ううごとばい（これは大変だよ）」038887895／長崎県「彦山に登ろばい」899906910／熊本県「よかばい（よろしいです）」921930／大分県 939 ／宮崎県東臼杵郡 038／西臼杵郡「借らにゃーしょうねーばい」951／［文献例］浄瑠璃・博多小女郎波枕─上「まだ五郎三蔵が舟は見へいろ．心元なかばい」

> (3)　たい〔助詞〕
> 　　文の終わりに付けて，軽く念を押す意を添える．よ．さ．《たい》筑後柳川† 129 肥後† 131 福岡県「そーですたい」038「買ふて来たたい」879 佐賀県「行くたい」887「わからんたい」893 長崎県南高来郡「どげんでんよかたい」905 熊本県 921923930 大分県玖珠郡 939 宮崎県西臼杵郡 951

(2) と (3) を見てみると，ほとんど同じ記述になっていることがわかる．どちらも，「文末助詞」であり，「念押し」の意味を表し，標準語のヨやサに対応する，とされている．しかし，これらは母語話者の直観からしても，文法研究という点からしても，納得のいくものではない．

　まず，バイやタイが標準語のヨやサと異なる性質をもつことは，疑問詞につなげてみるだけでわかる．標準語では「何よ」とか「何さ」といえる．つまり，

---
[1] 北九州市では，バイのかわりにヨ，タイのかわりにチャを使うようである．

ヨヤサは疑問詞に付けることができる．しかし，方言で「何」にあたるナンに
バイやタイを付けてみると，「*なんバイ」・「*なんたい」という全く容認でき
ない表現になってしまう．

また，バイとタイの間にも区別があることを長野（2015）はコピュラ文を例
に指摘している．例えば，標準語の主題＋コメントからなる文である「太郎は
学生だ」と総記主語＋前提からなる文である「太郎が学生だ」は，実はそれぞ
れ，「太郎は学生バイ」と「太郎が学生タイ」とするのが最も自然であるとい
う．このような観察を背景に，筆者たちは，「文末詞」「不変化詞」として一括
されてきたバイとタイについて，一般言語理論のレベルで記述・説明すること
を目標に調査を行ってきた．本章ではその成果の一部を紹介していくことにす
る．

2. 先行研究

まず，先行研究を見てみよう．バイとタイの使い分けの議論は岡野（1966），
神部（1967），坪内（1995, 2001, 2009），藤本（2002: 第5章），平川（2008）
のような日本語方言学の研究に見ることができる．最も古いところでは，両者
の違いについて，「バイは主観的，タイは客観的」と記載されている．岡野
（1966: 208）は「バイには主情性が強く，タイには話者が理の当然と認定した
ところを告知する語気がある」とし，神部（1967: 247）も，「バイは話者中心
の判断の，一方的な「持ち出し訴え」を基本とするのに対し，タイは客体認容
の判断措定を基本とする」としている．

より新しい研究では，「バイは教示，タイは断定」という論が強くなる．例
えば，藤本（2002: 237-240）は熊本県菊池方言から次のような例をあげ，バ
イを使ったときとタイを使ったときでは訴えの強さに違いが感じられるとして
いる．

(4) a. 本な机ん上にある {ばい／たい}.
　　 b. 明日はきっと雨 {ばい／たい}.
　　 c. ある（アレ）が喜んで帰って来たけん，試験に合格 {したつばい／
　　　　 したったい}.
　　 d. 木の上に登っとっと，{つこくるばい／つこくったい}.

e. 桜ん花は植物 {ばい／たい}.

f. 3×5＝15 {ばい／たい}.

藤本（2002: 240, 251）によると，バイの最も基本的な働きは「知らせ」であるのに対し，タイは「断定」である．(4a) でバイの時とタイの時を比較してみると，「バイは知らせの確認が穏やかであるが，タイは強い響きを伴い，聞き手に訴える力がはるかに強い」（藤本（2002: 238））．言い換えると，バイ文は本のありかを知らせているだけだが，タイ文は本のありかについて断言している（と聞き手には感じられる）ということである．(4b) や (4c) でも，「タイは確信に満ちている点で，話し手の判断に基づいてはいるが，客観性のある表現となっている．対して，バイは主観色が濃厚である」（藤本（2002: 239））という違いがある．(4d) はバイでもタイでも警告文であるが，「同じ警告にしても，心理的にバイは優しく，タイはきつい．端的にいえば，バイは諭し，タイは責めである」（藤本（2002: 240））．(4e) は「桜の花は植物だ」というコピュラ文であるが，バイ文は「物の道理に触れ始めた小学校 1 年生に教えてやる場合」などにしか使えない．桜の花が植物だということはよく知られた事実であり，普通は教えるような内容ではないからである．一方，そういう事実は断定・断言可能であるので，タイとは非常に相性が良い（藤本（2002: 240））．同じことは，(4f) にも当てはまる（藤本（2002: 251-252））．

　藤本のいう「知らせ」の機能とは，聞き手に新しい情報を伝えるという機能である．標準語では文末詞のヨにこの機能があり（例えば「財布落としましたよ」のヨ），「教示」と呼ばれる．平山（1997: 35-36）や坪内（2009）でも，教示機能の有無がバイとタイの違いであると示唆されている．つまり，坪内（2009: 89-90）によると，「「ばい」の中心的な働きは，話し手が知っていて聞き手が知らないと思われることを「知らせる」こと」であるのに対し，「「たい」が表すのは，話し手が自分の「知識」を「真実」と見なす態度」である．[2] この違いは，次のようなコピュラ文からわかるという．

---

[2] 平川（2008: 116）は「バイは，発話時において聞き手にとって新規である（と話し手が判断する）情報を提示する機能を持つ」のに対し，「タイは，発話時において聞き手にとって新規である（と話し手が判断する）情報を，自己の知識へ確認・照会した上で提示する機能を持つ」としている．つまり，バイとタイは聞き手にとっての新情報を伝達する機能を共有し，加えてタイには下線部の照会機能が付帯されているという案である．この案は坪内（1995）で示された談話管理論に基づく分析とほぼ同一である．

(5) 犯人はこの男 {ばい／たい}.

坪内によると，バイでもタイでも標準語の「犯人はこの男だよ」に相当する文になるが，使われる場面が異なるという．話し手自身は犯人の正体を知っており，それを知らない聞き手に「犯人はこの男だよ」と教える場合にはバイ文を使う．一方，「犯人は誰か？」という問題を全員で検討している場面，例えば，全員で推理ドラマを見ているような場面で犯人がわかった（と思った）人が言う「犯人はこの男だよ」に対応するのは，タイ文である．

坪内 (2009) を収録した『これが九州方言の底力！』において，「九州方言力検定」の問題として出題されている次の最小対 (minimal pair) も，やはりコピュラ文である．

(6) 九州方言のことを知らない人に，「〈ばってん〉は九州方言だよ」と教える言い方はどちらか．
a. 「ばってん」は九州方言ばい．
b. 「ばってん」は九州方言たい．

答えは (6) a) である．坪内に従えば，(6) a) は九州方言について知識のある人がない人に教える時の「＜ばってん＞は九州方言だ」であるのに対し，(6) b) は「＜ばってん＞という表現があるが，これはどこの方言か？」が問題になっている場面で，その答えがわかった人，ないしその答えを知っている人が言う「九州方言だよ」である．

バイと異なり，タイは教示機能をもたないため，「今気づいた」「思い出した」という場面で独り言にも使えるとされる（坪内 (2009: 91)）.

(7) そうたい，明日は岩田屋は休みたい.
  （そうだった．明日は岩田屋は休みだった）

同様の事実は平川 (2008: 117) でも (8a) で指摘されているが，平川は同時に (8b) をあげ，「今気づいた」という場合の独り言でも，タイではなくバイが使われる場面もあることを指摘している．

(8) a. あっ，そう {タイ／*バイ}. 今日は木曜 {タイ／*バイ}. 忘れてた！
   b. あっ，今日の先輩は髪を染めている {バイ／*タイ}. かっこいい！

3. 文の情報構造という観点での分析

　2節で見たような先行研究の記述は，バイとタイを使う母語話者には言語直観のレベルでよく理解できるものであるが，母語話者以外の話者には非常にわかりにくいという問題がある．バイ・タイに限らず方言文末詞の研究には一般にそのような問題があることを井上（2006: 140）も指摘している．加えて，個々の文末詞は様々な用法をもっていることが多い．文末詞の研究を非母語話者にも理解可能なものにするには，多様な用法をリストアップしていくのではなく，むしろ，その中でコアとなる用法を見極め，言語理論の概念を用いて説明することが大切であろう．そのような観点から，筆者らは，Nagano（2016），長野（2017），Shimada and Nagano（2018）などにおいて，生成文法理論，特にカートグラフィー研究の枠組み（Rizzi（1997））を参考にしてバイとタイの研究を進めてきた．具体的には，棄原（2010），遠藤（2011），Cruschina（2011）などで行われている文の情報構造（information structure）の研究が，バイとタイの性質を説明する上で最も有効であると考えている．

　文の情報構造とは，談話場面での機能に応じて文に付与される解釈のこと，あるいは解釈付与の仕組みのことである（Lambrecht（1994））．カートグラフィー研究の特徴は，命題的意味だけでなく談話的意味も統語論で処理されるとする点である．具体的には，主題素性 [top] と焦点素性 [foc] という談話関連素性を想定し，それぞれ，機能範疇 の Top(ic) と Foc(us) における指定部・主要部の一致によって照合すると考える．イタリア語や英語のデータに基づく Rizzi（1997）の仮説によると，TopP と FocP は文の左周辺部と呼ばれる CP 領域に存在する機能範疇であり，以下のように，文のタイプを司る ForceP と定形節を作る Fin (iteness) P の間に想定される．ForceP と FinP が必ず存在する機能範疇であるのに対し，TopP と FocP は活性化（activate）された場合に存在する．

(9)　Rizzi（1997）による CP 領域の構造
　　　ForceP　TopP*　FocP　TopP*　FinP　IP

　Cruschina（2011: Ch. 1）は，情報構造関連の文献で用いられている「主題」，「焦点」という概念を精査し，カートグラフィー理論での分析をさらに進めている．本章で問題となる「焦点」に絞って Cruschina の分析を見てみると，ま

ず，移動などによって CP 領域で認可される焦点と CP 領域より下の TP ある
いは vP 領域で認可される焦点とを統語的に区別していることがわかる．その
際，Gundel and Fretheim (2004) による「関係的な」意味での情報の新旧 (re-
lational givenness-newness) という概念に依存している．Cruschina (2011)
のいう CP 領域内の焦点とは，関係的な意味での新情報で，「すでに談話に導
入されている事柄について新たに語られること」である．これまでの文献で対
照焦点 (contrastive focus) (Rizzi (1997))，同定焦点 (identificational fo-
cus) (É. Kiss (1998))，網羅的焦点 (exhaustive focus) などと呼ばれたもの
に相当するといってよい．つまり，談話上既知である前提句が変項を含む場
合，新情報としてその値を同定したり，選択したりする要素が CP 領域内で焦
点として認可されるものである．Cruschina (2011) はシチリア語では前置
(Focus Fronting) された焦点句に対照性 (contrast) や網羅性 (exhaustively)
といった特徴——代替集合 (a set of alternatives) を喚起するという特徴——があ
ることを観察している．[3]

　一方，動詞の後ろの焦点句にはそのような特徴は認められず，談話の主題に
ついて新しい情報を伝えているだけである．これについては Gundel and
Fretheim (2004) の「指示的な」意味での情報の新旧 (referential givenness-
newness) という概念が関わっている．CP 領域への移動を伴わない焦点は「談
話参加者の知識や心的状態に新たに導入される情報」という指示的な意味での
新情報なのである．[4] この場合の情報焦点を，特に，「中立的情報焦点 (neutral
information focus)」と呼び，デフォルトの文末焦点がこれにあたる．

　ちなみに，Cruschina は Rizzi が CP 領域内に仮定した FocP を CFocP と
IFocP とに分け，CFocP では対照焦点，IFocP では情報焦点が認可されると
している．これは，CP 領域内にも情報焦点が生起することを理論的に保証す
るものであるが，この場合の情報焦点は「強調的情報焦点 (emphatic informa-
tion focus)」と呼んで，先に述べたデフォルトの中立的な情報焦点と区別して
いる．[5] CP 領域内の emphatic IFoc は指示的にも，関係的にも新情報である

---

　[3] É. Kiss (1998) のハンガリー語のデータにも同様の現象が見られる．
　[4] Gundel and Feitheim (2004) による relational and referential givenness-newness という
区別について，「関係的」「指示的」という訳語は澤田・高見（編）(2010: 218-219) に従った．
　[5] Cruschina (2011: 58-59) は，「強調的情報焦点」を動詞の前に移動した要素に与えられる
情報焦点として「前置による焦点」(the fronted focus)，「中立的情報焦点」を動詞の後に留

一方，neutral IFoc に相当する動詞の後ろの焦点句は，指示的にのみ新情報であり，談話の主題について新しい情報を伝えている．

　以上を背景に，本章では，バイとタイの区別は平叙文の情報構造の区別に対応する，と提案する．すなわち，文末にタイがあれば，(10b) のように CP 領域の FocP が活性化され，FocP における焦点素性の照合が行われる．タイは主要部 Foc を形態的に具現する機能語であり，これがあると文は Cruschina (2011) のいう CFoc や emphatic IFoc のある文として解釈される．

　一方，バイ文の場合，バイに隣接する文末述語が平叙文の焦点となる．(10a) にあるように，バイは CP 領域の Foc の形態的具現ではない．むしろ，英語の無標のイントネーション核に似た役割を果たす．あるいは TP 内に neutral IFoc が生起していることを明示する一種の marker である．ここでは，バイは TP 内の時制を担う動詞・形容詞屈折形につき，デフォルトの文末述語焦点を付与する接辞であると考えておく．[6]

(10) a.　バイ文の基本構造

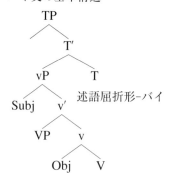

まっている要素に与えられる情報焦点として「動詞の後ろの焦点」(the post-verbal focus) とも呼んでいる．

[6] Okazaki (1998) によると，英語の文アクセントの分布は，述語の意味クラス（中右 (1994)）が 1 つの決定要因となる．それと似たような事実として，バイが付加する動詞が中右 (1994) のいう〈行為〉型述語である場合（例：「子供がにこっとわろうたバイ」）は，主語を除く述語部分（「にこっとわろうた」）が新情報として解釈される．一方，付加する動詞が〈過程〉ないし〈状態〉型である場合（過程の例：「バスが来たバイ」，状態の例：「犬がおるばい」「犬がねとうばい」）は，主語を含む文全体が新情報として解釈されることが多い．

b. タイ文の基本構造

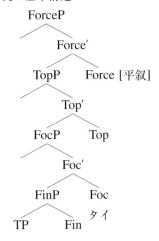

このように，バイ文とタイ文は異なる構造をもち，CP 領域に FocP が活性化されるかどうかで異なる．「タイがあればその文は同定焦点・対照焦点のある文として解釈され，バイがあればデフォルトの文末焦点文として解釈される」ということになる．この考え方にたつと 1 節で見た先行研究における観察が自然に理解できる．

　例えば，(5) のタイとバイの使い分けについて考えてみる．坪内 (2009) の場面設定によると，タイが選ばれる場合は，談話参加者が「このドラマの犯人は誰か」という同一の問題を共有し，そのうちの誰かがその答えを見つけたと思った時である．つまり，「x が犯人である」という前提句があり，「この男」がその中の変項の値を同定するのである．あるいは，｛あの男，この男，あの女｝のように，犯人の候補を限定的にリストした代替集合が与えられている場合である．どちらの場合も CP 領域内の FocP で認可される要素である．このように，タイ文は，前提に含まれる不定要素（変項）の値を同定したり，置換したりすることによって，その時点までの談話の情報をアップデートするのである．また，タイ文による最新情報は，別のタイ文によってしか更新されない．よって，次のように，(5) の発話に続けて誰かが「いや，犯人はあの男だよ」と言う時にもタイが使われる．

　(11)　花子と太郎の談話の議題：「このドラマの犯人は誰か.」

花子：　犯人はこの男タイ．

太郎：　いや，あの男タイ．

　一方，バイ文には「談話情報のアップデート」という性質はなく，単に談話参加者の共有知識を増やしていくための新情報提供となっている．[7] これはデフォルトの情報焦点であり，CP 領域より下の領域で認可されるものである．(5) でバイが自然に使われる時は，犯人の正体が談話の議題になっているわけではない．むしろ，話し手は知っているのに聞き手は知らないというように，談話参加者の間に知識や情報の格差があるのである．

　(4) や (6) の例でも，タイで終わる場合は，その時点までの談話情報のアップデート，既知情報の最新情報化として解釈されるのに対し，バイで終わる場合は，新知識の提供（ないし，独り言なら，新知識の獲得）として解釈される．これら 2 つの解釈のどちらかとしか自然に結びつかないような文については，(7)，(8) のようにタイかバイのどちらか一方に片寄ることになる．[8]

　以上がバイとタイの使い分けに関する本章の分析であるが，「タイがあればその文は同定焦点・対照焦点のある文として解釈され，バイがあればデフォルトの文末焦点文として解釈される」という主張は，「同定焦点・対照焦点のある文にはタイが現れ，文末焦点文にはバイが現れる」という主張とは異なることに注意が必要である．意味と形態の対応は一対一ではないことが普通なの

---

[7] トピック・コメント構造とフォーカス・前提構造の違いに関しては file change card のメタファー (Erteschik-Shir (1997)) がよく知られているが，今日ではパソコン上の情報管理のメタファーの方がわかりやすいだろう．すなわち，人の脳の短期記憶領域をパソコンにおけるストレージのように考えれば，バイによる発話は電子ファイルの新規保存（名前を付けて保存）に対応するのに対し，タイによる発話は上書き保存に対応する．同じ命題的内容でも，バイ文はその内容を短期記憶領域に対する「新規保存」として提示するのに対して，タイ文は「上書き保存」として提示するのである．

[8] 具体的に言うと，まず，(7) と (8a) でバイを使わないのは，岩田屋の営業時間や当日の曜日はこの話者にとっては新情報ではないからである．独り言であれ伝達であれ，バイを使うのは，その内容が，情報保存の宛先となる知識体系にとって新しいと見なされる場合である．「忘れていた」ということは，本来は知っているということなので，バイは使えないのである．一方，(8b) の内容は，この話者の知識体系にとって新しい知識であるので，バイを使うのが適切である．

(7)，(8a) におけるタイの用法は，前提の一部を修正するという意味で「当該時点までの談話情報のアップデート」といえる．Cruschina (2011: Ch.3) によると，前提句の変項に具体的な値を与えるのが IFoc であるのに対し，当該時点で与えられている変項の値を別の値で置換するのは CFoc である．(7) と (8a) におけるタイも CFoc をマークするものである．

で，この場合，形態から解釈を予測することはできるが，解釈から形態を（唯一的に）予測することはできない．

4. 論証

この節では，前節で提示した「タイがあればその文は同定焦点・対照焦点のある文として解釈され，バイがあればデフォルトの文末焦点文として解釈される」という見方を支持する証拠を見ていくことにする．

4.1. 疑問文とバイ・タイ平叙文の平行性

タイ文とバイ文の情報構造の違いは，標準語におけるノのない疑問文とノのある疑問文の違いと比較するとわかりやすい．まず，Kuno（1982: 134-135）や田窪（2010: 42-43）で論じられている以下の疑問文について考えてみたい．[9]

(12) 「ノ」のない疑問文

    a. 君はパリで時計を買いましたか．

    b.??君はこの時計をパリで買いましたか．（下線部は焦点）

    c.??君はパリでこの時計を買いましたか．（下線部は焦点）

(13) 「ノ」のある疑問文

    a. 君は [この時計をパリで買ったの] ですか．

    b. [君がこの時計を買ったの] はパリでですか．

疑問文には疑問の文末詞である「カ」の生起が必要である．しかし，これに加えて補文標識の「ノ」が生起するものもあり，この点で疑問文は 2 種類にわかれる．(12) の疑問文は「買いましたか」のようにノがないのに対し，(13a) の疑問文は「買ったのですか」，(13b) の疑問文は「買ったのはパリでですか」のようにノがある．(13a) は「ノダ文」と呼ばれる「君はこの時計をパリで買ったのだ」という文の疑問文，(13b) は「君がこの時計を買ったのはパリでだ」という分裂文の疑問文であり，どちらの場合も「ノ」が生起し，それは Fin 要素であり，疑問文のマーカーとは区別される．

---

  [9] 久野（1983）はデス・マスを伴わない例文を用いているが，田窪（2010: 44, 注 3）が指摘しているように，疑問詞疑問文では丁寧表現がなければ不適格な文となることがある．

Kuno (1982), 久野 (1983), 桒原 (2010), 田窪 (2010) が論じているように, ノの有無は疑問の焦点の範囲・種類と関係する. (12) のようなノのない yes-no 疑問文では, 疑問の焦点はカが直接付加した動詞が投射する文末の動詞句に置かれ, その中の「パリで」や「この時計を」だけに焦点を置こうとすると非常に落ち着きが悪くなる. 動詞句内部の補部や付加詞だけを取り立てる同定焦点の読みにするには, (13) のようにノのある疑問文にしなければならない.

　(13a) のもとになっているノダ文というのは, 音韻的な強勢を「この時計を」,「パリで」,「買った」のどれかにおきながら, それを焦点化するものである. ノダ文の「ダ」は FocP の Foc の具現形で, Foc と Agree した TP 内要素が焦点を受けるというのが一つの考え方で, おおよそ次のような構造になる.

(14)
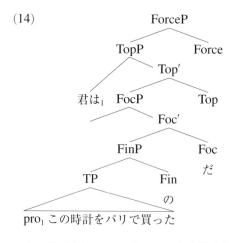

　一方, 分裂文については, ノダ文を基底とする分析が Hiraiwa and Ishihara (2012) で提案されている. つまり, 分裂文は, 焦点となる句, 例えば, 「パリで」が FocP の指定辞に移動し, 残りの前提句の FinP がさらにその上の TopP に移動することにより生起するのである.

(15)

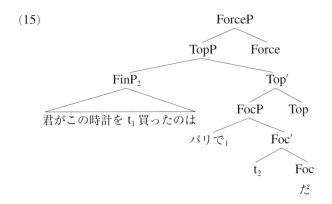

よって，ノダ文でも分裂文でも焦点化の解釈は Foc により認可されるものとなる．このように，ノのある疑問文では同定的焦点，網羅的焦点が置かれ，CP 領域の Foc が関与するのであるが，ノのない疑問文では，動詞句（あるいは文）全体に焦点が置かれるのである．

長野（2017）は，バイ文とタイ文が焦点の解釈に関してそれぞれノのない疑問文とノのある疑問文に平行的であることを観察し，両者の機能が焦点の表示にあることを論じている．疑問の文末詞の代わりに，バイ，タイが生起している次の例を考えてみたい．

(16) a. 私はパリで時計ば買いましたバイ
  b.??私はこの時計ばパリで買いましたバイ（下線部は焦点）
  c.??私はパリでこの時計ば買いましたバイ（下線部は焦点）
(17) トタイ文（標準語のノダ文）
  a. 私は [この時計ばパリで買ったと] タイ
  b. 太郎は [この手紙ばその先生から頂いとうと] タイ
(18) 分裂文
  a. [私がこの時計ば買ったと] はパリでタイ
  b. [太郎が手紙ば頂いとうと] はその先生からタイ

まず，(16) はノのない疑問文を福岡方言の平叙文に変換したものであるが，その時には文末詞としてバイが生起することがわかる．(16a) のバイ文は，「私」という主題について，動詞句が表す「パリで時計を買った」という新情報を伝えるだけの文である．それは，(16b-c) のようにその補部や付加詞だけを

焦点とする解釈をしようとすると非常に不自然になることからもわかる．バイ
で終わる平叙文が，文末述語が投射する句全体を新情報の焦点とするというこ
とであれば，バイが肥筑方言における中立的情報焦点のマーカーであることに
なる．これは前節での主張に整合する．

　一方，タイで終わる平叙文は，ノのある疑問文と似ていて，同定焦点の解釈
が自然なのである．それを示しているのが，(17) と (18) である．標準語の
Fin であるノは肥筑方言では「ト」となる．標準語でいうノダ文は，(17a) の
ようにトタイ文となり，トは口語体では「私はこの時計ばパリで買ったッタイ」
のように促音化することもある．そして，「この時計ば」，「パリで」が焦点化
される．(18) は肥筑方言の分裂文で，やはり，標準語でノが生起するところ
にトが生起し，「パリで」，「その先生から」が焦点化されている．[10] 標準語のノ
ダ文と分裂文が肥筑方言ではタイ文となることから，タイは肥筑方言での Foc
の具現形といえる．

　このように考えると，次のような例が問題となるかもしれない．

(19) a.　私は [この時計ばパリで買ったと] バイ
　　　b.　[私がこの時計ば買ったと] はパリでバイ

(19a) ではタイのかわりにバイが生起しており，いわば，トバイ文である．ま
た，(19b) は同定的・網羅的焦点の「パリで」がバイでマークされている分裂
文のようにみえる．どちらもバイが動詞に付加する接辞だとする本章の分析に
とって問題となりうる．

　しかし，(19) のバイ文が使われる談話的条件と (17)，(18) のタイ文が使わ
れる談話的条件には違いがある．例えば，(18a) は，「私がこの時計を x で
買った」ことが談話の議題になっている時に，その議題への答えとして使う文
である．これは，純粋に言葉のやりとりによって形作られる仮想世界・談話空
間 (Common Ground) の問題であり，その時点までの談話のアップデート・
最新情報化として行われる．これに対し，(19) のバイ文は，話し手が聞き手
に知識を提供する時（教示用法），あるいは，話し手自身が知識を獲得した時
（独り言）に使われる．タイ文と異なり，(19) は談話的前提なしに，「唐突に」

---

[10] 熊本県方言における分裂文・擬似分裂文や補文標識 Fin については，吉村 (2001) など
に譲り，ここでは福岡市の方言について記述する．

(out of the blue) 使うことができ，また，実際，談話の冒頭で使われることが多い．[11] この特徴はまさにバイ文の特徴であり，解釈自体は本章の見方を支持するものである．

さらに，(19b) では焦点要素とバイの間に，コピュラ動詞の過去形の「ヤッタ」を挿入することも可能である．

(20) [私がこの時計ば買ったと] はパリで（やった）バイ

ここからわかるのは，「後置詞句+バイ」という，表面的には屈折した述語のない連辞になっていたとしても，「+」の部分にはコピュラ動詞の時制屈折形を挿入できるということである．

以上の観察から，一見するとトタイ文や分裂文に似た形をしていても，(19) のバイ文はタイ文とは異なる構造を持つと考えられる．具体的には，(19) は，次のように，コピュラ動詞がノダ文・分裂文の ForceP を補部として選択する埋め込み構造をしており，バイはコピュラ動詞（ゼロ形の場合もあり）の屈折形に付加しているといえる．

(21)
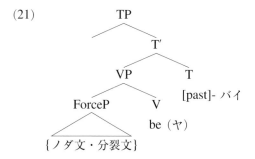

バイは述語の時制屈折形に付加する接尾辞であり，(その述語内容が) 指示的な意味での新情報であることをマークする．バイの基体となるコピュラ動詞は ForceP 補部をとることができ，特に FocP の活性化した ForceP 補部をとれるとして，その情報構造も，バイ形主要部動詞の作る情報構造の中に埋め込ま

---

[11] バイ文は，「無知」が聞き手側にあるか，話し手自身にあるかによって，音調が明確に異なる．相手の無知に対処する場合は，文末詞自体を上昇調で発音するのに対し，自分の無知に対処する場合には文末詞を下降調で発音する．他方，タイは，話し手が優しい調子を演出するような場合を除き，基本的に常に下降調である．

230 　　　　　　　　第 IV 部　形態論

れてしまうのであろう．その結果，（19）の各文は，それぞれ，ノダ文や分裂
文の表す意味が，教えるべき新知識の内容であるという意味になるのである．[12]

4.2. wh 疑問文への応答

ハンガリー語の wh 疑問文の応答文には，答えに相当する部分を動詞の前に
おくタイプと動詞の後ろにおくタイプがある．例えば，Horvath（2000: 201）
は，（22）の疑問文に対して（23a）と（23b）の答え方があることを観察して
いる．

(22)　Kit　hívtak　　　　　meg?
　　　who　invite.PAST.3PL　vm.perf
　　　'Who did they invite?

(23) a.　[JÁNOST]　hívták　　　　　meg
　　　　János.ACC　invite.PAST.3PL　VM.PERF
　　　　'They invited John（and nobody else）.'
　　 b.　Meghítak　　　　　　　*(például)　　JÁNOST
　　　　VM.PERF-INVITE.PAST.3PL　for example　János.acc
　　　　'They invited John, for example.'

(23a)，(23b) のどちらでも，Wh 疑問詞の答えとして「János」が情報焦点と
なるが，生起位置が（23a）では文頭，（23b）では文末である．Cruschina
(2011) に従えば，（23a）の「János」は焦点移動によって CP 領域内の IFocP

---

[12] ヤッタは，(ia) にあるように，タイ分裂文には生じない．
　(i) a. *[私がこの時計ば買ったと] はパリでやったタイ
　　　b. 　[私がこの時計ば買ったと] はパリでやったトタイ
タイがバイとは異なり動詞に付加する接辞でないとすれば，(ia) が非文になるのは予測通り
である．一方，(ib) は「私がこの時計ば買ったとはパリでやった」という分裂文＋コピュラか
らなる文をタイがとるトタイ文なので容認可能となる．つまり，(ib) はノダ文の中に分裂文
が埋め込まれた標準語の文に相当し，(18a) と (ib) の違いは標準語における (iia) と (iib)
の違いに並行的といえる．
　(ii) a. 　[私がこの時計を買ったの] はパリでだ
　　　b. 　[私がこの時計を買ったの] はパリでなのだ
重要なのは，(ib) はバイ文の (19) あるいは (20) とは談話的条件が異なるということである．
(19)，(20) はバイがとる文が談話的条件なしの新情報であるのに対して，(ib) には (17) や
(18) と同様に何らかの談話上の前提が必要である．

に生起して同定的焦点となり，(23b) の「János」は TP 領域内に生起してデフォルトの情報焦点の解釈を持つことになる．実際，(23a) は，英訳が示す通り，網羅的な解釈を持ち，招待したのは János のみ，という意味になるが，(23b) は網羅的な解釈はなく，János を招待した，という新情報が導入されているだけである．本章が提案する分析は，ハンガリー語のこの現象と平行的に，wh 疑問文への応答文にタイが生起すれば網羅的な解釈となり，バイが生起すればそうではない，ということを予測する．

　この予測を確かめるために，筆者らは福岡市，大牟田市，八代市の肥筑方言母語話者に対して調査を行った．例えば，食堂で太郎が次郎に「何を注文したの？」（肥筑方言では「なんば注文したと？」）と聞く場面で次郎がどう答えるのが自然かを質問した．具体的には，次の会話において，次郎はかっこ内にタイを入れて答えるか，バイを入れて答えるかを考えてもらった．

(24)　太郎：　なんば注文したと？
　　　次郎：　かつ丼ば注文した（　　　）.

結果は，「かつ丼ば注文したッタイ」に加え，「かつ丼ば注文したバイ」が並び立つ形になった．すなわち，33 名中 14 名（約 42％）はバイ文を，7 名（約 20％）はトタイ文をそれぞれ選び，別の 7 名（約 20％）はバイとトタイの両方可と答えたのである．

　ここで重要なのは，「かつ丼ば注文したッタイ」と「かつ丼ば注文したバイ」は同義ではない，ということである．調査で想定した日常生活の場面では意識されることはないが，よく内省すると，バイ文による返事はトタイ文による返事と異なり，網羅的とはいえないからである．トタイによる返事は「かつ丼だけを注文した」「それ以外にはない」という含意を伴うのに対し，バイによる返事には網羅性は含意されない．むしろ，注文したものの例を挙げているという印象が強く，次郎は「ひとつとしては，かつ丼を注文した」と述べているように聞こえる．このことは次のデータからもわかる．

(25)　a.　次郎はかつ丼と餃子ば注文したバイ．やけん，次郎はかつ丼ば注
　　　　　文したバイ．
　　　b.　#次郎はかつ丼と餃子ば注文したッタイ．やけん，次郎はかつ丼ば
　　　　　注文したッタイ．

232　　　　　　　　　　第 IV 部　形態論

(25b) でなぜ矛盾が生じるかといえば，トタイ文は焦点が網羅的であり，最初の文は「注文したのはかつ丼と餃子（そしてそれだけ）だ」という解釈になるのに，次の文で「注文したのはかつ丼（そしてそれだけ）だ」といっているからである．他方，バイの場合，そのような情報構造はもたず，「例えば」「ひとつには」かつ丼を注文したという解釈も可能なのである．バイ文は，タイ文と異なり，その時点までの談話の情報をアップデート（最新情報化）するものではなく，主題について新情報を提供するだけであるので，注文したもののうちの一部だけを答えるのでもよいのである．[13]

　修辞疑問文の応答についても，本章の提案と一致する結果が得られる（Shimada and Nagano (2018)）．「なんば食べようと」を通常の疑問文の意味，「何を食べているの」ではなく，「そんなもの食べるな」と非難する意味の修辞疑問文として発した場合，相手は，例えば，「かつ丼はおいしいばい」などとバイを使って答えるのがふつうである．それは，修辞疑問文の応答が，疑問詞の変更 x の値を同定するのではなく，自分の考えを新情報として談話内に追加するものだからである．

5.　まとめ

　本章では，肥筑方言の文末詞，バイとタイの生起について，情報構造の観点から考察した．タイは対比的，同定的，網羅的焦点が生起する構造でそれを保証する CP 領域の機能範疇の具現形であり，一方，バイは動詞句あるいは文全体を中立的な情報焦点とする場合に屈折動詞に付加する接辞の一種であることがわかった．一見すると複雑で定式化が困難と思われるバイとタイの生起に関わる現象も，言語理論に基づいて分析することで，焦点の解釈を導き出す統語構造とその具現形式（形態）を結びつけるしくみを反映したものであるとみることができるのである．

　統語構造とその具現形式の対応関係は必ず 1 対 1 であったり，全ての言語で共通であったりすることはない．ここに言語間，方言間の差異が生じるので

---

[13]　(24) の太郎の質問に「かつ丼」という名詞だけで答える「断片的な」解答の場合は，調査対象者 33 名中 25 名（約 76%）が「かつ丼タイ」と答えた．断片的な解答は答えにあたる要素が FocP 指定辞に移動し，FinP が削除されて派生すると考えれば，タイが選ばれるのは予測通りの結果といえる．

ある（Beard (1995), Chomsky (2016) などを参照）．つまり，方言は統語と形態の対応関係を定める関数が標準語と異なるだけのもの，なのであるが，とかく何か特別なものとするのが世間一般の常識である．言語の普遍性を追求する言語理論の観点から言語の多様性を見ることの重要性を肥筑方言の文末詞，バイ・タイは示している．また，方言は語彙範疇よりも文末詞などの機能範疇に焦点をあてることでインターフェイス研究に興味深い資料となる．方言が理論言語学と一般社会の接点となり，また理論研究そのものを進展させる研究対象であることは，あらためていうまでもない．

参考文献

Beard, Robert (1995) *Lexeme-Morpheme Base Morphology: A General Theory of Inflection and Word Formation*, State University of New York, Albany

Chomsky, Noam (2016) *What Kind of Creatures Are We?*, Columbia University Press, New York.

Cruschina, Silvio (2011) *Discourse-Related Features and Functional Projections*, Oxford University Press, Oxford.

É. Kiss, Katalan (1998) "Identification Focus versus Information Focus," *Language* 74, 245-273.

遠藤喜雄 (2011)「フォーカスのカートグラフィー」『言語科学研究』17, 21-37.

Erteschik-Shir, Nomi (1997) *The Dynamics of Focus Structure*, Cambridge University Press, Cambridge.

藤本憲信 (2002)『熊本県菊池方言の文法』熊本日日新聞情報文化センター，熊本．

藤原与一 (1986)『方言文末詞〈文末助詞〉の研究（下）』春陽堂，東京．

Gundel, Jeanette K. and Fretheim, Thornstein (2004) "Topic and Focus," *Handbook of Pragmatics*, ed. by Laurence R. Horn and Gregory L. Ward, 175-196, Blackwell, Oxford.

Hiraiwa, Ken and Shinichiro Ishihara (2012) "Syntactic Metamorphosis: Clefts, Sluicing, and In-situ Focus in Japanese," *Syntax* 15, 142-180.

平川公子 (2008)「福岡市方言における文末詞バイとタイ」『阪大社会言語学研究ノート』8, 116-131.

平山輝夫（編）(1997)『福岡県のことば』明治書院，東京．

Horvath, Julia (2000) "Interfaces vs. the Computational System in the Syntax of Focus," *Interface Strategies*, ed. by Hans Bennis, Martine Everaert and Eric J. Reuland, 183-206, Royal Netherlands Academy of Arts and Sciences, Amsterdam.

井上優 (2006)「モダリティ」『方言の文法』，小林隆（編），137-179, 岩波書店，東京．

神部宏泰（1967）「九州方言における文末詞「バイ」「タイ」について」『熊本女子大国語国文学論文集』5.

Kuno, Susumu. (1982) "The Focus of the Question and the Focus of the Answer," *CLS* 18, 134-157.

久野暲（1983）『新日本文法研究』，大修館書店，東京.

粜原和生（2010）「日本語疑問文における補文標識の選択と CP 領域の構造」『統語論の新展開と日本語研究：命題を超えて』，長谷川信子（編），95-127，開拓社，東京.

Lambrecht, Knud (1994) *Information Structure and Sentence Form: Topic, Focus, and the Mental Representation of Discourse Referents*, Cambridge University Press, Cambridge.

中右実（1994）『認知意味論の原理』大修館書店，東京.

長野明子（2015）「情報構造のマーカーとしての博多方言の終助詞バイとタイ」Morphology & Lexicon Forum 2015 招待発表.

Nagano, Akiko (2016) "Morphological Realization of Focus Head in Hakata Japanese," *Tsukuba English Studies* 35, 1-31.

長野明子（2017）「平叙文末詞と疑問文末詞の対応関係について」『言語をめぐる X 章』，河正一（他編），88-103，埼玉大学.

岡野信子（1966）「九州方言の各県別解説　福岡」『九州方言の基礎的研究』九州方言学会（編），200-209，風間書房，東京.

Okazaki, Masao (1998) *English Sentence Prosody: The Interface between Sound and Meaning*, Kaitakusha, Tokyo.

Rizzi, Luigi (1997) "The Fine Structure of the Left Periphery," *Parameters and Functional Heads*, ed. by Adriana Belletti and Luigi Rizzi, 63-90, Oxford University Press, Oxford.

澤田治美・高見健一（2010）『ことばの意味と使用』鳳書房，東京.

Shimada, Masaharu and Akiko Nagano (2018) "Selection of Sentence-Final Particles in Answers," paper read at the 40th Annual Conference of the German Linguistic Society.

田窪行則（2010）『日本語の構造：推論と知識管理』くろしお出版，東京.

坪内佐智世（1995）「福岡市博多方言の不変化詞タイ・バイの意味記述」『九大言語学研究室報告』16，75-103.

坪内佐智世（2001）「福岡市博多方言の終助詞「タイ」の多様性について」『福岡教育大学紀要』，47-58.

坪内佐智世（2009）「ああ，そうタイ！うん，そうバイ！：「ばい」と「たい」はどう違う？」『これが九州方言の底力！』，九州方言研究会（編），88-91，大修館書店，東京.

吉村紀子（2001）「分裂文を八代方言からさぐる」『ことばと文化』4，67-84，静岡県立大学.

右側主要部規則と語強勢の類型論[*]

時崎久夫

札幌大学

1. はじめに

本論では，右側主要部規則（Righthand Head Rule（RHR）（Williams (1981) など）がいくつかの言語には適用しないことを確認し，語強勢の位置が語順と相関することを述べ（Tokizaki (2011), Tokizaki and Kuwana (2013b)），この規則の性質を再考する．結論として，語の末尾に近い位置（例えば末尾第2音節）に語強勢を持つ言語は，右側主要部（主要部後行）の語順を持たないという一般化を述べる．語，複合語，句のすべてにおいて，その主要部と補部の語順が，形態統語部門で作られた構成素が線形化される際に，強勢などの音韻によって決定されること，そして統語的な主要部パラメターおよび形態論的な主要部パラメター（Beurden (1988), Lieber (1992)）を各言語に対して仮定する必要はないことを論じる．

第2節では，右側主要部規則が適用する言語と適用しない言語を概観し，適用しない言語を扱うために提案されている形態論的主要部パラメターについて論じる．第3節では，右側主要部規則の適用・不適用と語強勢の位置とが相関することについて述べ，その理由について考察する．第4節では，英語で右側主要部規則の反例となる例について論じ，結論とする．

---

[*] 本稿は，Tokizaki (2017) として英文で発表した内容に加筆をしたものである。文献に関してご教示下さった西原哲雄氏に感謝申し上げたい。本研究は科学研究費補助金（15H03213）による成果の一部である。

2. 右側主要部規則とその例外

2.1. 右側主要部規則とそれに従う言語

　世界の言語では，語や複合語の主要部が右側（語末）に置かれる言語が多い．Williams（1981）は，このことを右側主要部規則（Righthand Head Rule (RHR)）と呼んでいる（cf. Selkirk（1982），Di Sciullo and Williams（1987），Namiki（2001））．例えば，英語と日本語では，語と複合語の主要部は基本的に右側にある（主要部を下線で示す）．

(1) a. $[_N [_A$ kind$] [_N$ -ness$]]$
　　b. $[_N [_A$ black$] [_N$ bird$]]$
(2) a. $[_N [_A$ 新し$] [_N$ -さ$]]$
　　b. $[_N [_A$ 黒$] [_N$ 髪$]]$

ここで主要部は，全体の範疇を決定する要素と定義しておく（ここでは屈折形態素を除いて考える）．(1a) の英語の派生語では，右にある接尾辞の -ness が名詞的な要素（N）と考えられ，kindness という語全体の範疇（N）を決定している．(1b) では，名詞の bird が右にあり，複合名詞 blackbird の主部になっている．これらの語や複合語では，右側にある要素が名詞の範疇であり，その左にある形容詞（や名詞）と結合して全体として（複合）名詞を作っていると考えられる．同様に，日本語にも右側主要部規則は適用する．(2a) のように，右にある名詞の接尾辞「- さ」が形容詞語幹に付加して名詞「新しさ」を作る．複合語の (2b) でも主要部の「髪」は右にある．

　英語と日本語以外にも，ドイツ語，オランダ語，中国語，コリア語も右側主要部規則に従うと報告されている（Trommelen and Zonneveld（1986），Booij（2002））．ここでは，ロシア語とトルコ語については詳しく論じる余裕がないが，これらの言語も右側主要部規則に従うと報告されている（cf. Ralli (2013: 109)，Tokizaki (2013: 295)）．

2.2. 右側主要部規則に従わない言語

　右側主要部規則は，数多くの言語において語や複合語の主要部の位置を正しく予測する．しかしながら，右側主要部規則に違反する言語があることが報告

されている.[1]

  (3) a. イタリア語 (Scalise (1992))

        [$_N$ [$_N$ campo] [$_A$ santo]]

           field   holy

        'cemetery'

    b. タガログ語 (Lieber (1992))

        [$_N$ [$_N$ matang] [$_N$ lawin]]

           eyes   hawk

        'keen eyes'

    c. ベトナム語 (Lieber (1980))

        [$_N$ [$_N$ nguòi] [$_V$ ở]]

           person   be located

        'servant'

    d. マオリ語 (Bauer (1993))

        [$_N$ [$_N$ roro] [$_N$ hiko]]

           brain   electricity

        'computer'

    e. サモア語 (Hoeksema (1984))

        [$_N$ [$_N$ fale] [$_N$ oloa]]

           building goods

        'shop, store'

    f. アゲム語 (バンツー諸語) (Beurden (1988))

        [$_N$ [$_N$ ndugho] [$_N$ finwin]]

           house   bird

        'bird's nest'

---

[1] スワヒリ語の (3g) は, 前置詞 kwa を含んでいるという点で, 純粋な複合語とは言えず, 句の性質を示している. そして, この点がまさに右側主要部規則の性格を表している. 以下の議論を参照.

g. スワヒリ語（バンツー諸語）(Vitale (1981: 10), Lieber (2009: 179))

[N [N ku-] [V tafutwa]] kwa Juma
　　 -ing-　 search　 for　 Juma
'the searching for Juma'

これらの例では，右側の要素ではなく，最初の名詞が複合名詞の主要部になっている．よって右側主要部規則は普遍的なものとは言えない (the MorBoComp database の分析については Scalise and Fábregas (2010) を参照)．

2.3.　形態論主要部パラメーター

　問題は，右側主要部規則に違反する言語をどう扱うか，あるいは右側主要部規則を再考するかである．1 つの方法は，こうした言語には左側主要部規則 (Lefthand Head Rule (LHR)) を立てることである．その場合は，統語論の主要部パラメーターとは別に，形態論にも主要部パラメーターを設定することになる．実際，これは Beurden (1988) によって提案されている (cf. Hoeksema (1992))．確かに，形態論主要部パラメーターと統語論主要部パラメーター両方を用いれば，語，複合語，句の主要部の位置を区別することは可能である．例えば，タガログ語は語と句の両方が主要部先行，日本語は語と句の両方が主要部後行，英語は語と複合語で主要部後行 (e.g. kindness, blackbird) だが句では主要部先行 (e.g. eat bread) となる．

　しかしながら，形態論にも主要部パラメーターを設定し，言語ごとにその値を指定するだけでは，なぜ，ある言語が語と句に同じ値を持つのか，また，ある言語が語と句で異なる値を持つのか，さらには，なぜ形態論においては左側主要部で統語論では右側主要部となる言語（英語と逆の言語）が存在しないのかを説明できない．つまり，言語の可能な違いについて，深い説明が与えられないのである．

　言語間の違いに加えて，言語内でも違いがある．Gafos (1992) はギリシャ語で右側主要部の複合語 (4a), (5a) と左側主要部の複合語 (4b), (5b) があると指摘している．

(4) a.　katsiko-klephtis
　　　　goat-stealer

右側主要部規則と語強勢の類型論　　　239

　　　　　　　　'goat stealer'
　　　　b.　klephto-kotas
　　　　　　stealer-chicken
　　　　　　'chicken stealer'
　(5)　a.　hiono-nero
　　　　　　snow-water
　　　　　　'iced water'
　　　　b.　nero-hiono
　　　　　　water-snow
　　　　　　'iced water'

(4a) の複合語は主要部の klephtis を右に持つが，(4b) の複合語は同様の主要
部 klephto を左に持っている．さらに (5) の複合語では，全く同じ語が右側
主要部の (5a) と左側主要部の (5b) で用いられている．これらの例は，同一
言語でも複合語の主要部が右と左の両方に生起しうることを示しており，単
に，ある言語（この場合はギリシャ語）の形態論パラメーターの値をどちらか一
方にするということでは説明ができない．さらに，主要部の語はどちらも同じ
か類似しているので，語順の違いを主要部の語の語彙特性に帰すこともできな
い．パラメーターがどちらか一方の値しか許さないとすれば，ギリシャ語の (4)
と (5) を説明できない．これについては，Ralli (2013: 110) は，ギリシャ語
の複合語における典型的な位置は右側であると論じている．ギリシャ語の複合
語については，さらに調査する必要がある (cf. Beard (1996)).[2]

2.4.　主要部-修飾部パラメーター (Lieber (1992))

　Lieber (1992) は，動詞句などの句に対しての主要部−補部パラメーターと，
語に対しての右側／左側主要部規則（パラメーター）に加えて，名詞句に対する
主要部−修飾部パラメーターを提案している．言語は次の (6) に示すように，

---

　　[2] Anthi Revithiadou (p.c.) によれば，主要部先行の (5b) は容認度が低いとのことである．
次の例はどちらの語順も可能で同義ではあるが，構造が異なるという判断である．
　　(i)　a.　kefal-o-ponos 'headache'
　　　　　　head　pain
　　　　b.　pon-o-kefal-os 'headache'
　　　　　　pain　head

これら3つの語順パラメーターに対して，それぞれ値を選ぶという．ここでは主要部－修飾部（head-modifier: H-M）と右側／左側主要部規則（RHL／LHR）の例を示し，句の主要部－補部（head-complement: HC）の例は省略する．

(6) 主要部（H）と補部（C）／修飾部（M），左側／右側主要部規則（LHR／RHR）

タガログ語：HC HM　　　　　　　　LHR（複合語・語）
　　　　　　 libro-ng nasa mesa　　*matang lawin* *manga-awit*
　　　　　　 book LK on　table　　person-song　person-song
　　　　　　　　　　　　　　　　　　'singer'　　　'singer'

フランス語：HC HM　　　　　　　　LHR（複合語）／RHR（語）
　　　　　　 mot vrai　　　　　　 *timbre poste*　*voy-eur*
　　　　　　 word true　　　　　 stamp postage　watch-er

英語：　　 HC MH　　　　　　　　RHR（複合語・語）
　　　　　　 true word　　　　　 postage stamp　watch-er

オランダ語：HC／CH MH　　　　　　RHR（複合語・語）
　　　　　　 cultureel akkoord　　*diepzee*　　*weef-sel*
　　　　　　 cultural accord　　 deep sea　texture

日本語：　 CH MH　　　　　　　　RHR（compounds／words）
　　　　　　 黒い髪　　　　　　　 黒髪　　　　新しさ
　　　　　　 black hair　　　　 black-hair　new-ness

Lieberの主要部－修飾部パラメーターは主要部－補部パラメーター及び左側／右側主要部規則と合わせることで多くの言語の語順を記述できるが，問題もある．第1に，複合語と語で主要部先行のタガログ語と，複合語で主要部先行（LHR）だが語では主要部後行（RHR）のフランス語をどう区別するのか．どちらも主要部－補部と主要部－修飾部では主要部先行（HC, HM）という値になっている．

　第2に，子供は言語習得の際に，形態論と統語論の各々の範疇（語・複合語・名詞句および句一般）に対して主要部方向性パラメーターの値を習得しなければならないのか，という問題がある．もし，そうだとすれば，それは大変な作業であり，子供が短期間に言語を習得するという事実と合わない．

　以下では，様々な範疇にパラメーターとその値を設定するのではなく，その言

語の語強勢の位置から主要部の方向性を導き出せること，そして範疇の小さな
ものから（語）大きなもの（句）になるに従って左側主要部の語順が優勢になっ
ていくことを論じる．

3. 右側主要部規則と語強勢

3.1. 語順と語強勢の位置

　この節では，主要部と補部の語順が語強勢の位置と相関していることを述べ
る (Tokizaki (2011, 2013)，Tokizaki and Kuwana (2013b) を参照)．語順と
語強勢位置の相関を (7) に示す．L は左側主要部（主要部先行），R は右側主
要部（主要部後行）である．語強勢の位置については，Goedemans and van
der Hulst (2005a, b; 2013a, b) の用語を用いる．

(7)　動詞句，名詞句，複合語，語における主要部の位置 (Left/Right)

	VP	NP	複合語	語	言語（語強勢位置）
a.	R	R	R	R	コリア語（左端），日本語（ピッチアクセント）
b.	L/R	L/R	R	R	ドイツ語（右指向），オランダ語（右指向），中国語（音調）
c.	L	L/R	R	R	英語（右指向）
d.	L	L/R	L/R	R	ギリシャ語（語末第 3 音節）
e.	L	L	L	R	ロマンス諸語（右端）
f.	L	L	L	L	バンツー諸語（右端），タガログ語（語末第 2 音節），サモア語（語末第 2 音節），ベトナム語（音調），マオリ語（無制限）

ここでは，動詞句 VP 内の語順を句の語順の例としてあげた（他の名詞句以外
の句，すなわち前置詞句や従属節の語順については Tokizaki (2011)，
Tokizaki and Kuwana (2013b) を参照）．ここで示す Goedemans and van
der Hulst (2005a, b; 2013a, b) による強勢位置の類型は次のようになる．右
指向強勢 (right-oriented stress) とは，主強勢を語末，語末第 2 音節，語末第
3 音節のいずれかの重い音節に置くシステムを指す．右端強勢 (right-edge
stress) とは，主強勢を語末あるいは語末第 2 音節の重い音節に置くシステム

である．左端強勢（left-edge stress）とは，語頭第 1 音節あるいは語頭第 2 音節の重い音節に主強勢を置くシステムを表す．無制限（unbounded）は，語の中で重い音節がどこにあっても，そこに主強勢を置く言語である．末尾第 2 音節強勢は固定強勢システムである．これらの強勢位置を左から右にならべるなら，重さ依存システムと固定強勢システムそれぞれにおいて，おおよそ次のようになる．

(8) a. 重さ依存強勢：
   左端（語頭第 1 または第 2 音節）＜右指向（語末第 1，語末第 2，語末第 3 音節）＜右端（語末第 1 あるいは語末第 2 音節）
   b. 固定強勢：語末第 3 音節＜語末第 2 音節

(7a) の，動詞句，名詞句，複合語，語すべての範疇において一貫して右側に主要部を持つ（主要部後行の）言語は左端のような左指向の強勢を持つ（コリア語については Lee (1990) を参照，日本語については後述）．(7f) の，一貫して左側に主要部を持つ言語には末尾第 2 音節や右端のように語末近くに強勢を持つものが多い．範疇によって主要部を右側と左側の両方に持つ (7b)，(7c) のような言語は右指向のような，語の中ほどに強勢を持つと言える．1 語の長さは一般に 3 音節程度までと考えられ，3 音節以下の語なら語頭から語末までが右指向強勢の範囲に入る．(7c) の英語と (7e) のロマンス諸語は，右指向（末尾第 3 音節を含む）と右端（末尾第 3 音節を含まない）という語強勢位置の範囲によって区別される．

　英語 (7c) とドイツ語・オランダ語 (7b) は，Goedemans and van der Hulst (2005b; 2013b) ではどちらも右指向強勢と記述されているので，さらに細かい区別をする必要がある．ここでは，英語はドイツ語・オランダ語に比べて，フランス語の影響をより強く受け，ゲルマンの語幹第 1 音節強勢を失って，より右端に強勢を移していると考える．そのために，(7) で最も大きい動詞句（VP）のレベルでは，英語は主要部先行語順（VO）をとり，ドイツ語・オランダ語は主要部後行語順（OV）をとると言える．

　(7) に関しては，さらにいくつかの点を述べておく必要がある．(7f) のタイプで，サモア語 (7f) は，ほとんどの語幹で末尾第 2 音節に強勢を持つ (Mosel and Hovdhaugen (1992: 28))．同じ (7f) のベトナム語は，音調言語で強勢を持たないとされているが，その近隣のクメール語は末尾第 1 音節に

強勢を持つ．実際，ベトナム語が属しているオーストロ・アジア語族の言語は，ムンダ（Munda）語派（例えばムンダリ語（Mundari）は右端強勢）を除いて，末尾第1音節強勢である（Semerai, Halang, Sedang, Khasi, Khmer, Khmu'の各言語）（Goedemans and van der Hulst (2005a; 2013a)）．(7b)の中国語は名詞句では右側主要部であるが，他の句では左側主要部である．中国語が強勢を持つかは議論の余地があるが（Duanmu (1990) を参照），Tokizaki (2014) は，名詞句では左側に卓立，その他の句では右側に卓立があると論じている（cf. Tokizaki and Nasukawa (2014)）．(7a) の日本語は，強勢は持たずピッチアクセントを持つとする通説（Kubozono (2011) を参照）に従えば問題となる．しかし，ここでは日本語は語頭位置に何らかの強さ（strength）を持つと考える（Tokizaki (2011; 2019)，日本語の語に2つのタイプのアクセントがあるとする他の考えについては Duanmu (2008) を参照）．この分析が正しいとすれば，日本語も，語頭近くに語強勢を持つ言語は右側主要部の語順を持つという本論の一般化に従うことになる．

　この分析で残る問題は，(7f) のマオリ語である．マオリ語は，一貫した左側主要部の語順を持つが，Goedemans and van der Hulst (2005b; 2013b) によれば無制限の重さ依存システムを持つ．無制限の重さ依存システムでは，語の中に重い音節があれば，それがどの場所でも，そこに強勢が与えられる．よって，それが右方（あるいは左方）と言うことができない．しかしながら，マオリ語の強勢体系は，議論の余地があり（Harlow (2007: 81-85)），さらに研究することによって，異なる結論に至る可能性がある．

3.2.　なぜ語順と語強勢が相関するのか

　ここまで，形態統語的な主要部の位置が語強勢の位置と相関することを述べてきた．この節では，なぜこの相関が世界の言語で成り立つのかを考察したい．Tokizaki (2011), Tokizaki and Kuwana (2013b) では，語強勢位置に基づく語順決定のメカニズムを提案している．そこでは，接辞と語幹，名詞と属格修飾語，側置詞（前置詞と後置詞）と目的語，動詞と目的語，副詞的従属接続詞と節の語順を論じた．また複合語内の語順については Tokizaki (2013) で論じている．これらの論考では，語頭近くに語強勢を持つ言語は主要部後行語順をとり，語末近くに語強勢を持つ言語は主要部先行語順をとるということを述べた．さらに，主要部先行語順をとる言語の数は，構成素が大きくなるに

つれて増えていくことを示した．例えば，派生語で接頭辞－語幹（主要部先行）の語順をとる言語は世界で数が少なく（バンツー諸語やオセアニア諸語），接尾辞をとる言語が多いことは，接尾辞指向（suffix preference）として知られている（Hawkins and Cutler（1988），Hawkins and Gilligan（1988），Asao（2015）を参照）．これに対し，動詞句では，動詞－目的語（主要部先行）の言語と目的語－動詞（主要部後行）の言語は，数がほぼ等しい．そして，従属節では，副詞的従属接続詞（adverbial subordinator, when, if など）が節に先行する主要部先行語順の言語が従属接続詞が節に後行する主要部後行語順よりもはるかに多い（Dryer（2005; 2013））．

　これらの研究から，語強勢の位置と語順の相関が動詞句，名詞句（名詞－修飾部），複合語，派生語（語幹－接辞）に成り立つことがわかる．そして，これは（7）の場合にも成り立つと言える．語強勢の位置が語末に近づくにつれて，より多くの範疇が主要部先行語順をとるようになる．例えば，コリア語（や日本語）のような語頭近くに強勢を持つ言語は，（7a）のように，動詞句，名詞句，複合語，派生語すべてで一貫した右側主要部（主要部後行）の語順をとる．これに対し，バンツー諸語やタガログ語のように語末近くに語強勢を持つ言語は，（7f）のように，一貫した左側主要部（主要部先行）の語順をとる．(7b), (7c), (7d), (7e) の言語は，右側主要部の語順から左側主要部の語順へ向けて，最大の構成素である動詞句から最小の構成素である派生語までの段階的な推移を示している（Tokizaki and Kuwana（2013a）を参照）．

　ここでは，構成素の語順と語強勢の位置の相関は構造への強勢付与の仕組みに帰すことができることを論じる．Cinque（1993）は，Chomsky and Halle's（1968）の核強勢規則（Nuclear Stress Rule）と複合語強勢規則（Compound Stress Rule）を一般化して，統語構造の最も深く埋め込まれた要素に主強勢を与える規則を提案した．例えば，動詞と目的語の名詞句から成る動詞句では，非枝分かれ節点を認める X-bar 構造を仮定すれば，強勢は名詞句内に付与されると説明できる（[$_{VP}$ eat [$_{NP}$ [$_{N}$ fish]]]）．しかし，Tokizaki (to appear) では，ミニマリスト統語論の最小句構造（bare phrase structure）を仮定して，Cinque（1993）の強勢付与規則を，韻律規則の集合強（Set Strong）に置き換えることを提案している．これは，ある集合（set）に末端要素（terminal）が併合（Merge）するときに，集合に強（Strong）のラベルを付与するものであり，その姉妹節点となる末端要素には韻律的に弱（Weak）が与えられる．例

えば，eat fish という動詞句では，[$_W$ *eat* {$_S$ *fish*}] となる（ここでは Kayne (2008) に従って，補部の fish を要素1つから成る集合 one-membered set と考え，{ } で示している）．この分析は，強勢が1つの構成素内で主要部ではなく補部にあるという事実を正しく予測する．また一般に，語強勢の位置（語頭か語末か）は句の主強勢の位置（句の最初か最後か）に平行していると考えられる．そうすると，左方の語強勢は左方の句強勢と合致し，左方の句強勢は左方に補部を持つ語順，すなわち主要部後行語順（右側主要部の語順）と合致する．よって，語強勢が左方の言語は主要部後行語順（右側主要部の語順）を持つことになる．語強勢が右方の言語は，左方に補部を持つことができない．なぜなら左方に補部があったならば，Set Strong により，句で左方に強勢が与えられるので，語の右方強勢と合わないからである．結果として，語強勢が右方の言語は句強勢も右方で，補部を右方に持ち，主要部は左となるので，派生語や複合語で右側主要部規則に違反する．このようにして，形態統語構造の主要部の位置と語強勢位置の相関を，階層構造への集合強規則 Set Strong による強勢付与から説明することができる．

4. 結論

ここまで語末第2音節や右端強勢のような語の右方に強勢を持つ言語は，派生語や複合語の左側に主要部を持ち，右側主要部規則に違反するということを論じてきた．これらの言語のデータを示し，語強勢の位置と，語および句の中での主要部と補部の語順が相関することを示した．この相関は補部への強勢付与という一般的なパターンによるものであり，それは，末端要素ではなく集合に強のラベルを付与する集合強という仕組みによって捉えられることを述べた．ここで示した分析は，右側主要部規則に従う言語とそれに違反する言語を正しく予測し，説明することができる．

まとめると，右側主要部規則とは，語や複合語などの小さい範疇で主要部後行語順をとる言語についての一般化であると言える．その言語数が多いため，規則として提案されているのである．これらの言語は，語の末尾よりは語頭の方に語強勢を持つ．語の末尾近くに強勢を持つ言語は右側主要部規則に従わない．なぜなら語末近くに強勢を置くシステムは，派生語や複合語さらには句でもその終わりの補部に主強勢を置くからである．理論的に重要なことは，語順

と語強勢の相関が普遍的であるならば，統語的な主要部パラメターおよび形態論的な主要部パラメターを仮定する必要はないということである．主要部の語順は，統語論であれ，形態論であれ，語強勢の位置によって決定されるからである．

　本論では，語と句における主要部位置の言語間の違いに注目してきたので，右側主要部規則に一般的に従う言語の中での反例については論じてこなかった．例えば，英語には語の主要部になりうる接頭辞が存在する（[$_V$ [$_V$ en-] [$_N$ rage]]，[$_A$ [$_A$ a-] [$_N$ fire]]，[$_V$ [$_V$ be-] [$_N$ head]]）．これらの接頭辞は，派生語全体の範疇を決定しているという点で主要部と考えられるため，右側主要部規則の例外となる（Williams（1981: 249），Anderson（1992: 312））．しかしながら，これらの接頭辞の語源を考えると（Maylor（2002: 194）），問題は解決する．これらの派生語の元々の構造は，古フランス語からの接頭辞 'in' を持つ [$_{PP}$ [$_P$ en-] [$_N$ rage]] や [$_P$ [$_P$ a-] [$_N$ fire]] である．もう１つの場合 behead は，古英語にすでに現れているが，古英語には ge-, for-, be- などのいくつかの接頭辞がある．すなわち，古英語の強勢位置は，語頭というよりは語幹第１音節なのである．ゆえに，これらの派生語で強勢のない接頭辞が主要部として左方に現れるのは驚くべきことではない．もちろん，語強勢の位置と語順の歴史的な相関を証明するにはさらなる研究が必要である．これは今後の大きな課題となる．

参考文献

Anderson, Stephen R.（1992）*A-Morphous Morphology*, Cambridge University Press, Cambridge.

Asao, Yoshihiko（2015）*Left-Right Asymmetries in Words: A Processing-Based Account,* Docroral dissertation, The University at Buffalo, State University of New York.

Bauer, Winifred（1993）*Maori*, Routledge, London.

Beard, Robert E.（1996）"Head Operations and Head-Modifier Ordering in Nominal Compounds," ms., Bucknell University, available at http://www.academia.edu/33105449/Head_Operations_and_Head-Modifier_Ordering_in_Nominal_Compounds

Beurden, Lisan van（1988）"Bantu Heads on the Lefthand Side," *Formal Parameters of Generative Grammar IV,* ed. by Ger de Haan and Wim Zonneveld, 1–13, Utrecht University, Utrecht.

Booij, Geert (2002) *Dutch Morphology*, Oxford University Press, Oxford.

Chomsky, Noam and Morris Halle (1968) *The Sound Pattern of English*, Harper & Row, New York.

Cinque, Guglielmo (1993) "A Null Theory of Phrase and Compound Stress," *Linguistic Inquiry* 24, 239–298.

Di Sciullo, Anna Maria and Edwin Williams (1987) *On The Definition of Word*, MIT Press, Cambridge, MA.

Dryer, Matthew (2005; 2013) "Order of Adverbial Subordinator and Clause," In Haspelmath et al. (eds.), 382–385; Dryer and Haspelmath (eds.).

Dryer, Matthew and Martin Haspelmath, eds. (2013) The World Atlas of Language Structures Online. Leipzig: Max Planck Institute for Evolutionary Anthropology. (Available online at http://wals.info, Accessed on 2017-03-20.)

Duanmu, San (1990) *A Formal Study of Syllable, Tone, Stress and Domain in Chinese Languages*, Doctoral dissertation, MIT.

Duanmu, San (2008) "A Two-Accent Model of Japanese Word Prosody," *Toronto Working Papers in Linguistics* 28, 29–48.

Gafos, Adamantios I. (1992) "Against a Contextual Definition of Head in Morphology: Evidence from Modern Greek Compounds," *MIT Working Papers in Linguistics 16, Papers from the Fourth Student Conference in Linguistics*, ed. by Andreas Kathol and Jill Beckman, 41–56.

Goedemans, Rob and Harry van der Hulst (2005a; 2013a) "Fixed Stress Locations," In Haspelmath et al. (eds.), 62–65; Dryer and Haspelmath (eds.).

Goedemans, Rob and Harry van der Hulst (2005b; 2013b) Weight-Sensitive Stress. In Haspelmath et al. (eds.), 66–69; Dryer and Haspelmath (eds.).

Harlow, Ray (2007) *Māori: A Linguistic Introduction,* Cambridge University Press, Cambridge.

Haspelmath, Martin, Matthew S. Dryer, David Gil and Bernard Comrie, eds. (2005) *The World Atlas of Language Structures*, Oxford University Press, Oxford.

Hawkins, John. A. and Anne Cutler (1988) "Psycholinguistic Factors in Morphological Asymmetry," *Explaining Language Universals,* ed. by J. A. Hawkins, 280–317, Blackwell, Oxford.

Hawkins, John. A. and Gary Gilligan (1988) "Prefixing and Suffixing Universals in Relation to Basic Word Order," *Lingua* 74, 219–259.

Hoeksema, Jacob (1984) *Categorial Morphology*, Routledge, Oxon.

Hoeksema, Jack (1992) "The Head Parameter in Morphology and Syntax," *Language and Cognition 2. Yearbook 1992 of the Research Group for Linguistic Theory and*

Knowledge Representation of the University of Groningen, ed. by D. G. Gilbers and S. Looyenga, 119-132, De Passage, Groningen.

Kayne, Richard S. (2008) "Antisymmetry and the Lexicon," *Linguistic Variation Yearbook* 8, 1-31.

Kubozono, Haruo (2011) "Japanese Pitch Accent," *The Blackwell Companion to Phonology*, ed. by Marc van Oostendorp, Colin J. Ewen, Elizabeth Hume and Keren Rice, 2879-2907, Blackwell-Wiley, Oxford.

Lee, Ho-Young (1990) *The Structure of Korean Prosody*, University College London dissertation.

Lieber, Rochelle (1980) *On The Organization of the Lexicon*, Doctoral dissertation, MIT.

Lieber, Rochelle (1992) *Deconstructing Morphology: Word Formation in Syntactic Theory*, University of Chicago Press, Chicago.

Lieber, Rochelle (2009) *Introducing Morphology*, Cambridge University Press, Cambridge.

Maylor, B. Roger (2002) *Lexical Template Morphology: Change of State and the Verbal Prefixes in German*, John Benjamins, Amsterdam.

Mosel, Ulrike and Even Hovdhaugen (1992) *Samoan Reference Grammar*, Scandinavian University Press, Oslo.

Namiki, Takayasu (2001) "Further Evidence in Support of the Righthand Head Rule in Japanese," *Issues in Japanese Phonology and Morphology*, ed. by Jeroen van der Weijer and Tetsuo Nishihara, 277-297, Mouton de Gruyter, Berlin.

Rainer, Franz and Soledad Valera (1992) "Compounding in Spanish," *Rivista di Linguistica* 4, 117-142.

Ralli, Angela (2013) *Compounding in Modern Greek,* Springer, Dordrecht.

Scalise, Sergio (1992) "Compounding in Italian," *Rivista di Linguistica* 4, 175-199.

Scalise, Sergio and Antonio Fábregas (2010) "The Head in Compounding," *Cross-Disciplinary Issues in Compounding,* ed. by Sergio Scalise and Irene Vogel, 109-126, John Benjamins, Amsterdam.

Selkirk, Eisabeth O. (1982) *The Syntax of Words,* MIT Press, Cambridge, MA.

Tokizaki, Hisao (2011) "The Nature of Linear Information in the Mophosyntax-PF Interface," *English Linguistics* 28, 227-257.

Tokizaki, Hisao (2013) "Deriving the Compounding Parameter from Phonology," *Linguistic Analysis* 38, 275-303.

Tokizaki, Hisao (2014) "Prosody and Head-directionality in Chinese," *Bunka-to Gengo* 81, 1-20, Sapporo University.

Tokizaki, Hisao (2017) "Righthand Head Rule and the Typology of Word Stress," *KLS* 37, 253-264, 関西言語学会.

Tokizaki, Hisao (2019) "Word stress, Pitch Accent and Word Order Typology with Special Reference to Altaic," *The Study of Word Stress and Accent: Theories, Methods and Data*, ed. by Rob Goedemans, Harry van der Hulst and Jeff Heinz, 187–223, Cambridge University Press, Cambridge.

Tokizaki, Hisao (to appear) "Recursive Strong Assignment from Phonology to Syntax," *Morpheme-Internal Recursion in Phonology*, ed. by Kuniya Nasuwaka, 369–392, Mouton de Gruyter, Berlin.

Tokizaki, Hisao and Yasutomo Kuwana (2013a) "Unattested Word Orders and Left-Branching Structure," *Principles of Linearization*, ed. by Theresa Biberauer and Ian Roberts, 211–234, Mouton de Gruyter, Berlin.

Tokizaki, Hisao and Yasutomo Kuwana (2013b) "A Stress-based Theory of Disharmonic Word Orders," *Theoretical Approaches to Disharmonic Word Orders*, ed. by Theresa Biberauer and Michelle Sheehan, 190–215, Oxford University Press, Oxford.

Tokizaki, Hisao and Kuniya Nasukawa (2014) "Tone in Chinese: Preserving Tonal Melody in Strong Positions," *Studies in Chinese Linguistics* 35, 31–46.

Trommelen, Mieke and Wim Zonneveld (1986) "Dutch Morphology: Evidence for the Right-Hand Head Rule," *Linguistic Inquiry* 17, 147–169.

Vitale, Anthony J. (1981) *Swahili Syntax*, Foris, Dordrecht.

Williams, Edwin (1981) "On the Notions 'Lexically Related' and 'Head of a Word'," *Linguistic Inquiry* 12, 245–274.

日英語の複合形容詞
―oil-rich と「欲深い」の平行性―*

西山國雄

茨城大学

1. はじめに：由本 (2009) の観察

　日本語と英語の複合形容詞について，由本 (2009) はいくつかの興味深い観察を行っている．英語には以下のような複合形容詞がある．

(1) a.　duty-free, oil-rich, color-blind, theory-dependent, theory-internal

　　b.　money-saving, record-breaking, eye-catching, tear-jerking

　　c.　government-owned, student-run, ice-covered, chauffer-driven

（1a）は形容詞に基づくが，duty-free = free of duty, theory-dependent = dependent on a theory と言い換えられることから，複合語では内項が結合している．（1b）は V-ing の形の動詞由来だが，やはり内項（ここでは目的語）が結合している．（1c）では外項が結合しているように見えるが，過去分詞を基にしているので，owned by the government, covered with ice のように内項（あるいは付加詞）が結合している．これらは First Sister Principle (Roeper and Siegel (1978)) として定式化されている．例えば以下では，

(2) a.　The country is rich in oil.

　　b.　oil-rich country

　　c.　*country-rich oil

---

　* 本稿の一部は，レキシコン研究会，東北大学，第 36 回英語学会大会で発表した．聴衆の方に感謝申し上げる．本研究は，科学研究費 (19K00542) の助成を受けている．

250

日英語の複合形容詞　　　　　251

(2a) を基にできる複合語は (2b) であり，(2c) ではない．これは (2a) で oil は rich の sister であるのに対し，country は sister でないからである．

　日本語の複合形容詞は以下である．

　(3)　a.　欲深い，口うるさい，幅広い，末恐ろしい
　　　　b.　経験豊富な，口達者な，色鮮やかな，意気盛んな

(3a) は形容詞，(3b) 形容動詞だが，この種の複合形容詞は生産性が高い．これらは「欲深い＝欲が深い」のように，主語が結合しているが，これは先に見た通り内項が優先される英語の複合形容詞と異なる．実際，形容詞の内項が結合した以下のような複合語は，日本では観察されない．

　(4)　*味うるさい，*酒強い，*金汚い

また以下のように程度を表す語が結合することはあり，この点において日本語と英語と平行的だが，それでも日本語は英語程生産的でない．

　(5)　a.　ばかでかい，カビ臭い，塩辛い，空恐ろしい
　　　　b.　crystal-clear, razor-sharp, snow-white, sky-high, paper-thin

本稿の目的は，程度を表す (5) の複合語の他にも日英語の複合形容詞で平行性があることを追求することである．まず 2 節で主語編入分析を取らない理由を述べ，3 節で意味の観点から日英語の複合形容詞で平行性を指摘する．そして 4 節で，その平行性を統語構造に反映した分析を提示する．

2.　主語編入分析

「欲深い」ができるプロセスとしてまず想起されるのは，以下の対応に基づく分析である．

　(6)　a.　健は欲が深い
　　　　b.　健は欲深い

つまり (6a) から (6b) ができたという分析である．しかしこれにはいくつか問題がある．詳細は由本 (2009: 219f)，西山・長野 (近刊) を参照されたい

252 第 IV 部 形態論

が,[1] 本稿の目的で重要なのは,(6) と以下の対応を統一的に捉えることができるかどうかということである.

(7) a. The country is rich in oil.
　　 b. The country is oil-rich.

つまり oil-rich と「欲深い」を平行的に捉えるには,(6a) から (6b) ができる過程と,(7a) から (7b) ができる過程が同じと言わなければならない.ここで仮に「健は欲が深い」で「欲」を主語と分析すると,(7a) の oil は主語とは分析できないので,日英語の平行性が追求できない.しかし oil-rich と「欲深い」では意味的な共通点があり,統一的な分析を与える根拠がある.これを次節で示す.

3. 意味的平行性

　日英語の複合形容詞の共通性を追求する前に,まず共通しない部分を確認しておく.まず (1b, c) の動詞由来の複合形容詞は,First Sister Principle の分析通り,内項が編入していると考える.また (1a) の中でも,theory-dependent, theory-internal は,基の internal, dependent は内項を必要とするので,同様である.

　しかし oil-rich などの場合,rich は統語的には内項を必要としない.(7a) における in oil の役割は,rich の意味を限定することである.つまり the country は oil との関係のみにおいて rich だということである.(国の石油が豊かということと,国自体が豊かということは違う.)以下の文も同様である.

(8) a. This commodity is duty-free.
　　 b. This commodity is free of duty.

この例は免税を表すが,This commodity is free だと製品がタダという別の意味になる.color-blind (色盲) も,色に関しての記述であり,視力が全くないこと (blind) ではない.日本語についても,由本 (2009: 220) は以下の対比

---

[1] 由本は「健は欲が深い」から編入により「健は欲深い」を作る分析の問題点を指摘し,西山・長野はそれを統語的アプローチの観点からいかに克服するかということを示した.

を観察している.

(9) a.　健は欲深い
　　b. *健は深い

これは健は「欲」との関係において,「深い」と言える, ということを示す. つまり oil-rich と「欲深い」は基の形容詞 rich と「深い」を, ある関係における意味に限定してできたという共通点がある. この「関係」に注目して, 次節で oil-rich と「欲深い」の統語的分析を提示する.

4.　統語分析

前節で oil-rich と「欲深い」が複合語になる前の文を, 以下のように考えると平行性が捉えられないことを見た.

(10) a.　The country is rich in oil.　　(= (7a))
　　b.　健は欲が深い　　　　　　　　(= (6a))

そこで本節では以下を基の文と考える.

(11) a.　The country's oil is rich.
　　b.　健の欲が深い

これらはコロケーションは悪いが, 非文ではない. むしろ自然な文は (10) である. したがって, (11) を基にしていかに (10) が得られるかが課題となる.
　ここで (11) で格助詞を除き, 項と述語だけの構造を考えてみる.

(12) a.　[the country　oil]　[rich]
　　b.　[健　欲]　[深い]

以下で (12) を基にして, 複合形容詞及び (10) が得られることを見る. まず複合形容詞だが, (12) で主語名詞が形容詞に編入すると, 以下の構造が得られる.

(13) a.　[the country　t_i]　[oil$_i$-rich]
　　b.　[健　t_i]　[欲$_i$ -深い]

(13) では修飾語残留が起こっているが，注目したいのは，主語名詞の主要部が形容詞に編入した結果，oil-rich と「欲深い」の複合形容詞ができたということである．(13) から以下の文ができる．

(14) a. The country is oil-rich.
    b. 健は欲深い

次に (12) の共通の基底構造からいかに (10)（以下で再出）が派生するかを考える．

(10) a. The country is rich in oil.
    b. 健は欲が深い

(10b) は通例多重主語文とみなされ，(12b) から所有者が移動したことによってできるという分析がされることがあるが，(10a) は多重主語文ではないので，別々の分析が必要になる．また (10a) を (12a) から得るには，補部への移動という通例ありえない操作が必要となる．

いかにして上昇の移動を使い，日英語の共通性を維持することができるか．それは，以下の分析で可能になる．

(15) a. [the country R oil] [rich] → [the country R-rich$_i$ oil] t$_i$
    b. [健 R 欲] [深い] → [健 R-深い$_i$ 欲] t$_i$

(15) の左側は，(11) の所有形態素（アポストロフィーと「の」）を R に変えたものである．(12) の構造は，厳密には (15) の左側となる．R は den Dikken (2006) の Relator を表すが，den Dikken は predication（叙述）を関係と捉える．つまりこの関係は，「である」の意味の BE なのだが，本稿ではこれを拡大して所有の意味の HAVE も含むと仮定する．[2] 上の左側の R は所有の意味である．この HAVE の R が名詞句内で具現されると，日本語では「の」，英語ではアポストロフィーとなる．

このRを移動先として述語上昇が起こった結果が，矢印の右側である．この結果形容詞が編入され，R-rich, R-深いという新しい関係（述語）ができる．

---

[2] ヨーロッパの言語における助動詞の交替を含め，HAVE が意味的，統語的に BE を含むという分析については，Freeze (1992)，Kayne (1993)，Watanabe (1996) を参照されたい．

矢印の右側が文になったのが，(10) である．見かけ上は，oil は内項，「欲」が主語のように見えるが，共に内項である．この分析では「欲が深い」は「水が欲しい」のように述語と nominative object の関係がある．

ここで前節の意味による議論を想起されたい．(14a) は単に国が豊かという意味ではなく，石油に関して豊かであり，(14b) では健は欲に関して深い，ということである．つまり基の rich，「深い」の意味が限定されているのであり，その意味で新しい述語が出来ている．(15) の分析では R-rich, R-深いがその新しい述語であり，「X に関して」の関係に限定する機能を持つのが R である．なお，R は音では具現されない．

以上の分析は，広い選択制限や語義を持つ形容詞に適用できる．例えば rich は人も物も主語に取れる．また free は（関連しているが）「ない」の意味と「タダ」の意味がある．これらは意味拡張が起こっているが，一方 blind は基本的に人を主語にとるので，*This person's color is blind. は言えない．従って上の分析が color-blind にどの程度当てはまるか不明な点もあるが，これは今後の課題とする．

R についての補足として，以下も参照されたい．

(16) a.　He is a madman driver.
　　 b.　He is a madman as a driver.　　　　　(den Dikken (2006: 37))

これは「彼は運転手としては狂っている」という意味で，それ以外のことは平均的な人間かもしれない．つまり madman の意味が driver としての関係に限定されている．ここでも R があり，(16a) ではゼロ，(16b) では as として具現されている．本稿の分析では，rich in oil, free of duty の前置詞句は，形容詞の補語というよりは，madman as a driver のような関係を明示する機能を持っている．

5. まとめと今後の課題

以上，本稿では一見すると共通性がないように見える日英語の複合形容詞の中で，oil-rich のようなタイプと「欲深い」のようなタイプで意味的及び統語的に統一した分析が可能であることを示した．今後の課題としては，以下のような意味変化がある．

(17) a. 彼の支援は心強い

b. *彼の支援は心が強い

(17a) は (17b) のように言い換えはできない.「心細い」や「口惜しい」も同様である. 恐らく「心強い」が成立した頃は,「心が強くなる」の意味で使われたのだろうが, 現代では主語と述語の関係性は薄れてきている. これがもっと進んだのが「面白い」で, ここでは共時的には「面」と「白い」で分けることもできない. こうした例では, 複合語が語彙化されていると言える.[3]

これと関連して, 生産性の問題がある. 複合形容詞はある程度の生産性はあるが, 統語分析が予測する程の生産性はない. 例えば「欲深い」,「口うるさい」はあるが「*髪長い」はない. これは複合の出力条件 (output condition) として, 1つの語として記載する意義があるかどうか (listedness) が課せられていると考えることができる. そうであれば, 最初から統語操作は用いず, 語彙項目として1つ1つ記載すればいい, という考えもあるかもしれない. しかし統語操作と語彙記載は必ずしも余剰的なものではなく, 統語操作を通時的, 語彙記載を共時的と捉え直すこともできる. つまり「欲が深い」から「欲深い」ができたのはこれが出現した頃の話者の文法で働いた操作の結果であるが, 現代語の話者にとっては「欲深い」は1つの語彙項目になっているかもしれないということである.

また「毛深い」はあっても,「??毛が深い」はなく, これも (17) と同様の例と言える. そしてむしろ (17) よりは意味的合成性がありそうだが, それでも言い換えはできない. これは Kishimoto and Booij (2014) や西山 (近刊) が扱う「ない」イディオムにも関わる語彙化が起こっている.「ない」イディオムにはいくつかの種類があり, 中には「さりげ (*が) ない」にように格表示を許さないものがあるが,「毛深い」も同様である. この分析については, Kishimoto and Booij (2014) や西山 (近刊) を参照されたい.

参考文献

Brinton, Laurel J. and Elizabeth Traugott (2005) *Lexicalization and Language Change*, Cambridge University Press, Cambridge.

---

[3] 語彙化については, Brinton and Traugott (2005), 西山 (近刊) を参照されたい.

den Dikken, Marcel (2006) *Relators and Linkers*, MIT Press, Cambridge, MA.

Freeze, Ray (1992) "Existentials and Other Locatives," *Language* 68, 553-595.

Kayne, Richard (1993) "Toward a Modular Theory of Auxiliary Selection," *Studia Linguistica* 47, 3-31.

Kishimoto, Hideki and Geert Booij (2014) "Complex Negative Adjectives in Japanese: The Relation between Syntactic and Morphological Constructions," *Word Structure* 7, 55-87.

西山國雄 (近刊)「『ない』イディオムと語彙化」『レキシコン研究の現代的課題』, 岸本秀樹 (編), くろしお出版, 東京.

西山國雄・長野明子 (近刊)『形態論とレキシコン』開拓社, 東京.

Roeper, Thomas and Muffy Siegel (1978) "A Lexical Transformation for Verbal Compounds," *Linguistic Inquiry* 9, 199-260.

Watanabe, Akira (1996) *Case Absorption and Wh-Agreement,* Kluwer, Dordrecht.

由本陽子 (2009)「複合形容詞形成に見る語形成のモジュール性」『語彙の意味と文法』, 由本陽子・岸本秀樹 (編), 209-229, くろしお出版, 東京.

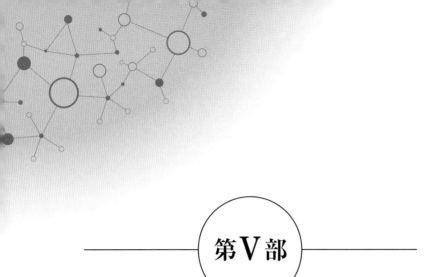

第 V 部

外国語教育・言語習得

生成文法に基づいた第二言語獲得研究と
外国語教育のインターフェイス*

遊佐典昭

宮城学院女子大学

1. はじめに

生成文法に基づいた第二言語獲得研究（generative approaches to second language acquisition (GenSLA)）は，第二言語使用者の第二言語知識の解明を目的とし，普遍文法（Universal Grammar, UG）と母語が第二言語獲得（SLA）や第二言語使用においてどのような役割を果たすのかを探ってきた（White (2003)，遊佐・杉崎・小野 (2018)）．ここでの中心的なトピックは，SLA における「刺激の貧困（poverty of the stimulus, PoS）」の問題であり（Schwartz and Sprouse (2013)），教室における指導（instruction）の役割は主要な研究課題ではなかった（例外として，White (1991)，Trahey and White (1993)）．この理由は，GenSLA では，SLA において UG が機能しているのかどうかを調べるために，教室では指導しないような PoS の問題を扱ってきたからある．[1] 例えば，SLA における「束縛理論」や「島の制約」の研究などである（White (2003) を参照のこと）．しかし，2000 年代に入り，SLA 研究において獲得が困難な領域と，努力無しで容易に獲得できる領域を同定する研究（例えば，White (2011)）の影響で，GenSLA 研究の成果を外国語指導の教室現場へ応用することが可能かどうかに関して実証的な研究が増えてきた（例えば，Whong, Gil and Marsden (2013)）．本章は，GenSLA と外国語教育のインターフェイスがどこにあるのかを探り，実践に落とし込む可能性を探る．

---

* 本研究は，ISPS 科学研究費補助金基盤研究（B）（課題番号 17H02364），同挑戦的萌芽研究（課題番号 16K13266）の助成を受けたものである．

[1] SLA は母語獲得とは異なり，教室における指導の影響がある．このために，SLA における PoS を研究する場合は，教室で指導をうけない文法項目を研究対象としなければならない．

2. GenSLA

GenSLA は，生成文法と SLA の 2 つの領域にまたがる研究であるが，残念なことに両研究分野の研究者からの関心は高くはなく，一種の乖離現象がみられる．生成文法は，言語知識の解明を究極の目標にしているのではなく，言語を通して「人間の本性（human nature）」を探る研究プロジェクトである．この観点からすると，SLA 研究は母語獲得研究同様に，人間の本性解明に手がかりを与える可能性があるはずである．その理由の 1 つは，二言語使用は現代社会では希な現象ではなく，二言語使用者が，単一言語使用者よりも多いという事実がある（Grosjean and Li（2013））．もう 1 つは，言語接触おいては自然に二言語が使用されることを考慮すると，二言語・多言語使用は，人間の本性に根ざしている可能性があるからである（詳細は，遊佐・杉崎・小野（2018）を参照のこと）．

問題なのは，外国語教育に関心のある生成文法研究者でさえ，言語理論で明らかになった言語事実をトップダウン式に明示的に指導すれば，外国語教育に役立つはずだというナイーブな考えを持っていることがあることである．しかし，学習者が文法規則を明示的に学んだからと言って，言語知識が発達するわけではない．ここで指導されるのは，「言語に関する意識的なメタ言語知識」であり，脳に実在する無意識の言語知識ではない．この考え方には学習者が不在であり，これまでの SLA 研究（VanPatten and Williams（2015））や，教室環境での指導やインタラクションに焦点をあてた「教室 SLA（instructed SLA, ISLA）」の研究成果（Loewen and Sato（2017, 2019））からも支持されるものではない．教室では，生成文法を教えるのではなく外国語を教えるため，生成文法や GenSLA が明らかにした知見は，外国語学習者ではなく，むしろ言語に関する理解を深めるという観点から，教授者に間接的に有用であると思われる（遊佐（2013））．

一方，SLA 研究は，1960 年〜 1970 年代は生成文法との関係が深く，外国語教師は生成文法の援用が外国教育を改革するのではないかという「誤解」のもと，多くの研究がなされた．しかし，1980 年代に入ると，生成文法が研究の進展に伴い理論の抽象度が増し，人間の本性解明を念頭に，個別言語の分析から言語機能の実質的提案へ移行したために，多くの SLA 研究者や外国語教師は生成文法に対する関心を失ってしまった（遊佐（2013））．このような時期

に，生成文法を基盤とした母語獲得研究の影響をうけ，GenSLA 研究が誕生した．GenSLA 研究は，現在まで多くの研究がなされ，第二言語知識の解明に大きな役割を果たしてきたが（White（2003）を参照のこと），他の SLA 研究と有機的なインターフェイスは薄いと思われる．SLA は，第二言語獲得という言語現象であるにもかかわらず，SLA 研究では「クラスサイズ」，「学習者の動機」といった言語外の要因に多くの関心が向けられるが，言語学が研究する言語的側面には関心があまり向けられないという「SLA 研究のパラドックス」が存在する．このパラドックスを解決するために，2.1 節で SLA 理論と言語知識の関係を扱う．

2.1. SLA 理論と言語知識

　GenSLA と，SLA 研究またその一部である ISLA 研究とのインターフェイスを議論する場合の出発点は，まず「第二言語獲得」の「言語（language）」をどのように定義するかである．SLA 研究や英語教育を含め外国語教育では，「言語」を定義せずに，「第二言語はどのように学ばれるのか」や「第二言語の効果的な指導法は何か」といった議論が行われることがある（VanPatten and Williams（2015），VanPatten（2017），遊佐他（2018））．また，教室で「文法（grammar）」を教えるべきかどうかの議論においても，文法の定義が明確になされていないことがある．例えば，英語教育では，文法を「依頼」「提案」といった言語使用の機能に基づいた構文の意味や，語法（＝特定の語の用法）の意味で用いている．このような定義に基づいた文法教授は，必然的にパタンプラックティスにならざるをえない．

　言語とは，母語であろうと，第二言語であろうと脳に実在する言語知識であることは，どのような言語理論を採用しようとも明白な事実であるが，SLA 研究ではしばしば看過されている．ここで，脳の内部状態として，脳内に内在する言語知識（言語能力）を「脳内言語（internalized language，I-言語）」と呼ぶ．I-言語のおかげで，わたしたちは，ことばを自由に産出し，聞いたこともない文も理解できるのである．つまり，第二言語知識は，母語知識同様に，無限の言語表現を産出・理解することを可能とする「演算システム（computational system）」として捉えることができる．言語知識に関わる脳内の物理的諸特性を抽象化した心的表示（mental representation）に「演算」が加わること

でI-言語が特徴づけられる.[2] この心的表示や演算は,抽象的な理論的構築物からなっており,学校文法で教える規則には対応しない.

第二言語知識を脳内の演算システムであるI-言語として捉えると,（1）が導かれる.

(1) 脳に実在する言語知識を明示的に教えることは,原理的に不可能である.

この観点が欠如しているために,外国語教育では,「言語使用で用いられる構文に関して正確に段階を踏んで指導すれば,言語使用の基盤となる文法知識の獲得に繋がる」といった議論が繰り返し展開されてしまうことになる. 外国語学習においては,脳内に言語知識の基になっている心的表示をまず構築しなければならない. 審理表示を発達させる主な要因としては,（i）内的メカニズムとしてのUG,（ii）言語入力,（iii）UGと言語入力を結びつける言語処理メカニズムである（VanPatten（2017）,遊佐他（2018））. SLA研究では,言語を定義しないために説明対象が不明確になり,その結果多くの仮説が乱立し,仮説の妥当性を議論することがほぼ不可能なことが多い. I-言語に関する明示的な理論が,母語獲得研究を進展させたように,SLA研究には明示的なI-言語理論が不可欠である（遊佐他（2018））. 次に,第二言語使用者の知識について考察する.

2.2. 明示的知識と暗示的知識

教室での指導においては,言語入力である明示的指導（explicit instruction）と暗示的指導（implicit instruction）がある. 前者は,文法規則を説明したり文法形式に焦点をあてたり,否定証拠などを利用して明示的知識（explicit knowledge）を身につけさせたりする. 後者は,学習者に豊富な言語入力にふれさせることで,規則を意識させることなく暗示的知識（implicit knowledge）を身につけさせる指導法である. ここで,明示的知識と暗示的知識の相違は,その知識を第二言語使用者が意識しているかどうかである. 母語話者が母語に

---

[2] 「演算」とは,一定の形式的手続きに基づき,記号列からなる心的表示を生成し変換する操作のことである.「抽象的」とは,脳の神経組織のような明示的レベルから述べるのではなく,「併合（Merge）」や「c-command」などのような述語で定義され,人間の五感では捉えられないものを指す.

対して有している知識は，無意識的で自動的に使用される暗示的知識である．
ここで一番の問題は，第二言語使用者が意識的に学んだ明示的知識が，暗示的
知識に変わりうるかである．Schwartz (1993) は，Krashen (1981) の「獲得・
習得（学習）仮説（acquisition-learning hypothesis）」を GenSLA の観点から
捉え直し，明示的指導や明示的知識からなる言語入力は，階層構造を有する心
的表示を欠くために，第二学習者の心的表示を再構築する引き金にはならない
と主張している．この立場は，脳内の心的表示を再構築するのは肯定証拠のみ
であり，明示的知識と暗示的知識の間にはインターフェイスがないと想定する
ので，「非インターフェイスの立場（no-interface position）」と呼ばれる．

　これに対して，明示的知識と暗示的知識は影響し合いインターフェイスが存
在するというのが，「インターフェイスの立場（interface position）」(DeKey-
ser (1998)) である．この立場は第二言語獲得をスキル習得（skill acquisi-
tion）とみなし，反復練習で明示的知識だったものが自動化し暗示的知識なる
と考える．ただし，スキル習得理論の中心研究者である DeKeyser は，最近
「明示的知識が暗示的知識に変わる」という表現は誤解を招くとして，明示的
知識が暗示的知識に変化するのではなく，明示的知識は暗示的知識の発達を促
進する役割があると主張している（DeKeyser (2015))．また，明示的知識が
暗示的知識に変わるのは，学習者の段階が整っている時である．この場合は，
明示的知識は暗示的知識を促進すると考えられており，これは実質的に「弱い
インターフェイスの立場（weak interface position）」である．

　SLA 研究では，これらの立場に関して多くの研究がなされているが，SLA
における「暗示的知識」や「自動化」という概念をどのように定義するかとい
う根本的問題が残されている．さらに，ISLA では「明示的指導」と「暗示的
指導」のどちらが「指導効果」があるかということが議論になるが，ここでも
「指導効果」をどのように定義するのかが問題となる．

　GenSLA から明示的指導と暗示的指導の効果を扱った研究に，White
(1991) がある．この研究では，フランス語を母語とする子供に，英語の副詞
の位置に関して実験群と統制群に分けて 5 ヶ月間の集中指導を行った．英語
とフランス語では以下の例が示すように，動詞の現れる位置が副詞との関係に
おいて異なる．フランス語では，(2a) (2b) が示すように，一般動詞は副詞に
先行しなければならない．一方，英語では，(2c) (2d) が示すように，一般動
詞は副詞の後に置かなければならず，副詞は動詞と目的語の間に介在できな

い．ここで，英語を学ぶフランス語話者は，母語の影響で（2c）を容認してしまうことが知られている（White（1991））．

(2) a. Marie regarde souvent la télévision.
　　 b. *Marie souvent regarde la télévision.
　　 c. *Mary watches often television.
　　 d. Mary often watches television.

White（1991）の実験では，実験群には英語の副詞に関して明示的指導と否定証拠が与えられた．一方，副詞の指導をうけない統制群には，英語の副詞に関する肯定証拠のみのインプットが与えられた．指導直後や6週間の事後テストでは，実験群は統制群よりも副詞の位置に関して成績が向上し明示的指導の効果が見られた．しかし，この結果は，Schwartz and Gubala-Ryzak（1992）が指摘するように，明示的指導で学習者の心的表示が変化したのではなく，実験群は，副詞の位置を「動詞の後ろには副詞はこない」のようにパターンとして明示的に暗記していた可能性がある．この可能性があり得ることは，実験群参加者が，指導で教えられたことを過剰に一般化し，自動詞と前置詞の間に副詞が介在する "Mary walks slowly to school" のような文を誤って非文と判断したしことからもうかがえる．さらに，1年後の追テストでは，指導の効果が実験群から消えてしまい，統制群との成績に有意差は見られなく指導前の状態にも戻ってしまった．これは，明示的指導の効果は，短期的にはあっても長期的には持続しないことを示唆している．[3] さらに，副詞に関する指導は，「英語では副詞は動詞と目的語の間に生じない」といった，動詞と副詞の線形順序に基づいて説明が用いられたために，脳が言語入力として取り込むことができず，メタ言語知識のままだった可能性もある，Yusa et al.（2011））．Musso et al.（2003）は，脳のブローカ野（Broca's area）が，言語入力の取り入れに関して生物学的制約を課し，線形順序に依存した規則は取り込まないことを脳科学の観点から示した．これは，教室の指導において，線形順序に依存した説明を行い，言語刺激である言語入力を学習者に与えても意味がないことを示唆している．[4]

---

[3] この問題に関する最新の GenSLA に関しては，Rankin（2013）を参照のこと．
[4] ただし，外国語教育では，脳科学の研究成果を拡大解釈する傾向があるので注意が必要で

また，日本人の冠詞の総称用法に関する明示的指導の研究においても，教授効果が見られるのは短期間であることが報告されている（Snape and Yusa (2013), Umeda, Snape, Yusa and Wiltshier (2019)).

Trashey and White (1993) は，フランス語が母語の子供に，英語の副詞の位置に関して教授を行わずに 2 週間にわたり約 10 時間，(2d) のような英文を含む文章を読ませることで，学習者に英文の副詞の位置を何百となく触れさせた．その結果，学習者は (2d) のような文が文法的であると判断することは上達したが，(2c) を相変わらず容認した．このことは，インプットを洪水のように与えることで，(2d) が英語では可能であるという知識を加えることはできたが，何が非文であるかという知識は身につかなかったことを示唆している．すなわち，肯定証拠のみからは，非文法的な文を判断する知識を獲得することが難しいことを示している．

これまでの研究をまとめると次の通りである．(i) 明示的指導は短期的効果しか生まない．(ii) 暗示的指導は非文を判断する知識を生まない．(iii) 線形順序に依存した規則は，脳が取り入れない．次に，指導する必要のない知識の例として，「構造依存性」について述べる．

2.2. 獲得する必要のない知識

日本語，英語のみならず自然言語に共通して観察される特性に，「文法規則は構造に依存する」という「構造依存性」(structure dependence) がある．UG が SLA でも機能しているならば，その特性は指導する必要も，また学習する必要もない．構造依存性は，人間言語の基本特性で UG の特性を反映していると考えられているため，学習する必要のない特性となる．構造依存性が SLA でも機能していることを脳科学から示した研究に Yusa et al. (2011) がある．この研究では，日本人大学生が，否定倒置 (negative inversion, NI) を学んだ時に，脳機能がどのように変化するのかを機能的磁気共鳴画像法 (functional magnetic resonance imaging, fMRI) を用いて調べた．

NI とは，(3b) (3c) が示すように，否定要素が文頭に生じると義務的な倒置を引き起こす言語現象である．

ある（遊佐 (2011)).

(3) a. Those students are never late for class.

b. Never are those students ＿＿ late for class.

c. *Never those students are late for class.

(4) a. Those students who will fail a test are never hardworking in class.

b. Never are those students who will fail a test ＿＿ hardworking in class.

c. *Never will those students who ＿＿ fail a test are hardworking in class.

（3a）から（3b）を導くためには二通りの方法が考えられる．1 つは，線形順序に基づいた規則で「否定要素が文頭にある場合には，最初の助動詞・BE 動詞を否定要素の後ろに置く」．もう 1 つは，構造に依存した規則で「否定要素が文頭に移動した場合に，主語と主節の助動詞・BE 動詞を倒置する」．この 2 つの規則は，ともに，（3a）から（3b）を導くことが可能である．すなわち，（3a）の BE 動詞は「最初の助動詞・BE 動詞」であると同時に，「主節の助動詞・BE 動詞」に該当するからである．しかし，（4）では，この 2 つの規則に相違がでる．（4a）を基盤として否定要素 never を前置した場合に，文中で最初の助動詞の will が前置させると非文法的な文（4c）が生じる．これに対して，構造に依存した規則は，文法的な文（4b）を生み出す．Yusa et al.（2011）では，実験参加者に対して構造依存性に言及せずに，NI が構造に依存している規則か否かが判別できないような（3）のような単文のみを用いて指導を，一ヶ月間に 8 回（一回一時間）行った（実験では，指導を行わない統制群も参加したが，ここでは割愛する．詳細は，Yusa et al.（2011），遊佐他（2018）を参照のこと）．

　指導を受けた実験参加者は，指導を受けた（3）のような単文のみならず，指導で用いなかった（4）のような関係節を含む複文に対しても，構造依存性を用いて NI を理解していることが判明した．すなわち，NI の指導前と比較して指導後は，指導で用いなかった複文の否定倒置構文の文法性判断の成績が向上した．さらに，複文の否定倒置構文の文法性の判断をするときに，「統語中枢」である左ブローカ野において賦活が新しく見られた．この領域の賦活は，構造依存性が関与する統語規則を獲得したときに賦活するという Musso et al.（2003）の結果とも一致する（脳科学から見た第二言語獲得に関しては，遊佐（2011）を参照のこと）．この結果は，学習する必要の無い構造依存性の原理と，単文を用いた NI の指導が相まって，ブローカ野が機能変化を起こし，複文を含む NI を言語処理するときにブローカ野が賦活したとた考えられる．すなわち，本実験結果は，外国語環境でも母語で機能する構造依存性が依然として働き，構造依存性が経験以上の知識を獲得する基盤となっていることを脳科学から示唆した．

　教室での指導効果研究では，指導直後の指導効果を測定しているために，実験結果が暗示的知識を反映しているのか，あるいは指導内容のメタ言語知識なのかを区別することが困難である．この問題を克服するために，Yusa and Kim（準備中）は，Yusa et al.（2011）で実験に参加した日本人大学生の半年後の追実験結果を報告している．文法性判断課題の結果は，指導前と半年後では有意差があったが，指導直後と半年後では有意差がなかった．同様にブローカ野の賦活も，指導前と半年後では有意差があったが，指導直後と半年後には有意差がなかった．これは，NI の知識が半年後も保持されていて，しかも NI の知識が暗示的知識を生みだしたことを示唆している．この結果は，明示的指導が短期的効果しかもたらさないとする White（1991），Snape and Yusa（2013），Umeda et al.（2019）の結果と矛盾するように思える．しかし，これは調査している言語知識の違いに起因していると思われる．構造依存性は UG の特性を反映したものであり，それゆえに学習する必要はなく，（3）のような単文を用いた指導をうけるだけで長期的効果がでるのである．一方，明示的指導が長期的効果を生まないとする従来の研究は，線形順序に基づいた指導（White（1991））や，統語–談話，統語–語用論のインターフェイスに係わる言語知識（Snape and Yusa（2013），Umeda et al.（2019））の指導の効果を問うものである．以上をまとめるると，UG に関する特性は指導する必要も，学習する必要もないことになる．

2.3.　獲得するのが困難な知識

　第二言語使用者にとって，獲得が困難な知識に英語の時制（tense）がある．時制は，英語の初学者がつまずきやすいだけでなく上級レベルになっても言語運用に問題があることが知られている（Lardiere（2007））．具体的には，（5a）を使うべきところで（5b）のように「三人称単数現在の s」を省略してしまう

場合がある。[5] これは，時制の知識が欠如していることを意味するのだろうか．三単現の -s の問題は，明示的知識があるにもかかわらず，英文を話したり書いたりする時に，どうしてこの「簡単な規則」が使えないのかという問題であり，第二言語獲得における言語知識と言語運用に関して興味ある洞察を与えてくれる（遊佐他（2018））．

(5) a. John often eats sushi.
    b. *John often eat sushi.

時制は動詞の屈折だけではなく主語の形態の認可にも関わる．例えば，英語の時制節内では，（日記や電子メールなどを除いては）顕在的主語が義務的に生じるが，時制を持たない不定詞節や分詞節では主語は発音されない．

(6) a. Tom played tennis.　　　　　　　（時制節の主語は発音する）
    b. To play tennis is fun.　　　　　　（不定詞の主語は発音しない）
(7) a. While Naomi was playing tennis, she hurt herself.
    　　　　　　　　　　　　　　　　　（時制節の主語は発音する）
    b. While playing tennis, Naomi hurt herself.
    　　　　　　　　　　　　　　　　　（分詞節の主語は発音しない）

また時制節の主語代名詞には主格が生じるが，時制を欠く節では対格が生じる．(8b) は "mad magazine sentence"（Akmajian（1984））と呼ばれる文で，時制を欠く不定節が主節で使われた例である．

(8) a. I/*Me played tennis yesterday.　　（時制節の主語代名詞は主格）
    b. What, me play tennis yesterday?　（時制を欠く節は対格代名詞）

ここで，(5b) のように時制の産出に問題のある英語使用者でも，時制節における顕在的主語や主格代名詞の産出には問題がないことが多くの研究で報告されている（例えば，Lardiere（2007））．このことは，第二言語使用者が (5b) のように動詞の屈折を脱落したとしても，これは時制知識の欠陥を意味しているのではない．つまり，時制に関する知識は有しているが，言語運用の段階で

---

[5] これに加えて，BE 動詞を過剰に用いることがある（*John *is* often eat sushi）．これに関しては，遊佐・大滝（出版予定）を参照のこと．

この知識にアクセスするときに問題が生じるのである．これは，言語運用の形態論で問題があっても統語論は問題がないという意味で"syntax before morphology"と呼ばれている（White (2003)）．[6]

　時制を含め屈折形態素は，獲得が第二言語学習者には困難であることが知られていたが，これを具体的に述べたのが「ボトルネック仮説（Bottleneck Hypothesis)」（Slabakova (2008)）である．母語と第二言語が機能範疇の素性の具現化が異なるときに，獲得が困難になるという仮説である．例えば，英語とスペイン語は，アスペクトと屈折形態素の対応関係が異なる．英語では，(9a)が示すように未完了相である過去進行形は「進行中の出来事」を表し，完了相である過去形は (9b) (9c) のように「習慣的出来事」と「一回限りの出来事」を表す．これに対して，スペイン語では，未完了相の線過去は (9d) が示すように，「習慣的出来事」と「進行中の出来事」を意味し，(9e) の完了相である点過去 (preterite) は「一回限りの出来事」を表す．

(9) a. Felix was robbing a person in the street (when the police arrived).

　　b. Felix robbed (people) in the street (when he was a boy).

　　c. Felix robbed a person in the street.

　　d. Guillermo robaba　 en la　calle.

　　　 Guillermo rob-IMP in　the　street

　　　 'Guillermo habitually robbed (people) in the street.' or

　　　 'Guillermo was robbing someone in the street.'

　　e. Guillermo robó　　 en la　calle.

　　　 Guillermo rob-PRT in　the　street

　　　 'Guillermo robbed (someone) in the street.'

英語母語話者でスペイン語を第二言語として学ぶ場合には，動詞の屈折形とアスペクトの対応関係を習得する必要がある．Slabakova (2008) の研究によると，動詞の屈折が正確な学習者は，アスペクトの意味解釈が正確であることを報告している．つまり，屈折形態素の獲得が第二言語獲得で重要な位置を占めていることを示唆している．これは，機能範疇が言語の基本構造を決定し，言

---

[6] ここでの説明は，遊佐 (2016) を一部修正して再録したものである．

語間の相違を生み出していると想定している生成文法の基本的仮説と一致する．この研究成果はまた，教室の教授において形式と意味の関係を理解させる教授が重要であることも示唆している．次の節では，教室の指導で学習者にあたえる入力について代名詞を例にとり考えてみる．

3. 入力の重要性

母語研究では，代名詞に関する原理である「束縛理論 B (Principle B)」が，再帰代名詞よりも獲得が遅れることが報告されている (Chien and Wexler (1990))．

(10) a. Is Mama Bear touching herself?
　　　b. Is Mama Bear touching her?

5-6 歳の子供は，(10a) の再帰代名詞 herself が Mama Bear を指すことは問題なく理解できる．しかし，(10b) の代名詞 her が誤って Mama Bear を指した場合に，その誤りを判断できるのは約 5 割に過ぎない．この現象を「原理 B の遅延効果 (Delay of Principle B Effect, DPBE)」と呼ぶ．興味深いことに，(10) の先行詞を，指示表現の Mama Bear から数量表現の every bear に変えると，(10b) の正答率が上がる．さらに，スペイン語などの接辞 (clitic) を使用する言語では DPBE が観察されない (Baauw et al. (1997))．ここで，英語の弱形の代名詞 (reduced pronoun) である 'm (= him / them) は接辞と同じ性質を有し，弱形の代名詞を用いると DPBE が弱まることが報告されている (Hartman, Sudo and Wexler (2012))．同様のことが，上級レベルに達していない英語学習にもあてはまることが報告されている (Slabakova, White, and Guzzo (2017))．すなわち，弱形の代名詞を使用すると DPBE が軽減するのである．このことは，初級，中級英語学習者にとっては弱形代名詞 'm のほうが通常の代名詞 him, them よりも理解しやすく，代名詞の指示に関する心的表示を発達させる言語入力となることを示唆している．教室の指導においては，弱形代名詞は初級・中級レベルでは扱われないが，この実験結果は，弱形代名詞を学習の早い段階で与えるべきであることを意味している (Slabakova (2018))．このような結果は，GenSLA が詳細な言語理論に支えられているから得られたものであり，GenSLA が外国語の教室指導へ貢献できる一

272　　第 V 部　外国語教育・言語習得

例である.

4.　さいごに

　本章は，GenSLA が外国語教育に貢献できる可能性について述べてきた．外国語でのコミュニケーション能力を議論する前に，その基盤となる心的表示の構築が重要である．この心的表示の構築には，入力（言語入力，指導），UG，第三要因である言語処理メカニズムを考慮する必要がある．明示的知識は暗示的知識に直接的には変容しないが，明示的知識がうみだす言語表現を，意味を考慮しながらコミュニケーションの場で使用することで，心的表示の発達を促進する可能性は十分にある．また，言語知識は抽象的な言語構造に依存するので，表層的語順に基づいた説明は言語知識を育まないことになる．外国語としての英語環境にいる我が国では，接触量が限られているために，取り込み可能な言語入力を与えることが重要であり，その意味で，言語に関するメタ言語知識の豊富な非母語話者の外国語教師は，母語話者よりも，質の高い言語入力を学習者に提供できる可能性がある．GenSLA で得られた知見は，本章でも紹介したように，現場の外国語教員でも気がつかないことが多いと思われる．GenSLA は，言語教育に直接貢献することは目的としていないが，多くの貢献が間接的に可能である．

参考文献

Akmajian, Adrian (1984) "Sentence Types and the Form-Function Fit," *Natural Language and Linguistic Theory* 2(1), 1-23.

Baauw, Sergio, María A. Escobar and William Philip (1997) "A Delay of Principle B Effect in Spanish Speaking Children: The Role of Lexical Feature Acquisition," *Proceedings of the GALA '97*, 16-21.

Chien, Yu-Chin and Kenneth Wexler (1990) "Children's Knowledge of Locality Condition in Binding as Evidence for the Modularity of Syntax and Pragmatics," *Language Acquistion* 1, 225-295.

DeKeyser, Robert (1998) "Beyond Focus on Form: Cognitive Perspectives on Learning and Practicing Second Language Grammar," *Focus on Form in Classroom Second Language Acquisition*, ed. by Catherine Doughty and Jessica Williams, 42-63, Cambridge University Press, New York.

DeKeyser, Robert (2015) "Skill Acquisition Theory," *Theories in Second Language Acquisition: An Introduction*, ed. by Bill VanPatten and Jessie William, 94-112, Routledge, London.

Grosjean, Francois and Ping Li (2013) *The Psycholinguistics of Biligualism*, Wiley-Blackwell, Oxford.

Hartman, Jeremy, Yasutada Sudo and Ken Wexler (2012) "Principle B and Phonologically Reduced Pronouns in Child English," *Fifth Generative Approaches to Language Acquisition*, North America [GALANA 5], University of Kansas.

Krashen, Stephen (1981) *Second Language Acquisition and Second Language Learning*, Pergamon Press, Oxford.

Lardiere, Donna (2007) *Ultimate Attainment in Second Language Acquisition: A Case Study*, Lawrence Eribaum Associates, Mahwah, NJ.

Loewen, Shawn and Masatoshi Sato (2017) *The Routledge Handbook of Instructed Second Language Acquisition*, Routledge, New York.

Loewen, Shawn and Masatoshi Sato (2019) "Instructed Second Language Acquisition and English Language Teaching: Theory, Research, and Pedagogy," *Second Handbook of English Language Teaching*, ed. by Xuesong Gao, 1-19, Springer, Dordrecht.

Musso, Mariacristina, Andrea Moro, Volkmar Glauche, Michel Rijntjes, Jürgen Reichenbach, Christian Büchel and Cornelius Weiller (2003) "Broca's Area and the Language Instinct," *Nature Neuroscience* 6, 774-781.

Rankin, Tom (2013) "Verb Movement in Generative SLA and the Teaching of Word Order Patterns," *Universal Grammar and the Second Language Classroom*, ed. by Melinda Whong, Kook-Hee Gil and Heather Marsden, 57-76, Springer, Dordrecht.

Schwartz, Bonnie D. (1993) "On Explicit and Negative Data Effecting and Affecting Competence and Linguistic Behavior," *Studies in Second Language Acquisition* 15, 147-163.

Schwartz, Bonnie D. and Magda Gubala-Ryzak (1992) "Learnability and Grammar Reorganization in L2A: Against Negative Evidence Causing the Unlearning of Verb Movement," *Second Language Research* 8, 1-38.

Schwartz, Bonnie D. and Rex Sprouse A. (2013) "Generative Approaches and the Poverty of Stimulus," *The Cambridge Handbook of Language Acquisition*, ed. by Julia Herschenson and Martha Young-Scholten, 137-158, Cambridge University Press, Cambridge.

Slabakova, Roumyana (2008) *Meaning in the Second Language*, Mouton de Gruyter, New York and Berlin.

Slabakova, Roumyana (2018) "Can Linguistics Help the Language Classroom?" 宮城

学院女子大学における講演.

Slabakova, Roumyana, Lydia White and Natália Brambatti Guzzo (2017) "Pronoun Interpretation in the Second Language: Effects of Computational Complexity," *Frontiers in Psychology* 8, 1236.

Snape, Neal and Noriaki Yusa (2013) "Explicit Article Instruction in Definiteness, Specificity, Genericity and Perception," *Universal Grammar and the Second Language Classroom*, ed. by Melinda Whong, Kook-Hee Gil and Heather Marsden, 161-183, Springer, Dordrecht.

Trahey, Martha and Lydia White (1993) "Positive Evidence and Preemption in the Second Language Classroom," *Studies in Second Language Acquisition* 15, 181-204.

Umeda, Mari, Neal Snape, Noriaki Yusa and John Wiltshier (2019) "The Long-Term Effect of Explicit Instruction on Learners' Knowledge on English Articles," *Language Teaching Research* 23, 179-199.

VanPatten, Bill and Jessica Williams (2015) *Theories in Second Language Acquisition: An Introduction*, 2nd ed., Routledge, London.

VanPatten, Bill (2017) "Situating Instructed Language Acquisition: Facts about Second Language Acquisition," *Instructed Second Language Acquisition* 1, 45-59.

White, Lydia (1991) "Adverb Placement in Second Language Acquisition: Some Effects of Positive and Negative Evidence in the Classroom," *Second Language Research* 70, 133-161.

White, Lydia (2003) *Second Language Acquisition and Universal Grammar*, Cambridge University Press, Cambridge.

White, Lydia (2011) "Second Language Acquisition at the Interfaces," *Lingua* 121, 577-590.

Whong, Melinda, Kook-Hee Gil and Heather Marsden (2013) *Universal Grammar and the Second Language Classroom*, Springer, Dordrecht.

遊佐典昭 (2011)「脳科学から見た第二言語獲得」『英語教育学大系 第5巻 第二習得研究』, 佐野富士子・岡秀夫・遊佐典昭・金子朝子 (編), 109-117, 大修館書店, 東京.

遊佐典昭 (2013)「普遍文法」『第二言語習得と英語科教育法』, JACET SLA 研究会 (編著), 78-91, 開拓社, 東京.

遊佐典昭 (2016)「第二言語習得」『ここから始める言語学プラス統計分析』, 小泉政利 (編著), 162-175, 共立出版, 東京.

Yusa, Noriaki, Masatoshi Koizumi, Jungho Kim, Naoki Kimura, Shinya Uchida, Naoki Miura, Ryuta Kawashima and Hiroko Hagiwara (2011) "Second Language Instinct and Instruction Effects: Nature and Nurture in Second Language Acquisition," *Journal of Cognitive Neuroscience* 23, 2716-2730.

の獲得・進化・変化』, 遊佐典昭 (編), 2-93, 開拓社, 東京.

遊佐典昭・大滝宏一 (出版予定)「Be 動詞の過剰生成と時制の獲得」『第二言語習得モノグラフシリーズ』くろしお出版, 東京.

Yusa, Noriaki and Jungko Kim (準備中) "Hierarchical Structure and Structure Dependene in Classroom Instruction: Neuroimaging Evidence that Explicit Input can Lead to Implicit Knowledge."

英語の再音節化
—外国語教育からの示唆—*

リース エイドリアン

宮城教育大学

1. はじめに

　筆者は20年間以上日本で英語を指導した経験があり，多くの児童や生徒を指導して，その生徒が最も不安を持っているのは英語の発音のことである．自分の発音に自信を持っている生徒は積極的に英語で話そうとしている，自分の発音に自信を持っていない生徒は声を出して教科書を読んだり英会話を練習したりするのは恥ずかしくて英語で話すことを避けがちであることをよく経験した．

　したがって，日本人の英語学習者がより自信を持ち正しい英語を話すために効果的な発音指導を考える必要がある．

　本章では，まず日本語と英語のリズムの構造を概観する．そして，日本人学習者でよく見られる「カタカナ・イングリッシュ」に関する研究を概説し，最後に実際に教室で使える効果的なアクティビティーをいくつか紹介する．

2. 強勢拍リズムと音節拍リズムの相違

　英語のネイティブスピーカー（Native English Speaker: NES）のほとんどが強勢拍リズム（stressed rhythm を用いる．一方，日本語は各音節にアクセントを付与せず，等しいリズムで話すため，日本人はモーラ拍リズム（mora-timed rhythm）を持つと考えられている．なお，このモーラ拍リズムは音節拍

---

　* 本章の修正にあたり，宮城教育大学の西原哲雄教授から貴重なご助言をいただきましたことに，深く感謝を致します．

リズム（syllable-timed rhythm）とほぼ同じ構造である，ここでは考えること
にする．基本的に日本語は母音で終わる ka, sa, ta などの「子音・母音（con-
sonant-vowel: CV）」の開音節構造になり，「ん」（N）という子音である特殊
モーラ（mora）が存在するがこれは例外的なものと考えてよい．一方，英語は
子音で終わる，hat, board, book などの「子音・母音・子音（consonant-
vowel- consonant: CVC）」の閉音節構造である．それで，（1）で見られる
plant のような英単語を英語で言うと 1 音節だが，日本語で言うと 4 モーラ（4
音節）になる．

(1) 「plant」の音節数：英語と日本語の違い

英語	日本語
plant [plænt]	plant [pu-ra-N-to]
（1 音節）	（4 モーラ（音節））

Crystal（2003）による，多くのナイジェリアで使われる言語は syllable-
timed rhythm だが，英語で話すときに，いくら子音と母音の発音に注意して
も syllable-timed rhythm で話してしまうと，英語が通じない可能性は高いと
説明している．同じく，日本人が英語で話すときに日本語の mora-timed
rhythm を使用すると通じない可能性はある．多くの日本人が使う mora-timed
rhythm の英語はよく「カタカナ・イングリッシュ」と言われる．次節でこの
mora-timed rhythm 英語による「カタカナ・イングリッシュ」は NES に通じ
るかどうかを調べた研究について述べる．

3. 強勢拍リズムと音節拍リズムを比較研究

カタカナ・イングリッシュは NES に通じるかどうかを確認するため Nishi-
hara and Leis（2014）は以下のような研究を行った．4 人の日本人英語学習者
が開音節構造の単語（例えば splash, drift）が入っている英文を読んだ．209
人の NES が Cloze Test のようにその録音した英文を聞き，空所を埋めた．

(2) I heard a (   ) outside. (splash)

If we don't get it, the ball will (   ) in the water for days. (drift)

(Nishihara and Leis (2014))

NES が空所の単語が聞き取れて正しく入力した場合はその単語が通じたと判断し，正しく入力していなかった場合は通じていないと判断した．実験の事前に4人の日本人学習者のうち，2人は長い海外経験があり，stress-timed rhythm に近い英語で発音すると判断し，他の2人が海外経験は家族旅行以外がなく，英語を mora-timed rhythm で話すと判断した．実験では「stress-timed rhythm に近い英語を話す2人」と「mora-timed rhythm で英語を話す2人」を比較し，mora-timed rhythm で話しても NES に通じるかどうかを調べた．

　結果として，stress-timed rhythm で英語を話す2人は mora-timed rhythm で英語を話す2人より NES にとって明らかに理解しやすかった（p<.001）．次に209人の NES を「日本に住む経験のある人」（40人）と「日本に住む経験のない人」（169人）を分けて比較を行った結果，stress-timed rhythm で英語を話す2人の場合，日本に住む経験があるかないかには有意差はなかったが，mora-timed rhythm で英語を話す2人の場合，日本に住む経験のある NES の方が明らかに高い理解度を見せた．すなわち，日本に住んだ経験があれば，mora-timed rhythm で話された英語に慣れており，日本に住んだことのない NES に通じないにも関わらずそれを許容する可能性があるという．

　以上の結果をふまえ，日本における英語教育にはより多くの学習者が stress-timed rhythm に近い英語を話せるようになるための実践的な方法を考える必要がある．

　次に，教室で実際に使える，学習者が stress-timed rhythm で英語を話せるようになるための4つのアクティビティーを提案する．

4.　Stress-timed rhythm 指導の実践

4.1.　スラッシュ・リーディング (slash reading)

　リーディング指導のときにはスラッシュ・リーディング（SR）を多くの英語教員が授業に取り入れている．SR とは英文をそのままの語順どおりにただ読むのではなく，イントネーション・フレーズ（Intonation Phrase: IP）で読むということである．ポーズなしで英文を読むと読んでいる人だけではなく聞いている人の理解度も著しく下がる（杉藤（1999），Tench（1996））により，1つの IP は1秒〜2秒程度で，その1つの IP には強調する単語は普段1つ，

また 2 つ程度である（Wells（2006）．

SR を授業で使った場合，次のように句と句の間にポーズ（／）を入れる場合は多い．

(3) In Fiji, / there is an island / that is shaped / like a heart. / It is called / Tavarua. / The island is used as a resort / and many people visit Tavarua / to surf, / fish, / play beach volleyball, / go diving, / or just relax. / Tavarua / is the perfect place / for holidays / and is popular / for singles, / couples, / and families alike.

(Leis and Cooke（2019））

しかし，英語では，再音節化が一般的であるので，この再音節化が定式化されると，Baldwin（1995）では子音獲得（consonant capture）と呼び，以下のように定式化を行っている．また，このような英語における再音節化を Kormos（2010）では「子音誘引（consonant attraction）」と呼んでいる．

(4) CVCVC (C) # VCV → CVCV# C (C) VCV.
    cf. set out → se t-out

(Baldwin（1995））

上述から考えると SR を行う場合，下記のように IP によるのポーズ（／／）だけではなく，Hieke（1984）で見られるように stress-timed rhythm による発話の連結性を明確するために単語の中にもスペースを入れ，連結されるところをダッシュ（-）で表現し，発話に注意することも必要もある．

(5) In Fiji, // the rei-s-a n-island // tha t-is shaped // li ke-a heart. // I t-is called // Tavarua. // The islan d-i s-use d-a s-a resort // and many people visit Tavarua // to surf, // fish, // play beach volleyball, // go diving, // or just relax. // Tavarua // is the perfect place // for holidays // an d-is popular // for singles, // couples, // and familie s-alike.

(Leis and Cooke（2019））

4.2. Timed Reading

上述の SR は読むのにかかる時間を注意せずに練習すると連結するところに集中することができる．しかし，より自然な速さで読めるようになるため，集中的な練習が必要である．Kelly（2000: 70）が以下で見られるような短い英文を少しずつ長くして読む時間を同じにする．連結性を考えながらストレスをかけないところを短くすることもできるようになる．メトロノームを使いながら練習するとタイミングを確認することもできる．

(6)

they LIVE in an		OLD	HOUSE
they LIVE	in a NICE	OLD	HOUSE
they LIVE	in a LOVEly	OLD	HOUSE
they've been LIVing	in a deLIGHTful	OLD	HOUSE
they've been LIVing	in a deLIGHTful	OLD	COTTage
they've been LIVing	in a deLIGHTful	vicTORian	COTTage

大文字で書かれた文字はアクセントを付与するところ，スペースやダッシュを入れる必要はない．

4.3. 1分スピーチ[1]

学習者が SR や集中的な stress-timed rhythm リーディングで自信を持って stress-timed rhythm で文を読めるようになった後，次の段階でもっと自由に stress-timed rhythm を使って話せるようになることが大切である．stress-timed rhythm で fluency を数値的に計る方法の1つは1分スピーチ（Leis (2014)）．

1分スピーチのアクティビティーでは，学習者が2人のペアを作り，一方が先生の決めたテーマ（例：Do you prefer going to the ocean or the moun-

---

[1] 1分間スピーチは聞く方にも Bottom-up Listening Process(1個1個の単語または1個の単語の一部を聞くこと）の練習になる．多くの学習は第2言語を聞く時に Top-down Listening Process(背景知識，スキーマ）だけを使い，聞き間違えてしまうという傾向があるため Bottom-up Listening Process のトレーニングが必要と言われている（Wilson (2008)）．

tains?）について1分間話しながら，もう一人の方がその1分で何ワードを話すかを数える．毎回の授業において，1分間スピーチで話したワード数を記録すると動機づけにも繋がり，毎回の同じ1分間でより多くの単語を話したくなる．4.2節で説明したように同じ時間に多くの英単語や音節が話せるようになるとより stress-timed rhythm に近い英語で話せるようになると考えられる．

4.4. 音声認識ソフト

近年，音声認識ソフトの正確さが非常に向上した．例えばグーグル・ドキュメントに無料に付属している音声認識ツールの利用で学習者が読んだ英文や話した言葉が画面に出現し，その場でフィードバックが得られる．

5. 結論

本章では，日本人英語学習者は stress-timed rhythm で英語を話さないと通じないケースが多いことを提示した．また，筆者が実際に教室で使った効果的なアクティビティーの4つも提案した．

上記から，英語学習者がより stress-timed rhythm で英語を話せ，更に積極的に英語を話せるようになるため，ぜひ上記の4つの提案を活用していただきたい．

参考文献

Baldwin, John (1995) "A'tenny' Rate," *Studies in General and English Phonetics: Essays in Honour of Professor J. D. O'Connor,* ed. by Jack Windsor Lewis, 301–309, Routledge, London.

Crystal, David (2003) *English as a Global Language*, 2nd ed., Cambridge University Press, Cambridge.

Heike, Adolf (1984) "Linking as a Marker of Fluent Speech," *Language and Speech* 27, 343–354.

Kelly, Gerald (2000) *How to Teach Pronunciation*, Pearson Longman, Edinburgh Gate.

Kormos, Judit (2006) *Speech Production and Second Language Acquisition*, Routledge, London.

Leis, Adrian (2014) "Every Minute Counts: A Warm-up Speaking and Listening Activity to Build Fluency," *The Language Teacher* 38(2), 20-21.

Leis, Adrian and Simon Cooke (2019)『無敵リスニング〈中級〉』開拓社，東京.

Nishihara, Tetsuo and Adrian Leis (2014) "Rhythm in English: The Intelligibility of Japanese English," *Journal of the Tohoku English Language Education Society* 34, 65-74.

杉藤美代子 (1999)「ことばのスピード感とは何か」『言語』第28巻9号，30-34.

Tench, Paul (1996) *The Intonation Systems of English*, Cassell, London.

Wells, John C. (2006) *English Intonation: An Introduction*, Cambridge University, Cambridge.

Wilson, J J. (2008) *How to Teach Listening*, Pearson Education, Edinburgh Gate.

索　引

1. 日本語は五十音順に並べてある．英語（などで始まるもの）は
   アルファベット順で，最後に一括してある．
2. 数字はページ数を示し，n は脚注を表す．

［あ行］

アスペクト句（AspP）　209, 210
暗示的知識（implicit knowledge）　263,
　264, 272
アンケート調査（questionnaire survey）
　114, 119
一致要素（Agreement）　6
意味地図　186
意味的抱合（semantic incorporation）
　204
意味分類　174, 176
意味役割　12, 13, 16
インターフェース　138, 141, 149
インターフェイスの立場（interface
　position）　264
イントネーション・フレーズ（intonation
　Phrase）　278
内の関係　40
重さ依存強勢　243
音韻意識　92, 93
音韻階層（phonological hierarchy）　92,
　95
音韻句（Phonological Phrase）　71, 72,
　74
音韻的語彙層　79
音象徴語　170
音声認識ソフト　281

音節　95, 96, 98
音節配列　62-64
音節拍リズム（syllable-timed rhythm）
　277
音節量　66
音素　95, 96
音調句（Intonational Phrase）　74
音律音韻論（Prosodic Phonology）　71
音律階層（Prosodic Hierarchy）　71
音律範疇（Prosodic Categories）　74

［か行］

概念的必然性　45
会話的推意　139, 140, 148
格特徴（Case Property）　7
核の担い手　60, 62, 67
格標示痕跡（Case-marked trace）　3
漢語　80
慣習的推意（CI）　138-141
感情表出表現　146
関数節　30
関連性条件（relevancy condition）　25
聞こえ度（sonority）　→ソノリティー
基準点（reference point）　29
擬人化　172, 178
擬人法　179
擬声語　80

283

共感覚 169
強勢拍リズム（stressed rhythm） 276
強勢付与 244, 245
強調的情報焦点（emphatic IFoc） 221,
　221n
共鳴音 67
空演算子（empty operator） 39-41
空代名詞（empty pronoun） 40
空範疇原理（Empty Category Principle） 5
グライスの格率（Gricean Maxims） 155n
軽音節（light syllable） 108, 114, 119
形態論主要部パラメーター 238
軽名詞句 72, 75-77
形容詞 250-256
原理 B の遅延効果（Delay of Principle
　B effect, DPBE） 271
語彙化 256
項構造（argument structure） 35, 36,
　206, 207
項上昇 13, 15, 17
後舌母音（back vowels） 133-135
構造依存性（structure dependence） 266
構文ネットワーク 186
構文文法 182
コーパスデータ 169, 173
語形（word shape） 97
語順と語強勢位置の相関 241, 244, 245
固定強勢 241, 242
コロケーション 172, 174, 176

［さ行］

最終音節（last syllable） 109, 116, 119
最適性理論（Optimality Theory） 80
左端部構造 50
3 項動詞 191, 194
参与体 194
子音獲得（consonant capture） 279

子音誘引（consonant attraction） 279
ジェンダー（gender） 131
指小辞 143-145
質問・回答の整合性（Question-Answer
　Congruence） 159
指定部主要部一致（Spec-Head
　Agreement） 6
視点 141, 146, 147, 149
島の制約（island constraints） 40, 41,
　260
社会音声学（sociophonetics） 127
重音節（heavy syllable） 109
集合強規則 245
従属変数（independent variables） 122,
　124, 127
重名詞句（Heavy NP） 71, 72
重名詞句移動（Heavy NP Shift） 74, 75
受益者受動構文（recipient passive） 183
主格 12, 16
主語条件 195
主語制御動詞（subject-control verb） 206
主題 12, 13
述語 253-256
述語上昇 254
受動態構文 195
主要部 254
主要部後行語順 242-244
主要部-修飾部パラメーター 239
主要部先行語順 242-244
主要部パラメーター 235, 238, 245
焦点（focus） 71, 72, 155n, 156, 158
情報構造（information structure） 200,
　202
情報焦点 221, 230
女性性（femininity） 108, 117
自律統語論（autolexical syntax） 208
自立モーラ 98, 101, 102
真偽値判断課題 160

索　引　285

新情報　221, 222, 227
深層二重ヲ格制約　19, 20, 22
信念演算子 K（Doxastic Operator）　157
スカラー含意　155
スケール表現　142
スコープ　141, 145, 147, 149
スラッシュ・リーディング（slash
　reading）　278
生成文法に基づいた第二言語獲得研究
　（generative approaches to language
　acquisition, GenSLA）　260-262, 264,
　271, 272
セクシュアリティ（sexuality）　131-135
接辞　243, 244
前舌母音（front vowels）　133-135
全体的派生制約（global derivational
　constraint）　2
選択制限（selectional restriction）　27,
　28, 30-32
選択的接続詞「か」　154, 162
前提　149-151
総記の「が」格主語　157, 164
阻害音　61, 67
粗擦音（sibilant）　133
ソノリティー　59, 66, 67, 96

[た行]

第一音節（first syllable）　109, 114, 119
対照強勢（contrastive focus）　74, 75
対照焦点　221, 223, 224
代替集合（alternative set）　155, 163
ダウン症児　99-101
多重主語文　254
単語親密度　88
探索（search）　40, 41
男性性（masculinity）　118
着点項（goal argument）　30, 31, 34, 35

チャンク　190, 191
中位構文（meso-construction）　184
忠実性制約（Faithfulness constraints）　82
中立的情報焦点（neutral Ifoc）　221,
　221n, 228
通時 / 共時　256
テイスティングノート　169, 170, 172
ディスレクシア児　101-104
テキスト　180
適正束縛条件　14, 23
転送（Transfer）　8
同化外来語（Assimilated Foreign）　80
導管メタファー　189
統語的子音長音化規則　74
統語論主要部パラメーター　238
動作主　12, 13, 15
動詞接頭辞（preverb）　207, 208
動詞句内主語仮説（VP-internal
　hypothesis）　211
動詞補充要素（verbal modifier）　203,
　204
動詞接頭辞上昇（preverb climbing）
　207, 208
同定焦点　221, 223, 226
特殊モーラ　58, 62, 64, 97, 98, 102
　（特殊モーラの）安定性　58, 59, 67
　（特殊モーラの）自立性　58, 59, 67
特定性条件　18, 19
独立変数（independent variables）　122,
　124, 127
トピック-コメント形式　45

[な行]

内項　250-252, 255
ノダ文　225, 226, 229

[は行]

排他的解釈 (exclusive reading)　163, 164
場所項 (locative argument)　35-39
話し手指向的　141, 146, 147
パラダイムの統一性 (Paradigm Uniformity)　79
判断依存性　147
非インターフェイスの立場 (non-interface position)　264
非格標示痕跡 (non-Case-marked trace)　3
非粗擦音 (non-sibilant)　133
否定辞前置 (Negative Inversion, NI)　44
非同化外来語 (Unassimilated Foreign)　80
比喩表現　169, 176
表層二重ヲ格制約　20, 21
刺激の貧困 (poverty of the stimulus, PoS)　260
フォーカス移動 (focus movement)　43
フォーカス-前提形式　45
複合　250-256
複合語　236, 238, 241
複合語短縮　59
フット　95, 97, 98
普遍文法 (Universal Grammar, UG)　260, 263, 266, 272
ブローカ野 (Broca's area)　265
文修飾副詞　148
文末焦点　221, 223, 224
分裂文　225, 226, 229
併合 (Merge)　39, 40, 244
平板アクセント　65, 66
編入　13, 19, 21, 251-253, 252n
包含的解釈 (inclusive reading)　163
ボトルネック仮説 (Bottleneck Hypothesis)　270

補文内のトピック-フォーカス構造　49-51
補文標識 (complementizer)　5

[ま行]

－3規則　60, 61
味覚・嗅覚　169
見かけ上の時間 (apparent time)　126
無冠詞名詞句　203, 205
無生物主語　172, 179
明示的知識 (explicit knowledge)　263, 264, 272
名詞抱合 (noun incorporation)　200, 201
モーラ　95, 96, 98
モーラ拍リズム (mora-timed rhythm)　276
目標　13, 16, 23

[や行]

有標性制約 (Markedness constraints)　80, 82
拗音 (palatalized consonant)　109
幼児語　143, 144
与格　15-17
弱いインターフェイスの立場 (weak interface position)　264

[ら行・わ行]

リズム規則 (Rhythm Rule)　73
連体修飾節　25, 29
和語　80
話題化 (topicalization)　43

［英語］

CFoc　221
Exhaustivity (Exh) 演算子　155
First Sister Principle　250, 252
have 縮約 (have-contraction)　3
IFoc　221
r を発音しない (non-rhotic)　123

r を発音する (rhotic)　123
REC 受動受容性クライン　187
Relator　254
SLA 研究のパラドックス　262
So 前置文　44
wanna 縮約 (wanna-contraction)　2
wh 疑問文　230–232

執筆者紹介
（掲載順）

小野 隆啓（おの　たかひろ）　1954 年生まれ.

京都外国語大学外国語学部英米語学科 教授. 専門分野は生成文法.

主要業績：『生成文法用語辞典』（共著, 大修館書店, 1993），『英語の素朴な疑問から本質へ』（言語・文化選書 55, 開拓社, 2015），「標示付け不履行による文派生」（『現代言語理論の最前線』, 開拓社, 2017），「標示付けアルゴリズムと標示付け不履行による複合不変化詞構文の分析」（『言語分析のフロンティア』, 金星堂, 2019），など.

岸本 秀樹（きしもと　ひでき）

神戸大学大学院人文学研究科 教授，専門分野は，統語論，語彙意味論.

主要業績：『統語構造と文法関係』（くろしお出版, 2005），"Projection of Negative Scope in Japanese."（『言語研究』153 号, 2018），"Negation"（*The Cambridge Handbook of Japanese Linguistics*, ed. by Yoko Hasegawa, Cambridge University Press, 2018），など.

佐野 まさき／真樹（さの　まさき）　1957 年生まれ.

立命館大学文学部 教授. 専門分野は理論言語学, 日英比較統語論.

主要業績：「とりたて詞の認可と最小性条件」（長谷川信子（編）『日本語の主文現象』, ひつじ書房, 2007），「とりたて詞と語彙範疇」（由本陽子・岸本秀樹（編）『語彙の意味と文法』, くろしお出版, 2009），「とりたて詞の多重生起と併合関係」（長谷川信子（編）『統語論の新展開と日本語研究』, 開拓社, 2010），など.

中村 浩一郎（なかむら　こういちろう）　1964 年生まれ. ［編者］

名桜大学国際学群 教授. 専門分野は理論言語学, 統語論, カートグラフィー.

主要業績："Three Kinds of *Wa*-marked Phrases and Topic-focus Articulation in Japanese"（*Generative Grammar in Geneva* 7, University of Geneva, 2012），"Japanese Particle *Wa* with a Focal Stress Provokes Exhaustive Identificational Focus"（*Studies on Syntactic Cartography*, ed. by Fuzhen Si, China Social Sciences Press, 2017），『言語の構造と分析——統語論, 音声学・音韻論, 形態論——』（言語研究と言語学の進展シリーズ第 1 巻, 共著, 開拓社, 2018），など.

田中 真一（たなか しんいち）［編者］

神戸大学大学院人文学研究科 教授．専門分野は音韻論，音声学など．

主要業績：『日本語の発音教室：理論と練習』（共著，くろしお出版，1999），『リズム・アクセントの「ゆれ」と音韻・形態構造』（くろしお出版，2008），『現代言語理論の最前線』（共著・共編，開拓社，2017），*The Phonetics and Phonology of Geminate Consonants*（共著，Oxford University Press，2017），など．

西原 哲雄（にしはら てつお） 1961 年生まれ．［編者］

宮城教育大学教育学部 教授．専門分野は音声学，音韻論，形態論など．

主要業績：*Voicing in Japanese*（共著・共編，Mouton de Gruyter，2005），『心理言語学』（朝倉日英対照言語学シリーズ発展編 2，共著・編集，朝倉書店，2017），『言語の構造と分析——統語論，音声学・音韻論，形態論——』（言語研究と言語学の進展シリーズ第 1 巻，共著・編集・共同監修，開拓社，2018），『英語の語の仕組みと音韻との関係』（言語・文化選書 80，共著，開拓社，2019），など．

深澤 はるか（ふかざわ はるか）

慶應義塾大学商学部 教授．専門分野は音韻論，認知科学．

主要業績：『最適性理論——生成文法における制約相互作用——』アラン・プリンス，ポール・スモレンスキー（著）（訳，岩波書店，2008），「最適性理論における日本語語彙層研究」（『現代音韻論の動向』，開拓社，2016），「最近の名前と一般語の音韻パターンの相違について」（*JELS* 35，共著，2018），など．

北原 真冬（きたはら まふゆ）

上智大学外国語学部 教授．専門分野は音声学，音韻論，認知科学．

主要業績：「母音長における有声効果：幼児・成人の日本語コーパス分析と成人の英語学習データ」（『音声研究』18-1，共著，2014），"Production of an Allophonic Variant in a Second Language: The Case of Intervocalic Alveolar Flapping"（*JELS* 32，共著，2015），『音声学を学ぶ人のための Praat 入門』（共著，ひつじ書房，2017），など．

都田 青子（みやこだ はるこ）［編者］

津田塾大学学芸学部 教授．専門分野は音韻論，音声学など．

主要業績：『ことばの事実をみつめて』（共編，開拓社，2011），『くらべてわかる英文法』（共著，くろしお出版，2012），『言語の構造と分析——統語論，音声学・音韻論，形態論——』（言語研究と言語学の進展シリーズ第 1 巻，共著，開拓社，2018），など．

六川 雅彦（むつかわ　まさひこ）　1974 年生まれ．
南山大学外国語教育センター 教授．専門分野は音韻論，固有名詞学など．
主要業績：「日本人の名前に見られる音韻的性差——音と意味の有縁性」（『言語学と日本語教育 4』，くろしお出版，2005），*Japanese Loanword Phonology: The Nature of Inputs and the Loanword Sublexicon* (Hituzi Syobo, 2009)，「日本人の名前と性別——「セイヤ」の男性性と「シホ」「ユーリ」「キヨ」の女性性——」（『現代の形態論と音声学・音韻論の視点と論点』，開拓社，2015），など．

山根 典子（やまね　のりこ）　1966 年生まれ．
広島大学総合科学部 准教授．専門分野は音声学，音韻論．
主要業績：*Voicing in Japanese*（共著，Mouton de Gruyter, 2005），"Speaker-Specific Place of Articulation: Idiosyncratic Targets for Japanese Coda Nasal"（共著，*Canadian Acoustics*, Vol. 38, No. 3, 2010），"Mirroring Beat Gestures: Effects on EFL Learners"（共著，*Proceedings of International Congress of Phonetic Sciences*, 2019），など．

澤田 治（さわだ　おさむ）　1977 年生まれ．
神戸大学大学院人文学研究科 准教授．専門は意味論，語用論．
主要業績："The Comparative Morpheme in Modern Japanese: Looking at the Core from 'Outside'"（*Journal of East Asian Linguistics* 22, 2013），"An Utterance Situation-based Comparison"（*Linguistics and Philosophy* 37, 2014），*Pragmatic Aspects of Scalar Modifiers: The Semantics-Pragmatics Interface*（Oxford University Press, 2018），など．

菅原 彩加（すがわら　あやか）　1985 年生まれ．
早稲田大学理工学術院 講師．専門分野は意味論・語用論における第一言語獲得．
主要業績："Question-Answer (In)Congruence in the Acquisition of Only"（共著，*Proceedings of the 39th annual Boston University Conference on Language Development*, Cascadilla Press, 2015），"Children Know the Prosody-Semantic / Pragmatic Link: Experimental Evidence from Rise-Fall-Rise and Scope"（共著，*Linguistic and Cognitive Aspects of Quantification*, Springer, 2018），など．

宮本 陽一（みやもと　よういち）　1961 年生まれ．
大阪大学大学院言語文化研究科 教授．専門分野は統語論，第一言語獲得，第二言語獲得．
主要業績："On Chinese and Japanese Relative Clauses and NP-ellipsis"（*Japanese Syntax in Comparative Perspective*, 分担執筆，Oxford University Press, 2014），"On Scope Interaction between Subject QPs and Negation in Child Grammar"

(*Studies in Chinese and Japanese Language Acquisition: In Honor of Stephen Crain*（分担執筆，共著，John Benjamins, 2017），"Relative Clauses"（*Handbook of Japanese Syntax*，分担執筆，Mouton de Gruyter, 2017），など.

吉成 祐子（よしなり　ゆうこ）

岐阜大学日本語・日本文化教育センター　准教授. 専門分野は語用論，日本語教育，第二言語習得など.

主要業績：「イタリア語の移動表現」（松本曜（編）『移動表現の類型論』，くろしお出版，2017），「日本語学習者の使役移動表現：INTO 経路概念表出における中間言語的特徴」（共著，『社会言語科学』22 巻 1 号，2019），"Using Eye Tracking to Analyze Grammatical Errors of L2 Learners in Japanese Causative Alternations"（*Proceedings of the Applied Linguistics and Language Teaching Conference 2018, Teaching and Learning in a Globalized World*），など.

米倉 よう子（よねくら　ようこ）　1972 年生まれ. ［編者］

奈良教育大学教育学部　准教授. 専門分野は文法化，言語変化，意味変化など.

主要業績：『認知歴史言語学』（認知日本語学講座 7，共著，くろしお出版，2013），"(Inter)subjectification and (Inter)subjective Uses of the Modal Can"（*Studies in Modern English: The Thirtieth Anniversary Publication of the Modern English Association*, Eihosha, 2014），"Accounting for Lexical Variation in the Acceptance of the Recipient Passive in Late Modern English: A Semantic-Cognitive Approach"（*Studies in Modern Englis*h 34, 2018），など.

江口 清子（えぐち　きよこ）

宮崎大学国際連携センター　特別講師. 専門分野は語彙意味論，第二言語習得，ハンガリー語学，日本語教育など.

主要業績：「イベント統合の類型からみる様態・結果の相補性仮説」（由本陽子・小野尚之（編）『語彙意味論の新たな可能性を探って』，開拓社，2015），「ハンガリー語の移動表現」（松本曜（編）『移動表現の類型論』，くろしお出版，2017），"Interlingual versus Intralingual Tendencies in Second Language Acquisition: Expressing Motion Events in English, Hungarian and Japanese"（共著，*Teachability and Learnability across Languages*, ed. by Ragnar Arntzen, Gisela Håkansson Arnstein Hjelde and Jörg-U. Keßler, 2019），など.

長野 明子（ながの　あきこ）

東北大学大学院情報科学研究科　准教授. 専門は，形態論.

主要業績：*Conversion and Back-Formation in English: Toward a Theory of Morpheme-Based Morphology*（開拓社，2008），"A Conversion Analysis of So-called

Coercion from Relational to Qualitative Adjectives in English" (*Word Structure* 11, 2018), など.

島田 雅晴（しまだ まさはる）
筑波大学人文社会系 准教授. 専門は, 理論言語学.
主要業績："Morphological Theory and Orthography: Kanji as a Representation of Lexemes"（共著, *Journal of Linguistics* 50, 2014), "Miratives in Japanese: The Rise of Mirative Markers via Grammaticalization"（共著, *Journal of Historical Linguistics* 7, 2017), など.

時崎 久夫（ときざき ひさお）
札幌大学地域共創学群 教授. 専門分野は音韻論, 統語論, 言語類型論.
主要業績：*Syntactic Structure and Silence: A Minimalist Theory of Syntax-Phonology Interface*（ひつじ書房, 2008), "A Stress-based Theory of Disharmonic Word Orders"（共著, *Theoretical Approaches to Disharmonic Word Orders*, ed. by Theresa Biberauer and Michelle Sheehan, Oxford University Press, 2013), "Word Stress, Pitch Accent, and Word Order Typology with Special Reference to Altaic" (*The Study of Word Stress and Accent: Theories, Methods and Data*, ed. by Rob Goedemans, Jeff Heinz and Harry van der Hulst, Cambridge University Press, 2019), など.

西山 國雄（にしやま くにお）
茨城大学人文社会科学部 教授. 専門分野は形態論, 統語論, オーストロネシア言語 など.
主要業績："Adjectives and the Copulas in Japanese" (*Journal of East Asian Linguistics* 8, 1999), *A Grammar of Lamaholot, Eastern Indonesia*（共著, Lincom, 2007), "The Theoretical Status of *Ren'yoo* (Stem) in Japanese Verbal Morphology" (*Morphology* 26, 2016) *Topics in Theoretical Asian Linguistics*（共編, John Benjamins, 2018), など.

遊佐 典昭（ゆさ のりあき） 1955年生まれ.
宮城学院女子大学英文学科 教授. 専門分野は言語理論, 言語獲得, 認知脳科学など.
主要業績："Second-language Instinct and Instruction Effects: Nature and Nurture in Second-language Acquisition"（共著, *Journal of Cognitive Neuroscience*, 2011), "Social Interaction Affects Neural Outcomes of Sign Language Learning as a Second Language"（共著, *Frontiers in Human Neuroscience*, 2017),『言語の獲得・進化・変化—心理言語学, 進化言語学, 歴史言語学—』(言語研究と言語学の進展シリーズ第3巻), 共著・編集, 開拓社, 2018), など.

リース エイドリアン（Adrian Leis） 1976 年生まれ.

宮城教育大学教育学部 准教授. 専門分野は英語教育，動機づけ，コンピューター支援語学学習.

主要業績：“Giving Class Averages: Is it worth it?”（共著，*Eurasian Journal of Applied Linguistics*, 3(1), 2017），*Innovations in Flipped Learning in the Language Classroom: Theories and Practice*（共著，Springer, 2018），『無敵リスニング〈中級〉〈上級〉』（共著，開拓社，2019），など.

言語におけるインターフェイス

編　者	西原哲雄・都田青子・中村浩一郎・ 米倉よう子・田中真一
発行者	武村哲司
印刷所	日之出印刷株式会社

2019 年 11 月 27 日　第 1 版第 1 刷発行©

発行所	株式会社　開 拓 社	〒113-0023 東京都文京区向丘 1-5-2 電話　（03）5842-8900（代表） 振替　00160-8-39587 http://www.kaitakusha.co.jp

ISBN978-4-7589-2279-1　C3080

JCOPY ＜出版者著作権管理機構 委託出版物＞

本書の無断複製は，著作権法上での例外を除き禁じられています．複製される場合は，そのつど事前に，出版者著作権管理機構（電話 03-3513-6969，FAX 03-3513-6979，e-mail: info@jcopy. or.jp）の許諾を得てください．